TRAVAILLER EN ANGLAIS

Diplômé des Hautes Études Commerciales, *Guy de Dampierre* a dirigé des entreprises spécialisées de presse, de publicité et d'édition.
Il collabore depuis de nombreuses années avec des entreprises industrielles, des organismes publics, des groupes internationaux et, notamment, des sociétés américaines et belges. C'est dire qu'il est un familier des rouages du monde du travail, et qu'il en connaît les rituels et le langage.

Il est difficile d'être aussi parfaitement bilingue que *Victoria Mortimer.*
Américaine de naissance, elle a travaillé aux États-Unis, en France et en Grande-Bretagne dans des entreprises américaines et anglaises – des groupes internationaux, mais aussi des PME.
Diplômée de l'ESIT, rédactrice et traductrice dans les deux sens, elle met ici sa connaissance du monde anglo-saxon des affaires au service des lecteurs.

De nationalité britannique, *Rupert Dent* est un des directeurs d'une banque qui travaille en Grande-Bretagne, en France et en Suisse. À ce titre, il noue des liens étroits avec des entreprises de ces trois pays et observe que, plus encore que les mots, ce sont les trop fameuses « différences culturelles » qui empêchent les êtres humains de se comprendre.

Lexicographe, traductrice en français de nombreux livres de langue anglaise, *Claire Desserrey* est aussi un éditeur spécialiste des coéditions internationales.

De nationalité britannique, *Pamela Drinnan* enseigne la grammaire et l'étymologie du français. Elle est co-auteur de « *Comment le dire anglais* » (Éditions Alistair).

Couverture : Atelier Roselyne for ever
Secrétariat d'édition : Marianne Ravel
Composition : Solévil
Photogravure et impression : La Source d'or

La présentation de cet ouvrage est déposée à titre de Modèle.

ISBN 2-910566-05-6

Guy de DAMPIERRE

Victoria MORTIMER

TRAVAILLER EN ANGLAIS

avec la collaboration de

Rupert DENT
Claire DESSERREY
Pamela DRINNAN

ÉDITIONS
ALISTAIR

Remerciements

Les auteurs ont travaillé sous l'autorité d'un comité éditorial réuni par Alistair et composé d'enseignants spécialisés dans la formation continue des adultes, d'universitaires, de cadres d'entreprises et d'organismes internationaux.

Leurs points de vue de professionnels allant vite à l'essentiel, nous ont aidés à rendre ce livre plus proche de ses futurs lecteurs. Leurs réflexions nous ont été précieuses pour atteindre le but que nous nous étions fixé : initier francophones et anglophones à l'art subtil de travailler ensemble dans l'efficacité et l'humour.

Nous tenons à remercier en particulier :

Philippe Courtin, Virginia Cowen-Pilpoul, Marie-Aimée de Dampierre, Olivier de Dampierre, Marie-Estelle Deplaix, Michel Fontanes, Chantal Méral, Caecilia Pieri, Patrick Robin, Jean Rognetta, Richard Sack, Jean-Pierre Turbergue, Sophie de Vilmorin, Liliana Zuluaga Montjotin.

Qu'ils trouvent ici l'expression de notre gratitude.

Les Auteurs

Introduction

Après des années d'anglais, (Bac, et Bac + 1, 2, 3, 4 ans...), vous pouvez *lire* cette langue (assez bien), la *chanter* (pas si mal), l'*écrire* (à peu près). Mais vous ne la *parlez* pas comme vous parlez français ; et aujourd'hui, vous ne pouvez prétendre *travailler en anglais,* au rythme où vous travaillez dans votre langue.

Pourtant l'entreprise qui vous emploie ou celle qui souhaite vous engager a besoin de vous à 100 % de vos capacités ; en anglais *comme* en français.

Bref, cette entreprise attend de vous que vous passiez *indifféremment* de l'une à l'autre de ces deux langues. Pis : elle est prête à vous préférer un(e) candidat(e) moins qualifié(e) que vous pour le job, mais sans ce handicap linguistique. Au nom de l'efficacité.

Voilà la vérité.

L'entreprise que vous représentez attend de vous que vous sachiez dire, dans ces deux langues, les phrases d'aspect anodin qui s'emploient dans les situations de travail : *« Voyez ça avec Estelle et tenez-moi au courant ! »... « Il y a un TGV toutes les heures à partir de 7 h du matin »... « D'accord, je vous en reparle dans quarante-huit heures »... « Dommage ! »*

Nous touchons du doigt tous les jours le désarroi des francophones lancés dans un bain anglo-saxon où « ça va trop vite ! »

Il est vrai qu'ils sont bien démunis lorsqu'ils doivent transformer leurs « connaissances en anglais » en une langue de travail ! C'est pour leur venir en aide que nous avons écrit ***Travailler en anglais,*** car nous avons pensé qu'ils pouvaient faire mieux pendant leur vie professionnelle que voir les postes intéressants leur passer sous le nez et « les autres » passer devant eux !

Surtout, nous avons cherché à ce qu'ils rentabilisent l'investissement lourd que constitue l'apprentissage, pendant une dizaine d'années, d'une langue *vivante* qui refuse de devenir la leur, dix ans au bout desquels ils ne savent pas dire sans commettre d'erreur : *"Set it up with Estelle and keep me posted !"... "There's a train every hour on the hour from 7:00 a.m. on"... "Fine. I'll come back to you on the subject in a couple of days"... "Too bad!"*, etc.

Travailler en anglais se compose de quatre parties, toutes quatre indispensables à maîtriser pour vous sortir au plus vite de votre anglais approximatif. Ce dernier a le mérite d'exister, mais vous le mettez en route trop lentement ! Aussi vous faut-il bâtir, à partir de celui-ci, un anglais fluide que vous parlerez bientôt sans complexe et sans frustrations.

Ces quatre parties sont de longueur inégale et ne jouent pas le même rôle.

Première partie : La boîte à outils.

En vingt-cinq pages, nous vous rappelons le minimum utile que vous devez savoir *par cœur*. **Vous n'avez pas le choix.** C'est la « table de multiplication » qui se récite sans réfléchir. Si vous ignorez ce qui figure ici, vous vous éliminez vous-même, car c'est sur ces automatismes que vous allez bâtir votre « anglais de travail ». (Comment prétendre téléphoner si on ne sait pas dire : « Passez-moi Wendy Caron » ?)

Deuxième partie : Votre vie professionnelle au quotidien dans une entreprise anglo-américaine.

Nous vous fournissons la possibilité de vous « frotter » à des situations identiques à celles que vous rencontrerez dans un milieu de travail anglophone.

Comment ? En vous faisant partager la vie quotidienne d'une entreprise anglo-américaine de quatorze personnes, sise à Paris : Pierre Saville et Cie. De quelle manière ? En vous donnant à lire ce que se disent ses collaborateurs. Tout au long de quarante-huit sketches, vous partagerez les préoccupations du personnel et vous apprendrez à connaître vos « collègues » tout autant que la société.

Les scènes, toutes datées, se suivent, et les situations se nouent, évoluent, se dénouent en fonction des événements dont vous prenez connaissance au fur et à mesure qu'ils se produisent. Dès les premières pages, vous êtes « dans le coup ». Il est donc préférable que vous abordiez ces chapitres les uns après les autres, dans leur ordre logique.

Pour ce premier contact avec Saville, lisez d'abord les dialogues en anglais (si vous êtes francophone). Sinon, comment pourrez-vous savoir ce que vous avez compris dans cette langue ?

La pédagogie actuelle préconise l'immersion complète de « l'élève » ; en clair : aucun texte français vis-à-vis de l'anglais. Mais la même pédagogie implique la présence d'un professeur qui vous guide, vous encourage, vous soutienne. Or, vous travaillez souvent seul(e), ou bien vous avez constitué un petit groupe, pas toujours dirigé. Pas question pour nous de vous laisser tête-à-tête avec vos interrogations ! C'est pourquoi la partie française, sur la page de gauche, joue le rôle du professeur absent.

Les scènes n'ont pas été « désossées » pour vous faciliter la tâche ! Les gens s'expriment ainsi, vous le savez bien et le français est là pour vous le rappeler ! C'est vers ce genre de dialogue qu'il faut tendre puisque, lorsque vous travaillerez en anglais, on ne ralentira pas la cadence et on n'abaissera pas le niveau du vocabulaire pour vous permettre de comprendre !

Ce que vous allez lire et entendre, c'est l'anglais et l'américain qui se parlent à l'usine, dans les bureaux, dans les réunions, dans les couloirs. Non pas ce qui devrait se dire, mais ce qui se dit et ce qu'on entend toute la journée.

Chez Saville, vous assisterez à des entretiens d'embauche, les uns « bon enfant », les autres plutôt corsés :

– vous préparerez un voyage de prospection ;
– vous lancerez un produit nouveau dans des conditions… inattendues ;
– vous vivrez (mal) le départ d'un collaborateur ;
– vous demanderez une augmentation ;
– vous subirez une crise de trésorerie en faisant la grimace ;
– vous écouterez des présentations de résultats et de projets, et vous croirez prendre part à la discussion…

Votre anglais va enfin prendre l'air du large ! Régénéré, enrichi, délié, rapide… il fera de vous, en anglais, l'homme ou la femme que vous êtes quand vous vous exprimez en français.

Troisième partie : Les "tricks of the trade" ou les ficelles du métier.

Bien souvent, ce qu'un francophone dit d'une certaine façon, un anglophone l'exprime d'un autre point de vue. C'est la raison d'être de la rubrique "Tricks of the trade". Elle vous éclaire sur la « façon de dire » en anglais.

Vous y lirez, par exemple :

You let him go?

The French-speaking people are often mistaken when they are told : "We let him go". This does not mean that a person was allowed to go because he or she found another job, but on the contrary that he or she was fired (sacked)!

… ou encore cela :

In a nutshell!

To put something in a nutshell = *[litt. : enfermer dans une coque de noix] résumer l'affaire en un mot.*

A very useful expression for business meetings!

Les "tricks" se réfèrent aussi aux expressions employées dans les dialogues et vous rappellent les points-clés du vocabulaire. En voici un de ce type :

A good match for him!

Instead of saying "You were a good match for him!" *(Vous avez été aussi bon que lui !)*, John could have said "You really held up your own!" *(Vous vous êtes vraiment bien défendu !).*

… et encore un autre !

Without notice?

"I'm not giving them much forward notice" is more colloquial than "I'm not giving them much time to get organized".

Also :
Can you be ready to leave at an hour's notice = *Pouvez-vous être prêt à partir dans un délai d'une heure ?*

without notice = *sans préavis.*

to give notice = *donner son congé.*

Grâce à ces commentaires rédigés le plus souvent en anglais, on s'initie vite aux différences de mentalité et de culture.

Ces "tricks of the trade" n'ont l'air de rien mais – mine de rien ! – ils sont trois cent trente, et vous accompagnent tout au long de votre travail. C'est peu de dire qu'ils vous soutiennent : ils ne vous laissent jamais tomber ! Dès qu'il y a un piège, ils le déjouent devant vous.

Le résultat ? Vous comprenez vite tout ce qui se dit en anglais dans cette entreprise, et pourquoi on le dit ; si bien qu'au fil des pages elle finit par devenir la vôtre ! C'est justement l'objectif du livre.

Pour le plus grand bien de votre anglais.

Quatrième partie : Les mille mots qui vous ouvriront bien des portes.

Ces termes vous conforteront dans vos conversations de travail.

Le vocabulaire vous est fourni dans le sens de la version (mots clés en anglais), et du thème (mots clés en français). Pour vous aider à le retrouver commodément, nous l'avons classé à la fin du livre. Les commentaires succincts en italique sont là pour vous éviter quelques maladresses.

N'attendez pas de savoir ces termes par cœur pour vous immerger dans la société Saville. D'abord, vous en connaissez déjà une bonne partie. Ensuite, vous allez en rencontrer un grand nombre dans les quarante-huit sketches. Vous vous souviendrez de la plupart d'entre eux quand vous aurez terminé la dernière scène, car on retient beaucoup mieux les mots si l'on connaît le contexte dans lequel ils s'emploient !

Vous voilà imprégné(e) de ***Travailler en anglais.*** Toutes les expressions indispensables pour vivre dans une entreprise ou une communauté de travail vous sont désormais familières. Bref, en quelques mois, vous avez appris à faire des affaires en anglais – plutôt que l'anglais des affaires ! C'est dire que vous vous adapterez sans difficulté aux situations particulières que vous rencontrerez.

En maîtrisant cet anglais-là, soyez certain(e) que vous serez capable de passer la plupart des examens et des tests avec succès et que leur préparation spécifique ne vous posera guère de problème.

En particulier, les élèves des classes préparatoires aux Grandes Écoles commerciales et de gestion y rencontreront un champ d'exercice tout à fait adapté à leur entraînement.

Une fois qu'ils auront intégré, ces mêmes étudiants, tout comme ceux des facultés et des instituts d'études politiques – dans lesquels les entreprises recrutent largement – y retrouveront une « photographie » des terrains où ils seront lancés dès leurs débuts.

Vous pourrez également concourir aux examens suivants :

– le "Test of English as a Foreign Language" (TOEFL) et le "Test of English for International Communication" (TOEIC), organisés dans les villes universitaires par les Commissions d'échanges universitaires et culturels ;
– les certificats européens de langue anglaise des chambres de commerce et d'industrie, au niveau le plus élevé ;
– le "First Certificate in English", le "Certificate in Advanced English" et le "Proficiency in English", tous trois de l'université de Cambridge ;
– le "Diploma in Business English" (Chambre de commerce franco-britannique) ;
– le Certificat européen d'anglais des affaires.

Enfin, parmi les examens les plus redoutés, on trouve désormais la série des **entretiens d'embauche en anglais.** C'est pourquoi on doit les préparer et dominer leur technique. L'investissement en heures de travail que vous vous serez imposé avec ce livre contribuera à les rendre banals, donc à vous donner toutes les chances de les passer aussi avec succès.

Les Auteurs

« L'anglais des affaires » n'existe pas

Aucun chef d'entreprise ne prétendra avoir réussi grâce à sa connaissance de la langue des affaires !

Autant le dire sans détours, la « langue des affaires » n'existe pas. Et pas davantage le français, l'anglais ou l'allemand des affaires ! Ce qui existe, en revanche, c'est un nombre très grand de vocabulaires techniques employés par les professionnels, qui émaillent leurs propos des mots de leur métier.

La vie des affaires, celle des entreprises et des organismes, abonde en situations de travail qui se répètent souvent, si souvent même qu'il faut savoir y faire face ! Chaque situation met en œuvre un vocabulaire spécifique :

– Ainsi, la crise de trésorerie, à laquelle bien peu d'entreprises échappent au cours de leur existence, donne lieu à des échanges de propos où les mots *« échéance », « banquier », « découvert », « impayé », « agios »,* reviennent constamment. Ce sont des mots de la finance.

– Le lancement d'un produit nouveau, d'une campagne, fait appel aux termes du marketing : *« seuil de rentabilité », « rendement du capital investi », « date limite », « calendrier »,* etc.

– Bien sûr, le vocabulaire commercial fait partie de ces mots qui reviennent sans cesse.

Ainsi de suite.

Le vocabulaire propre à une situation particulière se limite à quelques mots, utilisés d'ailleurs de façon répetée, voire obsessionnelle, dans leur forme technique ou sous une forme plus familière : on entendra *« Date limite de remise des éléments : vendredi 13 »,* mais aussi *« Il me le faut pour le vendredi 13, dernière limite »,* ou encore *« Tu me le déposes vendredi prochain, dernier carat ! »,* à moins que ce ne soit *« Après vendredi, je ne réponds plus de rien ! »*

Les termes qui découlent d'une situation précise, vous les rencontrerez tout au long de ce livre. Ils sont eux-mêmes si précis et reviennent si souvent qu'on voit mal comment on pourrait leur échapper. En fait, on ne leur échappe pas, et on apprend ces mots et leur signification en quelques heures ! Bien sûr, le vocabulaire commercial fait partie de ces mots qui reviennent sans cesse.

D'où vient alors la difficulté avec laquelle un francophone s'intègre dans un milieu de travail « étranger » ?

De ce qu'un francophone ne connaît pas, et donc ne comprend pas, tout **ce qui précède et ce qui suit** le mot technique. Ce ne sont pas les termes techniques qui lui manquent mais, bien plus, les tournures qu'emploient ses interlocuteurs pour rendre compte d'une situation. Or, le terme technique ne peut s'utiliser hors d'un contexte !

Vous voilà soudain pris dans un ping-pong de répliques où tout va trop vite ! Comment suivre les débats, se faire une opinion, agir et réagir à la vitesse en vigueur et de rigueur dans ce milieu ?

Les collaborateurs de ***Travailler en anglais*** font partie d'un grand nombre d'organismes et d'entreprises – notamment anglophones. Leurs expériences variées se sont découvert un point commun : la certitude qu'il faut apprendre l'anglais qui figure **avant** et **après** l'éventuel mot technique… D'où leur souhait de créer le livre qui leur a toujours manqué ; celui où ils liront en anglais et en français :

« La réunion commencera à 11 h précises… Faut-il vraiment prendre ce risque ?… C'est la gaffe à éviter… Tu me fais peur !… C'est un bénéfice supplémentaire non négligeable… Des boîtes qui savent faire ça, il n'y en a pas des masses !… Voyons si elle peut nous recevoir maintenant… Ça devrait marcher entre elles… J'ai besoin de neuf jours ouvrables… C'est une grande première… Il passe une fois tous les quinze jours… N'y a-t-il pas une limite d'âge pour remplir cette fonction ?… [1].

En fait, c'est un vocabulaire proche de celui que nous employons tous les jours, mais adapté à la situation particulière que nous vivons. C'est pourquoi les auteurs ont tenu à se focaliser sur la manière de ***travailler en anglais,*** plutôt que sur la prétendue maîtrise de l'anglais « des affaires ».

Pourquoi alors trouve-t-on tant de méthodes de "business English" ou de « français des affaires » en vente, sous les formes les plus diverses ?

Rien de plus normal.

Chacun sait qu'en marketing on « vend » mieux un concept bien délimité qu'une idée aux contours moins précis. Or, laisser penser que la maîtrise d'un « vocabulaire adapté » permet de faire des affaires est une idée et, tout autant, un idéal. L'idée est un leurre mais l'idéal séduisant. En tout cas, le concept proposé est suffisamment sérieux pour s'intégrer sans difficulté dans les programmes et les budgets de formation.

En outre, apprendre le vocabulaire des affaires, essentiellement celui du commerce et des transports, ce n'est pas difficile. Comme le vocabulaire est limité, les progrès sont rapides, les résultats flatteurs pour les parties prenantes. En défi-

---

1. " *The meeting will start at 11 o'clock sharp… Must we really take such a risk?… It's the blunder we want to avoid… You're scaring me!… It's a not inconsiderable extra benefit… There aren't tons of firms that can do it!… Let's find out if she can see us now… They should get along fine… I need nine working days… It's a first!… He comes by every other week… Isn't there an age limit for that position?"*

nitive, ne s'agit-il pas d'un vocabulaire homologué ? Et qui oserait contester la nécessité de savoir que « *passif* » se dit *"liabilities"* ?

Tout le monde y trouve son compte : l'entreprise qui paie la formation, l'organisme formateur et l'élève.

Mais, on l'a compris, ce n'est pas de cela qu'il s'agit.

En vous aidant à décortiquer des situations de travail jusqu'à ce qu'elles vous deviennent familières en anglais, puis fassent partie de vous, nous cherchons à transformer votre vie professionnelle de façon radicale et durable :

1. parce que ce livre qui s'appuie sur des scènes réellement vécues constitue avant tout un manuel d'initiation à la vie professionnelle, à ses modes de raisonnement, à ses méthodes de travail ;

2. parce que l'anglais et le français employés ici et présentés en parallèle reviendront sans cesse dans vos activités. Connaître ces deux langues et passer de l'une à l'autre, comme le font si souvent les protagonistes de Pierre Saville et Cie, vous donnera une confiance en vous inébranlable et vous permettra de faire face à bien des situations que vous rencontrerez dans votre profession.

Bienvenue chez Saville !

L'Éditeur

Avant-propos

L'objet de ce livre est de fournir à notre lecteur les connaissances indispensables pour travailler en anglais (ou en français pour les anglophones !) sans refaire ce qui existe déjà. Loin de nous, donc, l'idée de nous substituer aux grammaires et aux dictionnaires – souvent excellents – disponibles sur le marché. Nous avons d'ailleurs limité au strict nécessaire les références à la grammaire.

L'orthographe suivie ici est l'américaine, mal connue des francophones, alors que les affaires entre Canadiens, Américains et francophones se développent à vive allure !

Les "tricks of the trade" font la part belle aux *"Watch out!"*, aux *"A tip!"* (un tuyau !), aux *"Don't forget!"* qui attirent l'attention sur les différences de langue et de culture. Les erreurs qui écorchent inutilement les oreilles anglo-saxonnes sont signalées par un « Aïe ! » bien de chez nous !

La prononciation du « i » ne s'acquérant qu'avec l'usage, nous avons indiqué : [i court] et [i diph.] – c'est-à-dire i diphtongué, comme dans le français « ail » – dès que le mot à prononcer n'était pas d'usage courant.

Pour préserver l'anonymat des entreprises citées, nous avons masqué leur identité sous un pseudonyme végétal ou animal. De même, les noms propres des personnages ont été changés.

Nous vous souhaitons bonne chance sur la route qui conduit au bilinguisme !

***Sommaire* / Summary**

BOÎTE À OUTILS
TOOLBOX

1 Pouvez vous épeler votre nom s'il vous plaît ? Would you mind spelling your name, please ?

Personne n'est patient au téléphone : on ne vous pardonnera pas d'épeler un mot lentement (votre nom, celui de votre société, son adresse...) Entraînez-vous à épeler en anglais aussi vite qu'en français.
Everybody is impatient on the phone. Try not to spell too slowly (your name, your company's name and address...) Practise so that your French spelling becomes as fast as your English.

Lettre	*Prononcer un son proche du son français suivant :*	*L'alphabet que les Britanniques emploient*	*L'alphabet international employé aussi par les Américains*
A	é	Alfred	Alpha
B	bi	Benjamin	Bravo
C	ci	Charlie	Charlie
D	di	David	Delta
E	i	Edward	Echo
F	f	Frederick	Foxtrot
G	dji	George	Golf
H	étch	Harry	Hotel
I	aïe	Isaac	India
J	djé	Jack	Juliette
K	ké	King	Kilo
L	l	London	Lima
M	m	Mary	Mike
N	n	Nellie	November
O	o	Oliver	Oscar
P	pi	Peter	Papa
Q	quiou	Queen	Quebec
R	ar	Robert	Romeo
S	s	Samuel	Sierra
T	ti	Tommy	Tango
U	you	Uncle	Uniform
V	vi	Victor	Victor
W	dob-el-you	William	Whisky
X	ex	X-Ray	X-Ray
Y	ou-ail	Yellow	Yankee
Z	zed (GB) zi (US)	Zebra	Zulu

Pour séparer un mot d'un autre, employez l'expression "new word" *ou* "further".
To separate one word from another, use *« plus loin »*.

2 À quelle date ?
When is it for ?

MOIS	MONTHS
janvier	January
février	February
mars	March
avril	April
mai	May
juin	June
juillet	July
août	August
septembre	September
octobre	October
novembre	November
décembre	December

JOURS	DAYS
lundi	Monday
mardi	Tuesday
mercredi	Wednesday
jeudi	Thursday
vendredi	Friday
samedi	Saturday
dimanche	Sunday

En anglais, les mois et les jours s'écrivent toujours avec une majuscule.

In French, months and days of the week do not take a capital letter. The day comes before the month (as in England) *lundi 4 avril 2005.* On the first day of the month, you add « *er* »*: samedi 1er janvier 2005.*

Il existe plusieurs façons d'écrire la date en anglais, toutes correctes.
La plus simple est Monday, October 3, 2005. *Vous rencontrerez aussi* Monday, 3rd October, 2005 ; Monday, October 3rd, 2005 ; Monday, 3 October, 2005.
Évitez la formule 3/4/05, ambiguë car elle se lit : 3 avril 2005 (GB) (jour, mois, année) ;
4 mars 2005 (US) (mois, jour, année).

3 Quelle heure est-il chez vous, exactement ?
What time is it exactly, where you are?

Il existe deux façons de dire l'heure en anglais :
It is essential to know how to tell the time in French:

Il est neuf heures	9 : 00	It's nine o'clock
Il est neuf heures cinq	9 : 05	It's five past nine / nine-o-five
Il est neuf heures dix	9 : 10	It's ten past nine / nine ten
Il est neuf heures et quart / neuf heures quinze	9 : 15	It's a quarter past nine / nine fifteen
Il est neuf heures vingt	9 : 20	It's twenty past nine / nine twenty
Il est neuf heures vingt-cinq	9 : 25	It's twenty-five past nine / nine twenty-five
Il est neuf heures et demie / neuf heures trente	9 : 30	It's half past nine / nine thirty
Il est dix heures moins vingt-cinq / neuf heures trente-cinq	9 : 35	It's twenty-five to ten / nine thirty-five
Il est dix heures moins vingt / neuf heures quarante	9 : 40	It's twenty to ten / nine forty
Il est dix heures moins le quart / neuf heures quarante-cinq	9 : 45	It's a quarter to ten / nine forty-five
Il est dix heures moins dix / neuf heures cinquante	9 : 50	It's ten to ten / nine fifty
Il est dix heures moins cinq / neuf heures cinquante-cinq	9 : 55	It's five to ten / nine fifty-five

Les Américains substituent of *à* to (ten of nine) *et* after *à* past (ten after nine). *En anglais, on utilise assez rarement l'horloge de 24 heures. Pour différencier matin et après-midi on emploie* a.m. (ante meridiem) *de minuit à midi et* p.m. (post meridiem) *de midi à minuit.*

9:35	it's nine thirty-five a.m.	*midi* = noon
21:35	it's nine thirty-five p.m.	*minuit* = midnight

In French, for anything official, one uses the 24-hour clock:

9:35 p.m. *il est vingt et une heures trente-cinq.*

4 Quel jour avez-vous dit ? What day did you say?

hier	yesterday
avant-hier	the day before yesterday
aujourd'hui	today
demain	tomorrow
le lendemain	the day after
le jour suivant	the day after
après-demain	the day after tomorrow
hier matin	yesterday morning
cet après-midi	this afternoon
le soir	in the evening
ce soir	this evening
ce soir-là	that evening
ce soir, cette nuit [celle qui vient]	tonight
demain soir	tomorrow evening
vendredi soir	Friday night
la semaine dernière	last week
la semaine prochaine	next week
il y a deux jours	two days ago
dans trois semaines	in three weeks
jeudi	on Thursday
tous les jours	every day / each and every day
toute la journée	all day
toutes les heures à l'heure juste	every hour on the hour
une / deux fois par semaine	once / twice a week
trois fois par semaine / mois	three times a week / month
une quinzaine	a fortnight
il y a juste une semaine	a week ago today
tous les deux jours	every other day / every two days
deux fois par jour	twice a day
toutes les semaines	every week
une semaine sur deux	every other week
tous les quinze jours	every two weeks
d'un jour à l'autre	from one day to the next
dans huit jours	in a week's time
dans une semaine jour pour jour / exactement	in a week to the day / a week from today

lundi en huit	Monday week / a week from today
aujourd'hui en huit	a week [from] today
le week-end prochain	next weekend
dans quinze jours	in a fortnight / in two weeks
dans quinze jours	in a fortnight's time
la veille au soir	the previous evening
le lendemain soir	on the evening of the next day
tous les soirs	every evening
tous les dimanches	every Sunday
toute la soirée	all evening
la nuit / de nuit	at night
cette nuit [passée]	last night
la nuit dernière	last night
dans la nuit de lundi	Monday night
dans la nuit de lundi à mardi	during the night of Monday to Tuesday
nuit et jour	night and day
il y a un an jour pour jour	one year ago to the day

5 Compter
Counting

Il faut savoir énoncer les chiffres selon l'usage en cours dans les pays anglo-saxons. Quelques points essentiels :

0	*zéro*	O *(la lettre) (o long)*	*au téléphone*
		nought *(naute)*	*en sciences*
		zero	*pour la température* *Attention dans un nombre décimal – (F) 0,37, (GB) (US) 0.37 –, le zéro précédant le point ne se prononce pas toujours en anglais*
100	*cent*	a hundred	*usage courant*
		one hundred	*plutôt mathématique*
1000	*mille*	a thousand	*usage courant*
		one thousand	*plutôt mathématique*
10 000	*dix mille*	ten thousand	*sans s*
300	*trois cents*	three hundred	*sans s*

1 000 000	*un million*	one million	*en anglais, tout nombre exprimé en million(s) n'est pas suivi de* of
	un million d'hommes	one million men	
	cinq millions de dollars	five million dollars	a contrario, *lorsque million, millier, centaine et douzaine expriment une grande quantité, ils se mettent au pluriel et sont suivis de* of
	ils ont dépensé des milliers de dollars	they spent thousands of dollars	
	ils ont acheté des douzaines d'huîtres / ils ont acheté des huîtres par douzaines	they bought dozens of oysters	*Treize à la douzaine se dit* "a baker's dozen"
1 000 000 000	*un milliard*	one thousand million	*(GB)*
		one billion	*(US)*

Si vous écrivez à la main, n'oubliez pas que le point remplace la virgule (1.000 €. s'écrit **€ 1,000.**, *0,32 s'écrit* **0.32** *et se prononce* point three two*). Écrivez votre 1 comme un bâton et ne barrez pas votre 7. (Si vous écrivez* **11 Baker Street** *à la française, vos lettres iront au 77 !)*

Vérifiez aussi que vous savez lire une fraction simple en anglais

1/2	*un demi*	one half, a half	*le l ne se prononce pas*
		et one over two	*un sur deux*
1/3	*un tiers*	one third, a third	
2/3	*deux tiers*	two thirds *et* two over three	*deux sur trois*
1/4	*un quart*	one quarter, a quarter	
1/5	*un cinquième*	a fifth *et* one over five	*un sur cinq*
1/6	*un sixième*	a sixth	
1/7	*un septième*	a seventh	
1/8	*un huitième*	an eighth	*un seul t*
1/9	*un neuvième*	a ninth *et* one over nine	
1/10	*un dixième*	a tenth	*Attention ! Sa note a été [de] 8 sur 10 :* His mark was eight out of ten

1 1/2	*un et demi, une et demie*	one and a half	
	un centimètre et demi	one and a half centimeter	
3 1/3	*trois un tiers*	three and a third	
4,25	*quatre virgule vingt-cinq*	four point two five	
6,75 %	*six [virgule] soixante-quinze pour cent*	six point seven five percent	
	30 % [au] maximum	thirty percent at the most	*on dit aussi* "maximum"
	30 % au minimum	a minimum of thirty percent at the very least thirty percent	percent *s'écrit parfois en deux mots*
	20 % de la population est illettrée	twenty percent of the population is illiterate	*Pour donner un pourcentage, on fait suivre* "of" *de* "the"
	10 livres au maximum	a maximum of ten pounds	
	dans le minimum de temps	in the shortest possible time	
	avant-dernier	last but one / second to last	
	les trois premiers	the first three	
	les quatre suivants	the next four	
	les cinq derniers	the last five	

Ne confondez pas last *et* latest			
	Nous sommes arrivés les derniers	We arrived last	
	C'est le dernier succès à Londres [le dernier en date]	It's the latest hit in London	

Enfin, faites en sorte que votre interlocuteur comprenne vos numéros de téléphone, de fax ainsi que votre adresse e-mail :

> *1. En anglais, chaque chiffre est énoncé séparément. S'il y a deux fois le même chiffre à la suite, par exemple 55, on dira* "double five".
> 2. In French, numbers are quoted two by two, for instance 53 becomes *« cinquante-trois »* (fiifty-three).

Ex : votre numéro à Paris est : (1) 45 88 21 54

Du Royaume-Uni, pour vous appeler on compose : 00 33 1 45 88 21 54

Ce qui se dit o *(la lettre)* ten - (country code) double three - (city code) one - four - five - double eight - two - one - five - four

(in French : *zéro dix trente-trois un quarante-cinq quatre-vingt-huit vingt et un cinquante-quatre)*

6 Pour téléphoner, il vaut mieux savoir dire... Don't panic on the phone...

Allo ?	Hello?
Vous parlez trop vite.	You're speaking too fast.
Pourriez-vous parler plus lentement ?	Could you speak more slowly?
Pourriez-vous répéter ?	Could you please repeat?
Pourriez-vous épeler ce nom ?	Could you please spell this name?
Son numéro est le cinq cent quarante-sept, soixante-quinze, cinquante-trois.	His number is five four seven, seven double five three.
C'est de la part de qui ?	Who's calling, please?
C'est Mlle Dubois.	This is Miss Dubois.
Pourrais-je parler à Mme Spears ?	Could I speak to Mrs Spears?
Un instant, s'il vous plaît.	One moment, please.
Bonjour, je peux vous aider ?	Good morning, what can I do for you?
Pourrais-je avoir le poste 200 ?	Could I have extension 200?
Pourriez-vous me passer le service des ventes, s'il vous plaît ?	Could I have the sales department, please?
Je vous le passe.	I'll put you through.
J'aimerais parler au responsable des ventes	I'd like to speak to the person in charge of sales.
Merci de votre gentillesse.	Thanks for your help.
Puis-je vous demander votre nom ?	May I ask who's calling?
Puis-je vous demander de quoi il s'agit ?	May I ask what your call's about?
Un instant, je prends un stylo.	One moment, I'll get a pen.
Savez-vous dans quel service il travaille ?	Do you know in which department he works?
Il attend mon / coup de fil / appel.	He's expecting my call.
Serait-il possible de prendre rendez-vous avec M. Tourneur ?	Would it be possible to make an appointment with Mr Tourneur?
Un instant, je consulte son agenda.	One moment, I'll look in his diary / appointment book.
Passez-moi le secrétariat de M. Clark ?	Can you put me through to Mr Clark's office?

Si vous habitez la province, par exemple la Charente, votre numéro peut être 46 34 12 48
*Du Royaume-Uni, on compose :*00 33 46 34 12 48
des États-Unis et du Canada : 011 33 46 34 12 48
(in French : *zéro dix / onze trente-trois quarante-six trente-quatre douze quarante-huit*)

France Télécom édite une brochure gratuite très bien faite : « Guide du téléphone international ».

7 En cas d'absence...
If a person is away...

Ne quittez pas !	Hold on, please!
Le poste est occupé.	The line is engaged / busy.
Il est en communication.	He's on another line.
Excusez-moi de vous faire attendre.	Sorry to keep you waiting.
Il n'y a personne de ce nom ici.	There's no one by that name here.
Vous n'avez pas le bon poste.	You've got the wrong extension.
Connaissez-vous son numéro personnel ?	Do you know his / personal / home / number?
Je vais le chercher dans l'annuaire.	I'll look it up in the phone book.
Il est en réunion.	He's in a meeting.
Il est parti déjeuner.	He's out to lunch.
Elle est absente pour la journée.	She's out for the day.
Il a eu un empêchement imprévu.	He had some unexpected business.
Elle vient de quitter le bureau.	She's just left the office.
Il est en déplacement.	He's away on business.
Il est en vacances.	He's on holiday / vacation.
Quand sera-t-il de retour ?	When do you expect him back?
Il ne sera pas de retour avant 16 heures.	He won't be back until 4 o'clock.
Elle ne va pas tarder.	She won't be long.
Pourriez-vous lui dire que j'ai appelé ?	Could you tell him/her I called?
Pourriez-vous lui demander de me rappeler?	Could you ask him/her to call me back?
Où peut-il vous joindre ?	Where can he contact you?
Pourriez-vous le rappeler ?	Would you mind calling back?
Quand / Où puis-je le joindre ?	When / Where can I reach him?
À quelle heure vaut-il mieux l'appeler ?	When is the best time to call?
Jusqu'à quelle heure puis-je le rappeler ?	Until what time can I call him back?
Puis-je prendre un message ?	Can I take a message?
Voulez-vous laisser un message ?	Do you want to leave a message?
Puis-je laisser un message ?	May I leave a message?

8 Il y a un problème...
There is a problem...

J'ai fait un faux numéro.	I've got the wrong number.
Je ne vous entends pas très bien.	I can't hear you very well.
Pourriez-vous parler plus fort ?	Could you please speak louder?
Raccrochez s'il vous plaît et je vous rappelle tout de suite.	Please hang up and I'll call you back immediately.
Excusez-moi de vous avoir dérangé.	Sorry to bother you.
Il aura une heure de retard.	He'll be an hour late.
Elle doit annuler son rendez-vous.	She must cancel her appointment.
Il ne pourra pas être au rendez-vous.	He won't be able to keep his appointment.
appel local / interurbain.	local / long distance call.
indicatif de la ville / du pays.	area / country code.
Je voudrais appeler en PCV.	I'd like to make a reverse-charge call ([US] to call collect).
La ligne est en dérangement.	The line is out of order.
Nous avons été coupés.	We were cut off ([US] disconnected).
Le numéro que vous demandez n'est plus attribué.	The number you have reached is not in service.
Veuillez consulter l'annuaire.	Please check the directory for the correct number.

9 Laisser un message sur le répondeur ...
Leaving a message on the answering machine

Bonjour, vous êtes bien chez John Caron. Je suis absent pour le moment. Veuillez laisser vos coordonnées et l'heure de votre appel, je vous rappellerai dès que possible. Parlez après le bip sonore.

Hello! You've reached John Caron's home. I'm afraid I'm out. Please leave your name and number and the time of your call, I'll call you back as soon as possible. Please speak after the beep.

Ici Pierre Saville, de la société Saville. Je voudrais laisser un message à M. Smith. Je suis à Londres pour le Salon des antiquaires, et j'aimerais lui parler. Je suis à l'hôtel Hilton, 020 76 82 93 49, chambre 220. Merci de me rappeler.

This is Pierre Saville from the Saville Company. I'd like to leave a message for Mr Smith. I'm in London for the Antique Show, and I would like to talk to him. I'm staying at the Hilton Hotel, 020 76 82 93 49, room 220. Please call me back.

10 Réserver sa chambre... Booking a room...

– Hôtel Westview, à votre service.	"Westview Hotel, may I help you?"
– Je voudrais réserver une chambre pour une personne.	"I'd like to reserve a single room."
– Bien, Monsieur. Pour quelle date ?	"Very well, Sir. What date?"
– Pour trois nuits à partir du 1er septembre.	"The first of September (GB) / September first (US) for three nights."
– C'est à quel nom s'il vous plaît ?	"What's the name, please?"
– M. Dupont. J'épelle : D-U-P-O-N-T. Pourrais-je avoir une idée des prix, s'il vous plaît ?	"Mr Dupont, that's D-U-P-O-N-T. Could you give me an idea of your prices, please?"
– Les chambres qui donnent sur l'océan sont à 150 dollars. Celles sur la rue sont à 120 dollars.	"Ocean-front rooms are $150 per night. Street-side are $120."
– Est-ce que le prix comprend le petit-déjeuner et les taxes / la TVA ?	"Does that price include breakfast and taxes / VAT?"
– La chambre donne droit à un petit-déjeuner continental, mais il y a 8% de taxes en sus.	"A continental breakfast comes with the room. Tax is 8 % extra."
– Je prendrai une chambre donnant sur l'océan.	"I'll take a room on the ocean."
– Très bien, Monsieur Dupont. Votre chambre est réservée pour trois nuits à partir du 1er septembre.	"All right, Mr Dupont. Your room is reserved for three nights beginning September 1st."
– J'arriverai tard. Pouvez-vous garder la chambre jusqu'à 21 heures ?	"I'll be arriving late. Can you hold the room until 9:00 p.m.?"
– Bien sûr, Monsieur. Mais, dans ce cas, j'ai besoin d'un numéro de carte de crédit.	"Of course. In that case I will need a credit card number."
– Le numéro de ma carte Visa est 000000.	"My Visa card number is 000000."
– J'ai bien noté. Merci d'avoir appelé Westview. Au revoir.	"OK, I've got that. Thank you for calling Westview Hotel."

Pourriez-vous me donner vos coordonnées ?	Could you give me your name and number?
Vous avez bien noté ?	Have you got that?
Pouvez-vous confirmer cela par lettre / par fax ?	Can you confirm it in writing / by fax?
Je lui donnerai votre message dès qu'il sera rentré	I'll give him your message as soon as he gets back
une chambre double	a double room
une chambre pour une personne	a single room
une suite	a suite
avec bain	with bath
avec douche	with shower
avec deux lits à une place	with twin beds
avec un grand lit	with a double / king-size bed
tarifs spéciaux	special rates

tarifs week-end	weekend rates
heure d'arrivée	check-in time
heure d'arrivée tardive	late check-in
garder la chambre et régler la note	to hold the room
quitter la chambre et payer la note	to check out
heure de départ	check-out time

11 Y aller en avion
Flying

– Bullet Airways, puis-je vous aider ?	"Bullet Airways, can I help you?"
– Oui, j'aimerais réserver une place sur un vol pour Paris le 1er mai.	"Yes, I'd like to book a seat on a flight to Paris on May 1st."
– Classe affaires ou touriste ?	"Business class or economy?"
– Classe affaires.	"Business class."
– J'ai des places sur le vol qui part de Heathrow à 8 heures, et qui arrive à Paris à 10 heures.	"There are seats available on the plane leaving Heathrow at 8:00 a.m. and arriving in Paris at 10:00 a.m."
– C'est parfait.	"That's perfect."
– Voulez-vous réserver un vol de retour ?	"Do you want to reserve a return flight?"
– Non, je voudrais un retour open.	"No, I would like an open ticket, please."
– Très bien. Votre nom, s'il vous plaît ?	"Very well. What's the name please?"
– M. Dupont.	"Mr. Dupont."
– Et l'initiale de votre prénom ?	"And your first initial?"
– J comme Jacques.	"J as in Jack."
– Très bien, M. Dupont. Votre place est réservée sur le vol BA 001 de Londres à Paris, partant de Londres Heathrow à 8 heures. Présentez-vous à l'enregistrement au plus tard une heure avant le décollage.	"OK, Mr. Dupont. You're booked on BA flight 001 from London to Paris, leaving London Heathrow at 8:00 a.m. Please check in no later than an hour before departure time."
– Très bien, merci.	"Fine, thank you."

annuler une réservation	to cancel a reservation
aller retour	round trip ticket
aller simple	one way ticket
correspondance	connecting flight
heure limite d'enregistrement	latest check-in time
place côté fenêtre	window seat
place côté couloir	aisle seat

12 Louer une voiture
Renting a car

– Locations Iris. Bonjour !	"Iris carhire, can I help you?"
– Je voudrais louer une voiture pour le 10 mai.	"Yes, I'd like to hire a car on the 10th of May. "
– Mais certainement. Quel genre de voiture désirez-vous ?	"Of course. What type of car would you like?"
– Une voiture de taille moyenne.	"A medium-sized car."
– Parfait.	"Sure."
– Je la prendrai à l'aéroport.	"I will pick it up at the airport."
– Elle vous y attendra. Vous la voulez pour combien de temps ?	"It will be waiting for you. How long do you want it for? "
– Une semaine.	"A week."
– Alors nous pouvons vous faire notre tarif spécial à la semaine.	"Then we can give you our special weekly rate".
– C'est combien ?	"How much is that?"
– Mille livres. Et nous demandons une caution qui vous revient au moment où vous rendez la voiture.	"One thousand pounds. And we ask for a deposit, which you get back when you return the car. "
– Le kilométrage est illimité ?	"Is that with unlimited mileage? "
– Oui, et les taxes et l'assurance sont incluses.	"Yes, it is. And insurance and tax are included."
– Parfait, merci beaucoup, au revoir.	"Fine, thank you very much, good-bye."

petite voiture (2 portes)	economy / compact car
voiture de taille moyenne (4 portes)	medium-sized car
modèle de luxe	luxury car
supplément pour retour à un lieu différent	dropp-off charge

13 Les stéréotypes des présentations, la première fois que vous rencontrez quelqu'un
Introducing yourself and other people

Le matin :

– *Bonjour !* (si c'est un égal) — "Hello! / Good morning!"

Après 12 heures :

– *Bonjour Monsieur / Madame.* (si c'est un supérieur) — "How do you do?"

– *[Je suis] Claude Charrier* — "My name is Claude Charrier."

L'autre personne répond :

– *Bonjour ! [Je suis] Tom Philips* — "I'm Tom Philips, nice / pleased to meet you."

– *Asseyez-vous. Est-ce que je peux vous offrir un café ?* — "Take a seat. Can I get you some coffee?"

Vous répondez :

– *Avec plaisir, merci.* — "Yes, that would be nice!"
"Yes, that would be lovely! " *(si vous êtes une femme)*
ou encore :
"Yes, I'd enjoy that!"

L'assistante arrive avec deux tasses de café.
Tom Philips dit :

– *Vous connaissez Jessica, mon assistante ?* — "Have you met Jessica, my assistant?"

Vous répondez :

– *Nous nous sommes déjà vus tout à l'heure.* — "Yes, we met when I arrived!"

ou : — or:

– *Je ne crois pas. Bonjour [Jessica] !* — "No... I didn't... Pleased to meet you!"

Arrive Gloria Evans. Tom Philips dit :

– *Gloria, est-ce que je peux vous présenter Claude qui travaille chez Saville* — "Gloria, may I introduce you to Claude, who works for Saville."

– *Claude, je vous présente Gloria, notre directeur / directrice / commercial(e)* — "Claude, I'd like to introduce you to Gloria. Gloria is our sales manager."

Claude et Gloria pratiquement ensemble :

– *Bonjour !* — "How do you do? Pleased to meet you..."

Si Claude était attendu, Gloria va plutôt dire, après "How do you do ?" :

– *J'ai beaucoup entendu parler de vous...* — "I have been looking forward to meeting you..."

Claude :

– *Et moi / de même / aussi...* — "So have I..."

14 Les titres et les fonctions qu'on peut trouver dans une société
The organization of a company

Le vocabulaire utilisé varie d'une entreprise à l'autre. Selon le secteur d'activité, le pays d'origine et la tradition de l'entreprise, on trouvera bien des variantes ! De plus, l'importance d'un poste ne se reflète pas forcément dans son intitulé...
Voici quelques-uns des titres et leurs équivalents qu'on rencontre fréquemment. Il n'est jamais inutile de faire préciser à son interlocuteur sa fonction dans l'entreprise ainsi que le nom et la fonction de la personne à qui il rend compte.

The vocabulary used varies from one firm to another. Depending on the field of activity, the mother country, and the firm's tradition, one will find many differences! Moreover, the importance of a job is not necessarily reflected by its label.
Hereunder, you will find a few frequently found titles and their equivalents. It's often useful to ask more precisions about someone's work within the firm, as well as the name and title of the person he or she reports to.

Président	Chairman / President
Vice-Président	Vice-President (for) eg, Vice-President for development *(Directeur du développement)*
Directeur général	General Manager / Managing director
Directeur administratif	Facilities / Office / Manager
Directeur de la logistique	Logistics Manager
Directeur financier	Financial Manager
Directeur financier adjoint	Deputy financial Manager
Directeur de la production	Production Manager
Directeur d'usine	Plant / Works / Manager
Directeur de la distribution	Distribution Manager
Directeur commercial	Business Manager / Sales Manager
Directeur des ventes	Sales director / Head of sales
Directeur régional	Area / district / Manager
Directeur des achats	Purchasing Manager
Directeur des approvisionnements	Supplies Manager / Procurement Manager
Directeur de la communication	Public relations Manager
Directeur du marketing	Marketing Manager
Directeur des ressources humaines	Human resources Manager
Directeur / chef / du personnel	Personnel Manager
Directeur / responsable / de la formation	Training Manager
Contrôleur de gestion	Comptroller / Cost controller

Chef comptable	Chief / Head / accountant
Voyageur-Représentant-Placier = VRP = représentant de commerce	Representative = Rep
Standardiste	Switchboard operator
Secrétaire	Secretary
Contremaître	Foreman
Chef d'atelier	Head foreman

LES SERVICES	DEPARTMENTS
Siège social	Head Office
Service des achats	Purchasing department
Service commercial	Commercial department
Service comptable *La comptabilité*	Accounts department
Service financier	Finance department
Service de la formation	Training department
Service juridique	Legal department
Service marketing	Marketing department
Service du personnel	Personnel department
Service des relations publiques	Public relations department
Service technique	Technical department
Service des ventes	Sales department

15 Vingt phrases-clés
Twenty key-sentences

1	*Vous avez / tu as / fini ?*	Are you / finished / through?
2	*Elle a pris une semaine de congé.*	She took a week off.
3	*Ne / prends / prenez / pas de risque !*	Don't take a chance!
4	*Prenez-moi un rendez-vous avec lui.*	Please make me an appointment with him.
5	*Depuis quand la connais-tu ?*	How long have you known her?
6	*Depuis quand as-tu cessé de fumer ?*	How long ago did you stop smoking?
7	*Elle n'est pas là.*	She isn't here.
8	*Quelle heure est-il chez vous ?*	What time is it with you?
9	*Où voulez-vous en venir ?*	What are you leading up to?
10	*Un tiers de la cargaison est / foutu / dans un triste état*	A third of the freight is in a mess.
11	*Y a-t-il une limite d'âge pour le poste ?*	Is there an age minimum for filling that position?
12	*Nous n'avons pas le choix.*	We don't have a choice
13	*À quelle date venez-vous ?*	What date are you coming on?
14	*Restons prudents !*	Let's be / conservative / cautious!
15	*Nous faisons à peine 20 millions d'euros de / CA / chiffre d'affaires.*	Our turnover is just short of 20 million euros.
16	*À quelle heure est la réunion ?*	At what time is the meeting?
17	*À votre place, je n'aurais pas répondu.*	If I were you, I wouldn't have answered.
18	*À combien évaluez-vous la voiture de fonction ?*	How much do you consider the use of a company car is worth?
19	*David n'était-il pas surdimensionné pour le poste... comme on dit ?*	Wasn't David "overqualified", as they say?
20	*En fait, les choses ne se sont pas déroulées comme prévu.*	In fact, things didn't work out as planned.

16 120 faux frères qui vont devenir de vrais amis.
120 faux amis who will become real friends

Pour chaque mot ou expression, nous donnons deux ou trois équivalents. Ne pas oublier qu'il existe souvent des sens dérivés.

For each word or expression, we give two or three meanings. Furthermore, there are often secondary uses.

1 to achieve = *réaliser, réussir*
achever = to finish, to end, to complete
achievement = *réalisation, réussite*
achèvement = completion

2 actual = *réel*
actuel = present, current
actually = *en réalité, en fait, vraiment*
actuellement = presently, currently, now

3 agenda = *ordre du jour*
agenda = appointment book, diary

4 to aggravate = *irriter, vexer*
[s']aggraver = to get worse

5 to agree = *être d'accord*
agréer = to accept, to welcome
agreement = *accord*
agrément = charm, pleasure

6 to alter = *changer, modifier*
altérer = to distort, to spoil

7 annoyed = *contrarié, mécontent, énervé*
ennuyé = worried, bothered (about)

8 to apologize *(i diph.)* = *présenter ses excuses*
apologies *(i court)* = *excuses*
faire l'apologie de = to praise

9 appointment = *rendez-vous, nomination*
appointements = salary, pay

10 to assist = *aider*
assister à = to attend

11 bail = *caution*
bail = lease

12 to balance = *équilibrer, tenir en équilibre*
balancer = to swing, to rock

13 ballot = *scrutin, bulletin de vote*
ballot = bundle

14 benefit = *avantage*
bénéfice = profit

15 bias = *tendance, préjugé, parti pris*
biais = slope, slant, angle

16 to blame = *attribuer le tort à, rejeter la responsabilité sur*
blâmer = to censure *[prononcer : sœur]*, to rebuke

17 candid = *franc, sincère*
candide = naïve, artless
candour = *franchise, sincérité*
candeur = ingeniousness naïvety

18 cargo = *cargaison, fret*
cargo = cargo ship, freighter

19 caution = *prudence*
caution = bail, security, guarantee

20 chance = *hasard*
chance [possibilité, occasion] = chance
[bonne fortune] = luck

21 charge = *inculpation, accusation, prix à payer*
charge = load, burden, charge

22 clinic = *service spécialisé*
clinique = private hospital

23 comprehensive = *vaste, étendu, détaillé*
compréhensif = understanding

24 to control = *lutter, maîtriser, commander*
contrôler = to inspect, to check

25 corporation = *conseil municipal, société commerciale*
corporation = trade guild

26 crime = *délit*
crime = murder

27 to cure = *guérir*
curer = to clean out, to dredge
cure = *remède*
cure = treatment

28 current = *en vigueur, en cours*
courant = ordinary, standard

29 decade = *décennie*
décade = ten days

30 deception = *tromperie, supercherie*
déception = disappointment
deceiving = *trompeur*
décevant = disappointing

31 defiance = *insoumission*
défiance = mistrust, wariness

32 definetely = *sans aucun doute, manifestement*
définitivement = for good, permanently

33 delay = *retard*
délai = time, time limit

34 to demand = *exiger*
demander = to ask

35 demure = *réservé, modeste*
demeuré = backward

36 destitution = *dénuement, misère*
destitution = dismissal

37 to deter = *dissuader*
déterrer = to dig up

38 disagreement = *désaccord*
désagrément = annoyance, trouble

39 disposable = *jetable*
disponible = available

40 distraction = *inattention, trouble d'esprit*
distraction = entertainment

41 domestic (adj) = *familial, intérieur, national*
domestique (nom) = servant

42 dramatic = *spectaculaire*
dramatique = disastrous, catastrophic

43 education = *études*[1]
éducation [bonne] = upbringing

44 embarkation = *embarquement*
embarcation = boat, craft

45 emergency = *situation critique, urgence*
émergence = emergence, birth

46 to emphasize *(i diph.)* = *insister sur, souligner*
emphase = pomposity, bombast

47 to employ = *employer [un employé, un salarié, etc.]*
employer = to use

48 eventually = *en définitive, finalement*[2]
éventuellement = possibly, maybe, perhaps, if need be

49 evidence = *preuve, témoignage*
évidence = obvious fact

50 to evince = *manifester, faire preuve de*
évincer = to oust, to supplant

51 excuse = *prétexte*
excuse = good reason
(pl) excuses = apologies

52 exhibition = *exposition, démonstration*
exhibition = display

53 expertise = *compétence*[3]*, savoir-faire*
expertise = expert evaluation, expert's report

54 fabric = *textile, structure*
fabrique = factory

1. What's your educational background? = *Quelle est votre formation ? / Quelles études avez-vous faites ?*
2. He eventually arrived at 11 pm. = *Il a fini par arriver à onze heures du soir.*
3. Parmi les exemples de charabia franglais que l'on peut lire : "We do not question his expertise", *rendu par « Nous ne questionnons pas son expertise »* (sic)... *phrase qui n'évoque rien en français puisque l'anglais signifie : « Nous ne mettons pas en doute sa compétence. »*

55 facilities = *installations, équipements [mais aussi]*
overdraft facility = *autorisation de découvert*
facilité = facility, easiness

56 fastidious = *méticuleux, pointilleux*
fastidieux = tedious

57 fault = *défaut, anomalie, faute (tennis)*
faute = mistake, error, fault (tennis)

58 forgery = *contrefaçon, falsification*
forge = forge, smithy *[i court]*

59 formidable = *redoutable, terrible*
formidable = great, tremendous, fantastic

60 franchise *[i diph.]* = *droit de vote, franchise commerciale*
franchise = frankness

61 gas-oil = *[inusité en anglais]*
gasoil = diesel-oil, fuel-oil

62 gratification = *satisfaction*
gratification = bonus, gratuity

63 grief = *douleur, peine*
grief = grievance

64 hardy = *vigoureux, robuste*
hardi = bold, daring

65 hazard = *danger*
hasard = luck, coincidence, chance

66 to ignore = *ne pas relever, ignorer délibérément*
ignorer = to be unaware of, not to know about

67 to injure = *blesser*
injurier = to insult, to abuse

68 intoxicated = *en état d'ivresse*
intoxiqué = poisoned

69 issue = *question, problème, résultat, numéro d'une publication*
issue = exit, way out, prospects, outcome

70 labourer = *travailleur manuel*
laboureur = ploughman (GB), plowman (US)

71 library = *Bibliothèque et bibliothèque [l'institution et aussi le local]*
librairie = bookshop, bookstore

72 location = *emplacement, situation*
location = hiring (GB), renting (US), rental

73 lunatic = *fou, dément, cinglé*
lunatique = whimsical

74 lunch = *déjeuner [à midi]*
lunch = buffet

75 meeting = *réunion*
meeting (politique) = rally, meeting

76 minute (adj) *[attention pr : maïnioute]* = *minuscule, infime*
minute (n) = minute

77 mundane = *quelconque, ordinaire, banal*
mondain = social, fashionable

78 morale = *(le) moral [des troupes]*
(la) morale = morals, morality

79 mercantile *[i diph.] (adj)* = *marchand, commercial, commerçant*
mercantile = mercenary, venal

80 novel = *roman*
nouvelle = *[littéraire]* short story, *[information]* a piece of news.

81 offence (GB), offense (US) = *délit, infraction*
offense = insult, trespass *[religieux]*

82 officious = *trop empressé*
officieux = unofficial

83 onerous = *lourd à supporter, pénible*
onéreux = expensive, costly

84 opportunity = *occasion [de faire], chance*
opportunité = timeliness

85 particular = *précis, exigeant*
particulier = specific, particular, private

86 to pass an exam = *réussir un examen*
passer un examen = to take / to sit for / an exam

87 patent = *brevet d'invention*
patente = trading licence (GB), business license (US)

88 patron = *clientèle, habitué*
patron = boss, pattern *[couture]*

89 performance = *représentation [spectacle], interprétation [d'un artiste], comportement [d'une machine], exécution [d'une tâche]*
performance = feat, achievement

90 phrase = *expression, locution*
phrase = sentence

91 physician = *médecin*
physicien = physicist

92 planning = *planification, organisation*
planning = schedule, timetable

93 prejudice *[i court]* = *préjugé*
préjudice = loss, harm, damage (US)

94 to pretend = *simuler, faire semblant de*
prétendre = to claim

95 qualification = *qualification, compétence [mais aussi] réserve, restriction*
qualification = skills, qualification

96 to question = *interroger [police], contester, mettre en doute*
questionner = to question about, to interrogate

97 rampant = *chronique, sévissant*
rampant = crawling, grovelling

98 to reconcile = *concilier*
se réconcilier avec = to become reconciled with

99 refuse = *déchets, ordures*
refus = refusal

100 to regard = *considérer*
regarder = to look at, to watch [*voir* "Tricks of the trade"]

101 rent = *loyer*
rente = annuity, pension

102 to resent = *être indigné de / contrarié par*
ressentir = to feel

103 response = *réaction*
réponse = answer

104 to resume = *reprendre*
résumer = to sum up [*voir* "Tricks of the trade"]

105 reunion = *retrouvailles*
réunion = meeting

106 scheme *[pron : skimme]* = *plan, projet, procédé, combine*
schéma = diagram, outline

107 secular = *séculier, profane, laïque*
séculaire = age-old, centuries old

108 sensible = *raisonnable, sensé*
sensible = sensitive, perceptible

109 serious = *grave*
sérieux = reliable, responsible

110 slip = *dérapage, faux pas, bévue*
slip = *[homme]* briefs, underpants, *[femme]* panties

111 smoking = *tabac, tabagisme, fumer*
smoking = dinner jacket, D.J. (GB), tuxedo (US)

112 snack = *casse-croûte*
snack = snack-bar

113 solvable = *soluble [pour lequel une solution existe]*
solvable = creditworthy, solvent

114 speaker = *orateur, conférencier*
speaker [présentateur] = announcer, newscaster, newsreader

115 starter = *démarreur [auto], hors-d'œuvre*
starter [auto] = choke

116 surname = *nom de famille*
surnom = nickname

117 sympathetic = *compréhensif, compatissant*
sympathique = pleasant, friendly, congenial

118 to trespass = *entrer sans autorisation [*no trespassing = *entrée interdite]*
trépasser = to pass away, to depart this life

119 trivial = *dérisoire, insignifiant*
trivial = coarse, crude

120 versatile *[i diph.]* = *doué en tous genres, polyvalent*
versatile = fickle, capricious

121 vest = *(GB) maillot de corps, (US) gilet*
veste = jacket

17 Rendez la présentation de vos résultats plus tonique ! Make your presentation of results more lively!

1	*Voulez-vous commenter les résultats de notre dernière action de promotion ?*	Would you please comment on the results of our last promotion campaign?
2	*Comparons les ventes de A et de B au dernier trimestre.*	Let's compare the sales of A and B in the last quarter.
3	*Jusqu'à l'année dernière, notre société possédait la plus grosse part du marché avec 35 %.*	Until last year, our company had the biggest share of the market with 35 %.
4	*D'abord, un mot sur les prévisions à court terme.*	First of all, a word on the short term forecast.
5	*Au premier trimestre, la tendance générale est à la baisse.*	In the first quarter, the overall trend is downward.
6	*Les ventes se situent très au-dessous des objectifs.*	Sales are very much below target.
7	*Les ventes se situent légèrement au-dessus des objectifs.*	Sales are slightly above target.

8	*Grâce à l'arrivée sur le marché du produit C, très attendu, les ventes devraient remonter fortement au 3e trimestre et la courbe s'inverser.*	Thanks to the launch[ing] of the eagerly awaited product C, sales should make a good recovery during the third quarter, and the downward trend should be reversed.
9	*Grâce au produit C, l'ensemble du chiffre d'affaires dépassera les objectifs.*	Thanks to product C, the general turnover will exceed the target.
10	*Les ventes ont progressé en quantité et en chiffre d'affaires.*	Sales rose in quantity and turnover.
11	*La progression spectaculaire des ventes depuis deux ans est due à...*	Sales have skyrocketed these last two years because of...
12	*Les ventes de nos produits à X s'effectuent à un coût élevé.*	The sales of our products to X involve high costs.
13	*Nos produits à forte rentabilité sont...*	Our highly profitable products are...
14	*Les produits à faible rentabilité sont...*	Products that don't pay are...
15	*Comparons la progression des ventes des produits C à celle des produits D pendant la même période.*	Let's compare the sales progression of C products to that of D products during the same period.
16	*La vente des produits à faible marge a progressé beaucoup plus vite que celle des produits à forte marge.*	The sale of low margin products climbed much faster than that of high margin products.
17	*Au cours des trois dernières années, nous avons substitué la vente des produits E à celle des produits F.*	Over the last three years, we have replaced the sales of F products by that of E products.
18	*Nous avons poussé les produits E vers leurs acheteurs en investissant dans des actions de promotion excellentes pour notre image mais d'un résultat onéreux.*	We pushed the E products towards the buyers by investing in promotional campaigns which were excellent for our image but costly in the end.
19	*Si nous n'y prenons garde, notre rentabilité va s'effriter.*	If we aren't careful, our overall profitability will crumble.

Encore quelques expressions utiles pour parler des ventes...
More useful expressions on sales for your next presentation...

1	*Les ventes ont légèrement augmenté.*	Sales climbed slowly / rose steadily.
2	*Les ventes sont montées en flèche.*	Sales soared shot up / took off.
3	*Les ventes ont atteint un sommet.*	Sales reached a peak.
4	*Les ventes ont baissé.*	Sales took a dip.
5	*Les ventes ont chuté.*	Sales plummetted / fell sharply.
6	*L'augmentation a ralenti.*	The rise tapered off / slowed down.
7	*Les ventes ont atteint un nouveau plafond.*	Sales reached a new high.
8	*Les ventes ont légèrement diminué.*	Sales dropped off slightly.
9	*Les ventes ont repris.*	Sales picked up.

18 Orthographes : différences entre l'anglais britannique et américain
Spelling: differences between British and American English

1 *Vous trouverez beaucoup de mots se terminant par* ise *en anglais britannique, écrits* ize *en anglais américain.*
De façon générale, les deux usages cohabitent. Rappelez-vous toutefois que les mots suivants s'écrivent avec ise *quel que soit le code choisi :*

advertise	compromise	exercise	merchandise	surmise *(conjecturer)*
advise	demise *(arrêt de mort, fin)*	franchise	premise *(i court)*	surprise
arise	despise *(mépriser)*	improvise	revise	televise
comprise	devise *(inventer)*	incise	supervise	

2 *Les noms se terminant en* our *en anglais* (GB) *:* colour, favour, humour, labour, behaviour, valour, etc. *perdent leur* u *en anglais* (US) *:* color, favor, humor, labor, behavior, valor...

Une exception : glamour *(éclat, fascination) s'écrit ainsi dans tous les pays anglo-saxons.*

3 *Les mots qui se terminent en anglais* (GB) *par :* tre (metre) bre (fibre *[i diph.]*)
se terminent en anglais (US) *par :* ter (meter) ber (fiber *[i diph.]*)

4 *L'anglais* (GB) *marque une différence entre la terminaison du nom* practice *(l'exercice) et celle du verbe* to practise *(s'exercer), qui ont la même prononciation.*

En anglais (GB) *le verbe qui correspond à un nom se terminant en* -ce, *se termine quant à lui en* -se.

Par exemple : advice *(nom)* / to advise *(verbe)*
licence *(nom)* / to license *(verbe)*

Dans le second exemple, la prononciation est identique pour le nom et le verbe ; aussi l'anglais (US) *écrit-il l'un et l'autre avec* -nse.

L'usage de transformer -nce *en* -nse *s'étend également aux noms suivants, bien que les verbes correspondants soient respectivement :* to defend, to offend, to pretend.

defence (GB)		defense (US)
offence (GB)		offense (US)
pretence (GB)	*prétexte, faux-semblant*	pretense (US)

PIERRE SAVILLE ET Cie
PIERRE SAVILLE AND Co.

Membres du personnel de Pierre Saville & Cie et leurs partenaires

par ordre d'entrée en scène

Nom	Fonction dans l'entreprise
Pierre Saville	Président de Pierre Saville & Cie
John Caron	Directeur de Pierre Saville & Cie
Estelle Templecombe	Assistante de Pierre et de John
Mariette Cooper	Agence de voyages Transit
Brigitte Loiseau	Secrétaire de M. Laubrague (Toulouse)
Viviane Apfelbaum	Directeur du service juridique de Safran (Toulouse)
Walter Lerner	Éditeur chez Riverside (New York)
Anne Langlois	Stagiaire
Patricia Perrin	Agent de fabrication, Pierre Saville & Cie
Liz Lucet	Responsable de la promotion/publicité/vente par correspondance
Pr. Lucien Gaillot	Œnologue/auteur chez Pierre Saville & Cie (Bordeaux et Paris)
Wendy Caron	Femme de John Caron
Jean Soulier	Directeur de Diffusion Samarcande
Roger Morin	Directeur de l'Imprimerie Morin
Jacques Farget	Directeur du Livre Voyageur (Montréal)
David Soria	Chef comptable chez Pierre Saville & Cie
William Thomas	Directeur du département VPC de Swan & Bear Books
Louise Baxter	Directrice des ressources humaines chez Swan & Bear Books

Members of Pierre Saville & Co. and people they deal with

in order of appearance

Name	Position held
Pierre Saville	Chairman
John Caron	Managing Director
Estelle Templecombe	Pierre and John's assistant
Mariette Cooper	Transit travel agent
Brigitte Loiseau	Mr. Laubrague's secretary (Toulouse)
Viviane Apfelbaum	Head of Safran legal department (Toulouse)
Walter Lerner	Publisher at Riverside (New York)
Anne Langlois	Trainee
Patricia Perrin	Head of Saville production dept.
Liz Lucet	Head of advertising/promotion
Pr. Lucien Gaillot	Enologist/wine writer (Bordeaux and Paris)
Wendy Caron	John Caron's wife
Jean Soulier	Manager of Diffusion Samarcande
Roger Morin	Manager of Imprimerie Morin
Jacques Farget	Manager of Le Livre Voyageur (Montreal)
David Soria	Chief accountant at Saville
William Thomas	Manager of Swan & Bear Books mail order dept.
Louise Baxter	Head of human resources (Swan & Bear Books)

Table des matières

Page

Contents

Page

Page

Présentation de l'entreprise Pierre Saville et Cie

Que savons-nous d'eux ?

Dans votre vie professionnelle, vous aurez souvent à présenter une société : la vôtre, bien sûr, mais aussi des entreprises avec lesquelles vous créez des liens de partenariat (vous expliquerez, par exemple, pourquoi vous souhaitez travailler avec X...).

Pierre Saville et Cie est une maison d'édition située 14 bis, rue de l'Odéon à Paris, dans le 6e arrondissement.

Pierre Saville, quarante-cinq ans aujourd'hui, a lancé cette entreprise en 1985. De père anglais et de mère française, Pierre Saville a choisi de vivre en France.

La maison d'édition a vingt ans d'âge et compte quatorze personnes. Elle est spécialisée dans les livres pour les entreprises. Ces livres expliquent des techniques particulières, des méthodes dont les entreprises ont besoin. Le catalogue de la maison comprend environ cent titres.

La maison d'édition se démarque de ses confrères dans la mesure où elle publie des livres très concrets – donnant beaucoup de renseignements chiffrés – et très illustrés, bourrés d'exemples faciles à comprendre par le lecteur qui les adapte à sa propre société.

Pierre Saville et Cie vend les trois quarts de sa production en VPC (vente par correspondance) grâce à un fichier d'acheteurs spécialisés qu'elle s'est constitué au fil des années.

Three is a crowd!

Note that when there are more than two persons, one uses "people": "there were three people in the room".

S'étant fortement développées entre 1995 et 1999, les éditions ont engagé en 2001 John Caron, vingt-huit ans aujourd'hui, dont le père est français et la mère américaine. C'était le deuxième job de John Caron.

Les relations de Pierre Saville et de John Caron sont exceptionnelles à plus d'un titre.

John est impressionné par la facilité avec laquelle Pierre se déplace dans tous les milieux. Cette facilité est due à son mode de pensée, à un mode de vie international aussi bien qu'à sa maîtrise du français et de l'anglais. Pierre explique à John, qui est un esprit curieux, tout ce qui ne s'apprend pas à l'université et dans les écoles de commerce.

Quant à Pierre, il est sensible à la personnalité de John. John a mené de front de brillantes études (d'abord à Lausanne puis aux États-Unis) et une prometteuse carrière de joueur de tennis classé.

Gros travailleur, il a un excellent contact avec les gens qu'il rencontre. Il est très accrocheur, déteste perdre et ne peut être taxé d'antiféminisme...

Introducing Pierre Saville & Co.

Pierre Saville & Co. is a publishing company headquartered 14 bis rue de l'Odéon, in Paris.

Pierre Saville, now forty-five, started this company in 1985. Born of an English father and a French mother, Pierre Saville chose to settle in France.

The publishing company is twenty years old and employs fourteen people. It specializes in books for the business world, which explain particular techniques and methods needed by various companies. Its catalogue comprises about hundred titles.

This publishing company is different from the others, insofar as it publishes very specific works – that include extensive data and figures – with numerous illustrations ; books filled with examples that are easily understood by the reader, who can adapt them to his own company's needs.

Pierre Saville & Co. sells three quarters of its production through direct mail, via specialized mailing lists, which have been built up over the years.

Extensive development between 1995 and 1999 led the company to hire John Caron in 2001, now aged twenty-eight, born of a French father and an American mother. This was John Caron's second job.

Pierre Saville and John Caron's relationship is remarkable in many ways.

John is impressed by the ease with which Pierre moves around in all circles. This ease is due to his personality, his international lifestyle, as well as to his perfect knowledge of French and English. Pierre introduces John, who is avid to learn, to all the things that are never taught in universities and business schools.

As for Pierre, he appreciates John's personality. While achieving brilliant studies (first in Lausanne, then in the United States) he also pursued a remarkable tennis career.

He is hard-working, and has an excellent relationship with the people he meets. He hates losing, never gives up and cannot be accused of being a male chauvinist…

Summing up the essentials

In the course of your professional life, you will often have to describe a company : yours, of course, but also companies you work with (to explain for instance why you want to deal with X).

Pull yourself together!

To pull = *tirer.*

He pulled my project apart = *Il a démoli mon projet.*

If you can pull it off, I'll help you = *Si vous réussissez, je vous aiderai.*

The car is pulling out from the parking slot = *La voiture sort de l'emplacement du parking.*

I'm pulling out of that deal = *Je me retire de cette affaire.*

I had to pull over to let him by = *J'ai dû me ranger (en voiture) pour le laisser passer.*

Pull yourself together! = *Reprenez-vous !*

It works both ways!

They both came = *Ils sont venus tous les deux.*

to hear both sides = *écouter les deux versions.*

to have both feet on the ground = *avoir les pieds sur terre.*

it works both ways = *c'est une arme à double tranchant.*

You can't have it both ways! = *On ne peut avoir le beurre et l'argent du beurre !*

I went both to France and to England = *Je suis allé(e) à la fois en France et en Angleterre.*

Nine eleven?

Quand ils parlent des attentats terroristes du 11 septembre 2001, les Américains écrivent : September 11 *et disent :* 9 *(pour le mois),* 11 *(pour le jour), ce qui s'écrit:* 9/11 *et se prononce :* "nine eleven".

Chez Saville, vous vivrez diverses conséquences de "nine eleven".

Inutile de le préciser, Pierre et John s'estiment mutuellement.

Pierre Saville est pour toute la société le « patron », et il l'est aussi pour John qui le respecte. L'un et l'autre parfaitement bilingues, ils s'expriment selon leur humeur indifféremment en français et en anglais.

John a pris l'habitude de répondre dans la langue dans laquelle Pierre lui parle. En général, ils utilisent l'anglais entre eux et parlent français dès qu'un tiers se joint à eux ; en fait, rien n'est bien établi !

Les livres coûtent cher à fabriquer ; mais avant cela, les manuscrits nécessitent d'importants investissements de préparation, de mise au point, de réécriture. C'est pourquoi Pierre Saville s'appuie sur les chefs de file de chaque secteur industriel pour financer un ouvrage.

Précisément, John a été embauché pour développer les relations avec les entreprises et apporter un flux continu d'affaires à la maison d'édition.

En fait, les choses ne se sont pas déroulées comme prévu.

Pierre Saville ne s'était pas rendu compte que les entreprises qui fournissaient le manuscrit d'origine et achetaient plusieurs milliers d'exemplaires du livre terminé étaient flattées d'avoir affaire à l'éditeur lui-même.

Il a été beaucoup plus difficile à John d'être reçu par les présidents de ces grosses sociétés et de décrocher des contrats intéressants. Trop jeune, trop direct, manquant d'expérience, il ne « passait » pas.

De plus, Pierre Saville, dont le carnet d'adresses est impressionnant, avait fini par trouver normal qu'on le reçoive. Dans ce genre de relations, la situation sociale d'un homme ou d'une femme et sa réputation représentent toujours un atout.

De ce fait, les résultats commerciaux de John ont été décevants. Logiquement, il aurait dû quitter la société. Toutefois, John s'est révélé un organisateur et un gestionnaire hors pair. Peu après son arrivée, il a mis en œuvre une comptabilité analytique rigoureuse qui a fourni les coûts de chaque poste de dépense.

Celle-ci a fait apparaître des doubles emplois, vite supprimés. Les frais ont fortement diminué. Surtout, John a persuadé Pierre de faire appel à des collaborateurs extérieurs temporaires en fonction du plan de charge de la société : le travail des salariés étant de donner à faire et de contrôler plutôt que de faire eux-mêmes.

La réorganisation a permis de diminuer sensiblement le poste « salaires », en ne faisant appel, désormais, qu'à un petit nombre de collaborateurs fixes.

La façon de faire consistait à discuter avec le collaborateur extérieur le budget global d'une tâche à accomplir, quel que soit le temps mis à effectuer le travail. D'où la baisse des prix de revient… au moment où les commandes se raréfiaient du fait de la paralysie des affaires engendrée par les attentats terroristes du 11 septembre 2001 et la chute de la Bourse.

Needless to say Pierre and John share great mutual esteem.

Pierre Saville is regarded as "the boss" by the entire company, including John, who respects him very much. As they are both perfectly bilingual, they speak either French or English, depending on their mood.

John is used to answering Pierre in whichever language the latter is using. They usually speak English together, and switch to French as soon as they are joined by a third party; in fact, there is no rule!

Books are expensive to print; and before even getting to that, manuscripts require major investments for their copy editing and rewriting. This is why Pierre relies on the leaders of various industrial fields to finance a book.

John was hired specifically to develop relationships with other companies and bring in a regular flow of business.

In fact, things did not work out as planned.

Pierre Saville had not realized that the companies that provided the original manuscript and bought several thousand copies of the finished books, were flattered to deal with the publisher in person.

It was far more difficult for John to get appointments with the CEOs of these large companies and to set up satisfactory deals. He was too young, too direct, lacked experience and couldn't quite pull it off.

Furthermore, Pierre Saville, who had extensive contacts everywhere, had come to find it quite natural to be given the appointments he requested. In this kind of relationship, a man or woman's social status and reputation are always essential assets.

John's commercial achievements were therefore disappointing. Logically he should have left the company. However, he was an exceptional organizer and manager. Shortly after his arrival, he set up a strict cost accounting system, itemizing costs.

This showed duplications which were easy to get rid of. Costs went down dramatically. Moreover, John asked Pierre to hire free-lancers according to the company's workload: the salaried personnel was to give out work and check what came back in, rather than to do it themselves.

The reorganization caused an appreciable decrease of personnel costs, since, from then on, only a small number of people was permanently employed.

The procedure consisted in a discussion with the free-lancer regarding the global budget of a job, whatever the time spent. Thus costs went down at a time when orders were slowing down because of the general recession due to September 11, 2001 terrorist attacks and the collapse of the financial market.

TRICKS OF THE TRADE

What else?

What: *quel, qu'est-ce qui, qu'est-ce que, quoi ?*

What about coffee? = *Et si on prenait un café ?*

what's more = *qui plus est.*

What if he comes? = *Et s'il vient ?*

what else? = *quoi d'autre ?*

What's wrong? = *Qu'est-ce qui ne va pas ?*

What day is it? = *Quel jour sommes-nous ?*

Whatever = *tout ce que, quoi que.*

Choose whatever you want = *Choisissez ce que vous voulez.*

Whatever you say, I'll do it = *Quoi que vous disiez, je le ferai.*

A tip!

In French :
un P.D.G. (président-directeur général) ;
in English: *CEO (chief executive officer).*

TRICKS OF THE TRADE

Revenez nous voir !

Il n'est pas possible d'assimiler en une fois toutes les tournures et expressions de cette « présentation de société ». Vous y reviendrez fréquemment. Lorsque vous serez devenu(e) un familier de Pierre Saville et Cie, vous aurez moins de mal à énoncer en anglais ce vocabulaire de l'organisation et de la gestion qui est déjà le vôtre… dans votre langue maternelle !

La vie professionnelle se trouvant quelque peu gelée en France, les éditions Pierre Saville et Cie ont survécu pendant deux ans grâce à de gros contrats signés avant la crise. Malheureusement, aucun contrat du même ordre n'a été obtenu pour les années suivantes.

Au moment où ce livre commence, en janvier 2005, Pierre Saville, président de la maison d'édition, a repensé son organisation en tenant compte de ce qu'il a appris depuis l'arrivée de John. Il a repris en main personnellement les relations avec les grandes sociétés, et un important contrat avec Mimosa a été décroché en 2004.

Pierre Saville a délégué à John la gestion courante, celle des travaux – donc des collaborateurs extérieurs – et celle des auteurs. John met en concurrence les différents collaborateurs et fournisseurs pour faire dégringoler les prix, quitte à se montrer plus coulant pour les délais.

Sur ces bases assainies, l'entreprise est repartie de plus belle vers de nouvelles aventures, celles que vous allez maintenant vivre avec nous.

Professional life being somewhat at a standstill in France, Pierre Saville & Co. survived for two years on large contracts signed before the crisis. Unfortunately, no similar large contract was signed during the following years.

When this book begins, in January 2005, Pierre Saville, Chairman of the publishing company, has completely reorganized his firm according to what he has learnt since John's arrival. He has resumed his personal relationship with the large companies, and signed a big contract with Mimosa in 2004.

Pierre has entrusted day-to-day management to John, who is also in charge of dealing with free-lancers and authors. John puts the various free-lancers and suppliers in competition in order to get better prices, even if this means putting less pressure on the timing.

On these new and better grounds, the company has taken off again, towards new adventures, which you are now going to live with us.

TRICKS OF THE TRADE

Switch to English now!

It is impossible to take in all at once all the forms and expressions contained in this introduction to the company. You will often come back to it.

Once you have become more familiar with "Pierre Saville & Co", you will have no trouble using the adequate English words which apply to organization and management... a vocabulary you already know well in your mother tongue!

1 Voyages d'affaires :
il faut se bouger un peu !

Keep me posted!

« Tenez-moi au courant ! » An expression used daily in offices and business transactions.

To come back = *revenir.*

It comes back to me now! = *ça me revient maintenant !*

The lady vanishes

To pop up = *faire son apparition.*

To pop out of thin air= *surgir de nulle part.*

To vanish into thin air = *s'évanouir dans la nature.*

10 janvier

Pierre, John, puis Estelle (assistante de Pierre et de John)
Pierre, déboulant dans le bureau de John, un soir vers 17 heures.

Pierre : – John, il faudrait faire avancer deux dossiers : celui sur le vin avec notre expert-œnologue Gaillot, qui devient de plus en plus connu et n'a plus le temps d'écrire une ligne pour nous, alors que les Américains attendent la traduction.

Et l'autre pour les ingénieurs de Safran à Toulouse. Ils ont besoin d'un dictionnaire trilingue français-allemand-anglais pour se comprendre. Ce dictionnaire Safran n'avancera pas tout seul !

John : – Ces deux projets souffrent de notre éloignement. Impossible d'être sur le dos de leurs auteurs continuellement, comme nous le sommes avec les auteurs parisiens…

Pierre : – Oui, je crois qu'il faut que vous alliez à Bordeaux et à Toulouse en passant le temps qu'il faut pour remettre les deux affaires sur les rails.

Organisez votre voyage, restez absent le temps nécessaire, mais revenez avec des dates certaines de remise de manuscrit.

Et n'oubliez pas de rapporter le contrat avec Safran signé par eux !… depuis le temps que leur service juridique le bloque. Eux aussi ont besoin de revoir une tête connue !

Voyez tout ça avec Estelle et tenez-moi au courant. Je vais d'ailleurs passer un coup de fil au directeur de la communication de Safran, si je peux l'avoir en ligne…

John : – D'accord, je vous en reparle dans 48 heures…

John à Estelle

John : – Estelle, est-ce qu'on peut se voir un moment ? Je voudrais organiser mon voyage à Bordeaux et à Toulouse.

Estelle : – Je termine des photocopies. J'en ai pour un quart d'heure. Disons à 5 h 30. C'est possible ?

John : – Ça va !

1 Business trips :
time to get things moving!

January10

Pierre, John, and then Estelle (Pierre and John's assistant)
Pierre, barging into John's office around 5 p.m.

Pierre : John, there are two deals we really must get moving. The wine one, with our wine expert Gaillot, who is becoming so popular he hasn't enough time left to write a word for us, while the States can't wait to get his translation.

And the one for the Safran engineers in Toulouse, who need a trilingual French-German-English dictionary to understand each other. This Safran dictionary is not going to pop out of thin air!

John : The trouble with these two projects is being so far away. We can't be on the authors' backs day in and day out as we can with Parisian authors…

Pierre : Yes, I think you'd better go to Bordeaux and Toulouse and stay long enough to get those two deals going again.

Plan your trip, stay away as long as you have to, in order to set up definite dates for turning in the manuscripts.

And don't forget to get Safran to sign the contract! Their legal department has been sitting on it for ages. It's about time they saw one of us!

Set it all up with Estelle and keep me posted. I'm in any case going to ring the Safran Public relations Manager, if I can reach him.

John : Fine, I'll come back to you on the subject in a couple of days…

John to Estelle

John : Estelle, can I see you for a minute? I would like to arrange a trip to Bordeaux and Toulouse.

Estelle : I'm just finishing a set of photocopies. I need another fifteen minutes. Let's say 5:30, would that suit you?

John : Fine!

TRICKS OF THE TRADE

Trips and travel

"Travel" covers the general notion of « *voyages* » and is always singular.

"Charter flights have made air travel very cheap."

A "journey" applies to a fairly long trip: "Was your journey (≠ travel) pleasant?"

A "trip" is shorter, and always used for business.

"He's off on a business trip."

Watch out!

"Voyage" is only used for sea travel.

It's a deal!

Deal = *affaire.*

To close a deal = *conclure une affaire.*

It's a deal! = *marché conclu !*

Let's make a deal = *faisons un marché.*

To put a deal together : *monter une affaire.*

The deal is that… = *notre arrangement est que…*

Watch out!

Deal has other meanings :

A good deal of… = *beaucoup de…*

To make a big deal about it = *en faire une maladie.*

TRICKS OF THE TRADE

Set it all up with Estelle!

To set something up = *arranger quelque chose.*

To set up = *créer, implanter (une usine…).*

To set someone up = *installer quelqu'un.*

Mary's father set her up when Tim married her = *le père de Mary lui a donné de quoi vivre quand Tim l'a épousée.*

Watch out!

To set someone up for something = *monter un coup contre quelqu'un.*

They set the minister up for the scandal = *ils ont monté le scandale contre le ministre.*

Watch out!

To be finished = ***avoir** fini.*

A tip!

To find out =

se renseigner : I'll find out who is in charge.

apprendre : I found out he had lied.

To fix =

arranger (a time, date, appointment) ;

réparer (the car, the washing machine) ;

préparer (dinner, a sandwich).

Un quart d'heure plus tard

John : – Je vais à Bordeaux voir Gaillot. Il est toujours par monts et par vaux. Je veux être certain qu'il sera là… Donc, première chose : l'appeler à l'Institut d'œnologie. Je ne peux rien faire tant que je n'ai pas vérifié l'avancement de son manuscrit. Je l'appelle de mon poste.

Estelle : – Pendant ce temps, j'appelle l'agence de voyages pour connaître les heures de départ et d'arrivée des TGV. En principe, pour Bordeaux, il faut compter trois heures.

John : – D'accord. Si on pouvait régler ça ce soir, demain on n'aurait plus qu'à organiser Toulouse. Avec les ingénieurs de l'aéronautique, les choses sont toujours plus carrées…

Vingt minutes plus tard

John : – L'Institut d'œnologie ne répondait plus. J'ai eu le gardien ! J'ai appelé chez l'auteur. J'ai eu Mme Gaillot. Elle m'a dit de rappeler son mari sans faute à 20 heures. Il sera là. Je le ferai de chez moi ; j'essaierai de ne pas oublier !

Estelle : – Il y a un TGV vers 7 h 05 du matin, je crois, et ils se suivent à peu près toutes les heures. Ils arrivent trois heures plus tard. Vous pouvez être sur place à partir de 10 h, 11 h, etc. Je vérifie et on fait le point demain à 9 heures ?

John : – Oui. Pas plus tard, car après, Patricia et moi avons rendez-vous ici avec le routeur pour discuter de nouvelles conditions pour l'année. Ça va être dur ! À demain. Bonsoir Estelle !

Estelle : – Bonsoir John !

2 Deux affaires essentielles : Bordeaux, Toulouse…

Le lendemain…

John, Estelle, Mariette, Brigitte Loiseau

John *(à Estelle)* **:** – J'ai eu Gaillot. Toujours optimiste : il a bientôt fini, etc. ! Il me consacre son vendredi après-midi. Ce qui m'oblige à passer le week-end à Bordeaux. Je vais voir ce que je peux faire dans la région…

Fifteen minutes later

John : I'm going to Bordeaux to see Gaillot. He's always traveling all over the place. I want to make certain he'll be there… So I first have to call him at the Oenological Institute. I'm stuck until I find out how far he's gotten with the manuscript. I'll call him from my extension.

Estelle : While you do that, I'll call the travel agency to find out the train schedules. It usually takes three hours to Bordeaux.

John : Perfect. If we can get it organized tonight, then we will only have the Toulouse trip left to fix up tomorrow. It's always easier to deal with aeronautical engineers…

Twenty minutes later

John : The Oenological Institute was closed for the day, the maintenance people answered! So I called the author's home. I spoke to Mrs. Gaillot. She told me to call back at 8:00 p.m. He'll be in then. I will do it from home, and try not to forget!

Estelle : There's a train around 7:05 a.m., I think, and another about every hour. It arrives three hours later. So you can get there by 10:00, 11:00, etc. I'll check. Shall we decide tomorrow morning at 9:00?

John : Yes, but no later, because after that, Patricia and I are seeing the dispatcher here to discuss the new conditions for next year. It's going to be tough! See you tomorrow, have a nice evening!

Estelle : Bye, John!

2 Two major deals : Bordeaux, Toulouse

The next day…

John, Estelle, Mariette, Brigitte Loiseau

John *(to Estelle)* **:** I spoke to Gaillot. What an optimist: according to him, he's almost finished, and everything is under control! He can devote his Friday afternoon to me. Which means I'll have to spend the weekend in Bordeaux. I'll see what there is to do in the area…

TRICKS OF THE TRADE

Are you stuck?

Stuck = *p. p. de* to stick.

To be stuck = *être coincé, bloqué, ne pas pouvoir avancer.*

To stick by someone = *soutenir quelqu'un.*

To stick by one's story = *ne pas démordre de son histoire.*

To be stuck in the elevator : *être coincé dans l'ascenseur.*

Watch out!

To be stuck with someone / something = *avoir quelqu'un / quelque chose, qui vous reste sur les bras.*

Going to bed?

Depending on the time of day, one says "Good morning!" or "Good afternoon!".

"Good evening!" is used when you meet (not leave) someone in the evening. "Good night!" means you are going to bed.

At all times one can say "Hello!" and "Good bye!" (or "Bye!", or "So long!").

TRICKS OF THE TRADE

Not at all!

"Do you know Bordeaux at all?" leads to answering how well John knows Bordeaux.
Possible answers:
- Not at all.
- A little.
- Quite well.

A tip!

Instead of saying "They'll take good care of you", Estelle could have said "They'll roll out the red carpet for you."

Aïe !

Remember to say :
"No smoking" in the US
and: "Non smoking" in Great Britain.

Je l'ai invité à déjeuner ; nous irons ensuite travailler à l'Institut d'œnologie. Je lui ai suggéré d'éteindre son portable/BlackBerry. J'espère qu'il a compris le message !

Estelle : – Vous connaissez Bordeaux ?

John : – Très bien. C'est une ville royale, vous savez ! J'y ai vécu un an. Maintenant, elle est « grattée » , ravalée, toute propre, encore plus belle !

Estelle : – Et Toulouse ?

John : – C'est aussi une très belle ville, mais je n'ai fait qu'y passer.

Estelle : – Eh bien, passez-y plutôt votre week-end, vous ne le regretterez pas. Je connais un hôtel merveilleux dans la vieille ville – et calme ! On y sera aux petits soins pour vous. Vous serez d'attaque lundi pour rencontrer l'état-major de Safran !

John : – Excellente idée. Encore faut-il que l'état-major, comme vous dites, ou au moins son chef se rende libre lundi matin.

Je leur laisse peu de temps pour s'organiser puisque nous sommes mercredi. Je vais les appeler tout de suite.

Pendant ce temps, Estelle appelle l'agence.

Estelle : – Allô ! c'est Mariette ? Tu vas bien ? Je voudrais réserver une place en première dans le TGV de 8 h 10 pour Bordeaux, vendredi 14 janvier.

Mariette : – Fumeur ou non-fumeur ?

Estelle : – Non-fumeur, s'il te plaît.

Mariette : – À quel nom ?

Estelle : – John avec un « h » et Caron avec un seul « r ».

Mariette : – Pas de problème. Rien d'autre ?

Estelle : – Si, si. J'aurai ensuite un Bordeaux-Toulouse pour samedi matin. Je te rappellerai un peu plus tard. Est-ce que tu es là entre midi et 1 heure ?

Mariette : – Oui, mais pas plus tard. À 1 heure je vais déjeuner.

Estelle : – Entendu. À tout à l'heure.

I invited him for lunch ; and after that, we'll go over to the Oenological Institute to work. I suggested he turn off his mobile/BlackBerry. I hope he got my point!

Estelle : Do you know Bordeaux at all?

John : Quite well. It's a regal town, you know! I lived there for a year. It has since then been "scraped", cleaned, it's even more beautiful!

Estelle : What about Toulouse?

John : It's also a lovely city, but I never got a chance to spend any time there.

Estelle : Well, why don't you spend your weekend there instead, you won't be sorry. I know a wonderful hotel in the old part of town – very quiet! They'll take good care of you. You'll be in great shape to meet the Safran management!

John : What a good idea! That is, if the management, or rather the manager can make himself available on Monday morning.

I'm not giving them much time to get organized, since it's already Wednesday. I'll call them right away.

In the meantime, Estelle calls the travel agency.

Estelle : Hello, is that Mariette? How are things with you? I'd like to reserve a first class seat on the 8:10 a.m. train to Bordeaux, for Friday January 14.

Mariette : Smoking or no smoking?

Estelle : No smoking, please.

Mariette : Can I have the name?

Estelle : John, with an "h" and Caron with a single "r".

Mariette : No problem. Anything else?

Estelle : Yes, I'll need a Bordeaux-Toulouse on Saturday morning, but I'll call you a bit later for that. Are you in between 12:00 and 1:00?

Mariette : Yes, but no later than that. At 1:00 I take my lunch break.

Estelle : Fine. Speak to you later.

TRICKS OF THE TRADE

Watch out!

"I suggested he take": *subjonctif, contraction de* "I suggested he should take."

Without notice?

"I'm not giving them much forward notice" is more colloquial than "I'm not giving them much time to get organized".

Also :

Can you be ready to leave at an hour's notice? = *Pouvez-vous être prêt à partir dans un délai d'une heure?*

Without notice = *sans préavis.*

To give notice = *donner son congé.*

A tip!

The management = *la direction.*

The manager = *le directeur.*

To manage = *« gérer », mais aussi « se débrouiller ».*

Can you manage to come tomorrow?

TRICKS OF THE TRADE

Aïe !

Note that John says "It's Mr. Laubrague's secretary?", and not "Are you...".

Do the same!

A tip!

Brigitte Loiseau does not say 5 p.m., because it is obvious.

One rarely uses a 24 hour clock, except in the army where 17 h becomes "seventeen hundred".

Pendant ce temps, John est au téléphone.

John *(au standard de Safran)* **:** – Bonjour Madame, je voudrais parler à la secrétaire de M. Laubrague.

Standard : – Ne quittez pas, elle est en ligne… Est-ce que vous attendez ou voulez-vous qu'elle vous rappelle ?

John : – Peut-elle me rappeler ? Je vous donne mon numéro…

Standard : – Ah ! Elle vient de raccrocher. Je vous la passe. Qui dois-je annoncer ?

John : – John Caron, directeur des éditions Saville… Bonjour Madame. Vous êtes la secrétaire de M. Laubrague ?

Brigitte Loiseau : – Oui. Je suis Brigitte Loiseau.

John : – John Caron à l'appareil, directeur des éditions Saville. Comment allez-vous ?

Brigitte Loiseau : – Ah, mais oui ! Vous étiez venu voir M. Laubrague avec M. Saville à l'automne dernier…

John : – Je vois que vous avez une formidable mémoire, Mme Loiseau. Voilà pourquoi je vous appelle : j'aurais aimé demander à M. Laubrague de faire le point sur notre dictionnaire lundi matin avec lui…

Brigitte Loiseau : – Le lundi qui vient ? Lundi n'est pas un très bon jour. C'est une journée de comités. Attendez un instant, M. Caron, je vais voir… Vous en auriez pour combien de temps ? Une heure ! Aïe… ça va être difficile.

Je vois que sa journée commence à 8 h 30. Ensuite il doit partir à la Préfecture… En revanche, je pense qu'il pourrait vous recevoir à 17 heures, lundi ; ou encore à 8 h 30 le mardi 18…

3 Qu'en est-il du contrat ?

11 janvier

John, Brigitte Loiseau, Viviane Apfelbaum

Suite du téléphone

John : – À 17 heures, ce serait parfait. J'ai moi-même différentes personnes à voir à la Préfecture. Je vais essayer de les rencontrer dans la matinée.

In the meantime, John is on the phone.

John *(to the switchboard operator)* **:** Good morning, I'd like to speak to Mr. Laubrague's secretary.

Switchboard-operator : Please hold on, her line is busy… Do you want to wait or would you rather call back?

John : Can you ask her to call me back? Here's my number…

Switchboard-operator : Ah, she's just hung up. I'll put you through. Who's calling, please?

John : John Caron, manager of Saville Publications.
Good morning, is this Mr. Laubrague's secretary?

Brigitte : Yes, I'm Brigitte Loiseau.

John : This is John Caron speaking, Manager of Saville Publications. How are you today?

Brigitte : Ah, yes, I remember you, you came to see Mr. Laubrague with Mr. Saville last fall.

John : I see you have quite a memory, Mrs. Loiseau. This is why I'm calling : I would have liked to know if Mr. Laubrague would have time to discuss our dictionary on Monday morning…

Brigitte : This coming Monday? Monday is not a very good day. There are lots of meetings planned. Please hold on, Mr. Caron, let me have a look… How long would this take? An hour! Ah, that's going to be difficult.

He's got an 8:30 meeting on his agenda. Then he goes on to County Hall. But I think he could see you at 5:00 on Monday, or else at 8:30 on Tuesday the 18th.

TRICKS OF THE TRADE

On fait le point ?

Faire le point is very often used in French. There is no satisfactory translation because the notion is very vague. In this case, John wants to discuss the matter, in other cases he might have wanted to review or sum up the situation.

In the same way *mettre au point* can be to finalize a matter or to settle the details of a matter, depending on the context.

3 What's happening to the contract?

January 11

John, Brigitte Loiseau, Viviane Apfelbaum

Same phone call, continued

John : 5:00 will be fine. I also have several people to see at County Hall. I'll try to see them in the morning.

TRICKS OF THE TRADE

A tip!

The British will usually say: "the firm are, the government have";
whereas in the US one will tend to say: "the firm is, the government has" – as in French.

Go over this!

You surely know the compound verbs : go away, *s'en aller ;* go without, *se passer de ;* go on, *continuer ;* but do you know these?:

to go over = *étudier ;*

to go about something in the right/wrong way = *s'y prendre bien/mal ;*

to go along with a decision = *être d'accord avec une décision ;*

to go beyond = *dépasser ;*
to go by = *se fier à ;*
to go down = *baisser, diminuer ;*
to go on = *durer, continuer ;*
to go on and on = *insister lourdement ;*

what's going on? = *qu'est-ce qui se passe ?*

to go through one's files = *fouiller dans ses dossiers.*

Brigitte : – Je vous confirmerai le rendez-vous cet après-midi. Est-ce que votre numéro de téléphone est toujours le même ?

John : – Oui. Un mot encore. Pouvez-vous me passer M. Charrier ?

Brigitte : – M. Charrier nous a quittés il y a deux mois.

John : – Ah bon ! Et qui l'a remplacé à la direction des services juridiques ?

Brigitte : – C'est Mme Apfelbaum, ou plutôt maître Viviane Apfelbaum, puisqu'elle vient du barreau de Toulouse. Voulez-vous que je vous la passe ?

John : – J'allais vous le demander.

Brigitte : – Un instant. Je vous la passe. À lundi prochain.

John : – À lundi 17 heures. Au revoir Mme Loiseau.

Viviane : – Viviane Apfelbaum.

John : – Bonjour, Maître. Je suis John Caron, directeur des éditions Saville à Paris. Je voudrais vous parler quelques instants, si cela ne vous dérange pas.

Viviane : – Je vous en prie.

John : – Je viens à Toulouse lundi prochain pour faire le point, avec M. Laubrague, sur notre dictionnaire trilingue Safran, dont le manuscrit est bien avancé, semble-t-il.

J'aurais voulu savoir si le contrat que nous avons soumis à votre secrétaire général, M. Pesteil, avait eu l'approbation des services juridiques…

Viviane *(ton enjoué)* **:** – Je suis arrivée chez Safran il y a quelques semaines et, pour ne rien vous cacher, ce dossier n'était pas dans mes priorités.

J'en ai pris connaissance il y a deux semaines seulement, et je me suis posé quelques questions à son sujet, effectivement.

Peut-être pourrions-nous en parler quand vous serez avec nous ?

John : – Absolument. C'était d'ailleurs l'objet de mon appel ; car ce projet est important pour nous, bien sûr, mais aussi pour Safran.

Il est très ambitieux et demande qu'on s'en occupe vigoureusement. C'était d'ailleurs le sens de l'appel téléphonique de notre président, Pierre Saville, au directeur de la communication, la semaine dernière.

Si vous pouvez me recevoir vers 15 h 30, lundi, avant mon rendez-vous de 17 heures avec M. Laubrague, j'en profiterai pour vous préciser comment ce projet a démarré.

Brigitte : I'll confirm the appointment this afternoon. Do you still have the same phone number?

John : Yes. Another thing, can you put me through to Mr. Charrier?

Brigitte : Mr. Charrier left two months ago.

John : Really? And who replaced him at the head of the legal department?

Brigitte : Mrs. Apfelbaum, our new attorney, from Toulouse. Do you want me to put you through?

John : I was just going to ask you to.

Brigitte : Just a minute, I'll ring her extension. See you next Monday.

John : Monday, 5:00 p.m. Good-bye, Mrs. Loiseau.

Viviane : Viviane Apfelbaum speaking.

John : Good morning, Mrs. Apfelbaum. This is John Caron, manager of Saville Publications in Paris. Do you have a few minutes?

Viviane : Certainly.

John : I'm coming to Toulouse next Monday, and meeting Mr. Laubrague to see how our trilingual Safran dictionary is coming along. I believe the manuscript is almost finished.

I wanted to know if the contract we submitted to your Secretary General, Mr. Pesteil, had been approved by the legal department.

Viviane *(in a pleasant tone)* **:** I only started working here a few weeks ago and, to be quite honest, this was not one of my absolute priorities.

I only read it two weeks ago, and I did have a few questions.

Maybe we can discuss them when you're here?

John : Certainly. Actually, that's why I was calling, this project means a lot to us of course, but to Safran too.

It's very ambitious and needs to be gone over carefully. Our President, Pierre Saville, called your advertising manager about it last week.

If you could see me around 3:30 on Monday, before my 5:00 appointment with Mr. Laubrague, I could fill you in on how this project started.

TRICKS OF THE TRADE

Lawyers...

Lawyer *désigne tout homme de loi, qu'il plaide ou non.*
Un avocat d'affaires = a business lawyer.
Un solicitor *est un notaire* (GB) *et un avocat-conseil* (US).

Un barrister (GB) *est un avocat – tout comme un* attorney (US).

Ils sont l'un et l'autre inscrits au barreau.
Un solicitor *n'est pas inscrit au barreau.*

The French are always very solemn : in English, there is no « *Maître* » title given to a lawyer and much less « *si ça ne vous dérange pas...* »!

How clever!

John says he believes the manuscript is almost finished so that he can bring up the question of the contract in the next sentence.

A tip!

To fill in = *remplir (un imprimé, un questionnaire), donner des précisions (dans le sens de remplir les blancs).*

Viviane : – 15 h 30 sera un peu tôt, car j'ai un rendez-vous à 15 h. Attendez… Je vais le déplacer à 14 h 30. C'est bien. Venez à 15 h 30, et ne m'en veuillez pas si je vous fais attendre quelques minutes.

John : – Bien sûr que non. À lundi, à 15 h 30. Au revoir, Maître.

John, seul dans son bureau

– Tout marche comme sur des roulettes ! Le père Charrier ne nous aimait pas car nous avions le défaut de ne pas être de Toulouse. Le coup de fil de Pierre au Dircom a fait le meilleur effet. Ça repart !

4 Une vraie pro des voyages, hôtels et transports

John, Estelle

John : – Estelle, tout baigne ! Laubrague me reçoit en principe à 17 heures, lundi. Sa secrétaire, Mme Loiseau, doit confirmer cet après-midi. Sinon ce sera mardi matin à 8 h 30.

Quant au service juridique, grande nouvelle : il a changé de mains. Charrier s'est tiré ou il a été viré, je n'en sais rien, mais pour nous ce n'est pas plus mal : il ne pouvait pas nous blairer et sa secrétaire faisait un barrage systématique.

J'ai rendez-vous à 15 h 30 avec maître Apfelbaum, Viviane pour les intimes. Est-ce que vous croyez que j'ai besoin de louer une voiture ?

Estelle : – Pas à Bordeaux, en tout cas. Vous arrivez gare Saint-Jean. Vous déjeunerez dans le coin, par exemple chez Cailhau qui est à dix minutes à pied de la gare, place du Palais.

Vous pouvez donner rendez-vous au professeur Gaillot au restaurant. De toute façon, si M. Gaillot est en voiture, il vous emmènera à l'Institut et, au pire, vous prendrez un taxi.

Quant à votre valise, il y a de très bonnes consignes à la gare !

John : – … Et le professeur Gaillot me raccompagnera à mon hôtel vendredi soir, après un détour par la consigne !

À propos, est-ce que vous pourriez m'éviter ce dortoir de cadres-en-voie-d'expansion où vous m'aviez trouvé une chambre la dernière fois, comment s'appelait-il déjà ?… Eurohotel, Euromachin ?

TRICKS OF THE TRADE

Fatal mistakes!

Some things can be counted (cars, children, apples) others cover entire concepts which cannot be divided. These words always remain singular and do not take a/an.

eg, music or some music - milk - happiness - blood - soap - weather…

We had horrible weather = *il a fait **un** temps épouvantable.*

Some things are "counted" in French and not in English :

You have pretty hair! (pretty hairs = *de beaux poils !*)

The same applies to advice, information, furniture, luggage, knowledge, progress, spaghetti…

Eg, Give me some advice ;
I bought a piece of furniture ;
I ate spaghetti for lunch..

– Any luggage?
– My bags.

Bags can be counted, luggage cannot!

Viviane : 3:30 might be cutting it a bit close, as I have a 3:00 appointment. Wait, I can move it up to 2:30. That'll be fine. Come at 3:30, and please forgive me if I'm a few minutes late.

John : I quite understand. So, see you on Monday, 3:30. Good-bye, Mrs. Apfelbaum.

John, alone in his office

Everything is working out just fine. This Charrier character didn't like us because we were out-of-towners. Pierre's call to the Ad manager was brilliant. Things are looking up!

4 A real pro : trips, hotels and transportation

John, Estelle

John : Estelle, I've got it all wrapped up! Laubrague should see me at 5:00 p.m. on Monday, Mrs. Loiseau will confirm the appointment this afternoon. If not, it will be 8:30 Tuesday morning.

As for the legal department, great news: it's headed by someone new : Charrier took off or was fired, whichever, but that's rather a good thing as far as we are concerned: he couldn't stand us, and his secretary automatically refused to put us through.

I'm seeing Mrs. Apfelbaum, first name Viviane, at 3:30. Do you think I need to rent a car?

Estelle : Not in Bordeaux, in any case. The train comes right into Saint-Jean station. You'll have lunch nearby, maybe at the Cailhau, which is a ten-minute walk from the station.

You can meet Professor Gaillot at the restaurant. If he's got a car, he'll take you to the Institute, and if worse comes to worst, you can always take a taxi.

As for your luggage, there are perfectly adequate lockers at the station.

John : And Professor Gaillot can drive me back to my hotel on Friday night, after picking up my bags!

By the way, please stay away from that yuppie dorm where you booked me a room last time, what was it called?... Eurohotel, Euro-something?

TRICKS OF THE TRADE

Easy going?

Notice the change of tone when John talks to Estelle : much more relaxed and easy-going with no polite flourishes.

Useful, colloquial and informal expressions can be found in « *Comment le dire en anglais* », (Éd. Alistair).

If worse comes to worst

Au pire = if worse comes to worst.

to make things worse = *pour comble de malheur.*

to get the worst of something = *faire les frais de quelque chose.*

TRICKS OF THE TRADE

Have you got it?

A train always gets in (the station).

to get going = *se mettre en route.*

to get something started = *démarrer quelque chose.*

to get /to Paris / home = *arriver / à Paris / chez soi.*

to get along = *se débrouiller, s'entendre.*

to get around = *se déplacer, contourner* (law).

to get around to something = *avoir un moment pour quelque chose.*

to get away = *s'enfuir.*
to get by = *s'en sortir.*
to get in = *entrer, monter* (train, car).
to get out = *sortir.*
to get over = *se remettre.*
to get through = *finir.*
to get together = *se voir.*
to get up = *se lever.*

Getting off? = *Vous descendez ?*

Estelle *(pas vraiment contente)* : – Vous êtes d'une mauvaise foi, John, c'est incroyable ! La dernière fois c'était pendant Vinexpo, et il n'y avait pas un lit de libre dans un rayon de trente kilomètres. Vous aviez été bien content de pouvoir vous loger à l'Eurotel !

John : – Mille pardons ! J'avais oublié ce détail... Cette fois-ci, Estelle, trouvez-moi un hôtel paisible en évitant la chambre donnant sur le feu rouge...

Estelle : – À Toulouse, vous allez avoir besoin d'une voiture, ne serait-ce que pour aller chez Safran qui est à huit kilomètres du centre de la ville. Je m'en charge.

Estelle rappelle l'agence de voyages.

Estelle : – Allô ? C'est Mariette ? Elle est en ligne ! Vous croyez qu'elle en a pour longtemps... Est-ce qu'elle peut rappeler Estelle, chez Saville, 01 45 60 91 92. C'est urgent. Merci.

Dix minutes plus tard

Estelle : – Mariette ? D'abord, peux-tu me donner les heures de train de Bordeaux à Toulouse, samedi matin ? Oui, j'attends... 7 h 34, ça c'est un peu tôt. 8 h 24 ? C'est un express. Ça a l'air bien.

À quelle heure arrive-t-il ? 11 h 07. Il s'arrête partout, ma parole ! Tu n'as rien de plus rapide ? Le TGV de 10 h 04 qui arrive à 12 h 10 ! Parfait ! Prends-moi une seconde dans ce train-là... ou plutôt, attends un instant. Je te confirme tout de suite. *(Elle passe une tête dans le bureau de John et revient.)* C'est d'accord.

Estelle *(à John)* : – Je vous ai pris une seconde. Économies, économies, c'est bien ça ? Elles sont très confortables. De toute façon, un samedi matin, il n'y aura personne dans le train, vous aurez le compartiment pour vous tout seul.

John *(inquiet)* : – Vous m'avez aussi mis en seconde dans le TGV Paris-Bordeaux ?

Estelle : – Non, votre standing en aurait trop souffert, et vos jambes aussi !

John *(soulagé)* : – Vraiment, Estelle, vous pensez à tout !

Estelle : – Ce n'est pas pour rien que j'ai travaillé dans une agence de voyages ! Bon, ce n'est pas le tout ! Voyons un peu ce que je peux vous trouver comme voiture. Vous avez une préférence ?

John *(en riant)* : – Oui, une grosse voiture avec un tarif de petite... si ça existe ?

Estelle : – J'en doute, mais laissez-moi faire. On va discuter !

Estelle *(a little disgruntled)* **:** You're being unfair, John, I just can't believe this! Last time was during the wine show, and there wasn't a free room for miles. You were pretty happy to get a room at the Eurotel!

John : Sorry, I'd forgotten about that! But this time, Estelle, find me a nice quiet hotel, preferably away from an intersection...

Estelle : In Toulouse, you're going to need a car, if only to drive to Safran, which is 5 miles from downtown. I'll take care of that.

Estelle calls back the travel agent.

Estelle : Hello, is this Mariette? She's on another line! Do you think she'll be long... Can she call Estelle back, at Saville, 01 45 60 91 91. It's urgent. Thanks.

Ten minutes later

Estelle : Mariette? First, can you give me the Bordeaux-Toulouse train schedule for Saturday morning? Yes, I'll hold on... 7:34 a.m., that's a little early. 8:24? An express train? That sounds fine.

What time does it get in? 11:07? My word, it must stop everywhere! Haven't you got anything faster? The 10:04 TGV that gets in at 12:10? Fine, a second class ticket on that one... or rather... wait a second, let me check. *(She pops over to John's office and comes back.)* Fine.

Estelle *(to John)* **:** I got you a second-class ticket. We must save every penny we can, right? These trains are very comfortable. There won't be anyone on the train on Saturday morning anyway, you'll have the whole car to yourself.

John *(worried)* **:** Did you book a second-class seat to Bordeaux as well?

Estelle : No, that would be doing your image no good at all... and what about your poor legs!

John *(relieved)* **:** You really always get things right!

Estelle : I worked for a travel agency, remember? Well, that's one thing, let's see what kind of car I can get you now. Any preferences?

John *(laughing)* **:** Yes, a luxury model with a compact rate... If there is such a thing?

Estelle : I rather doubt it, but let me have a go at it. I'll do some tough bargaining!

TRICKS OF THE TRADE

Watch out!

To forget something = *oublier quelque chose.*

I forgot about it! = *J'ai complètement oublié !*

Aïe!

Elle est en ligne = She's on another line, not "on line"!

A tip!

In French, a 2nd class ticket is called *un billet en seconde [classe], or un billet de seconde.*

You'll hear :
Tout est complet en seconde, mais il reste des places en première = Second class is full but there are first class seats available.

Laissez-moi faire !

Estelle could also have said : "Leave it to me !" or "I'll take care of it !", but not "Let me do it !" *(aïe !)* which means : *«Laissez-moi* ***le*** *faire !»*

5 Louer une voiture :
quelle compagnie choisir ?

Estelle appelle l'agence Iris de la gare d'Austerlitz.

Iris *(voix de femme)* : – Bonjour. Iris à l'appareil. Que puis-je faire pour vous ?

Estelle : – Bonjour, ici les éditions Saville et Cie. Voilà : je voudrais connaître vos prix pour une voiture prise à Toulouse et rendue à Toulouse.

Iris : – Vous allez faire un autre numéro. Ils vous donneront tous les renseignements. C'est le 08 92 52 06 07.

Estelle : – Merci.

Elle compose le numéro.

Estelle : – Bonjour! Ici les éditions Saville et Cie. Je voudrais une Peugeot 307 ou une Renault Mégane à Toulouse, à l'arrivée du train de Bordeaux, le samedi 15 janvier à 12 h 10. Je rendrai la voiture vers 22 heures, le lundi 17. Est-ce possible ?

Iris : – Tout à fait. Chez nous, c'est une voiture de catégorie B. Je vous propose un tarif « week-end/gare » comprenant 100 kilomètres gratuits, la TVA et toutes les assurances, pour 169 € TTC.

Estelle : – Pas de problème pour rendre la voiture si tard, j'imagine ?

Iris : – Aucun. Il n'y en a jamais pour rendre une voiture. Pour remettre les clés, il y a une « boîte aux lettres », comme partout. En revanche, il faut réserver au minimum une journée à l'avance…

Estelle : – C'est-à-dire vendredi à midi, dernier délai !

Iris : – C'est ça.

Estelle : – C'est un tarif saisonnier ou permanent ?

Iris : – Permanent. Le forfait marche avec un billet de train ou d'avion. Sinon, sur place, le tarif week-end est de 192 € TTC.

Estelle : – Je vous remercie.

Renting

- For the owner, *propriétaire* : to let, to rent, to leas = *louer* ;
- for the tenant, *locataire* : to rent, to hire = *louer*.

Eg, to rent a car, house for rent. I leased my flat for one year to a student.

landlord = *propriétaire.*
tenant = *locataire.*
lease = *bail.*

In the same way, *apprendre* is to learn (for the pupil), to teach (for the teacher).

A tip!

In the United States, categories of cars go by size : compact, mid-size, full size, luxury.

5 Renting a car :
a choice of companies

Estelle calls the gare d'Austerlitz Iris agency

Iris *(woman's voice)* **:** Good morning, Iris speaking. How can I help you?

Estelle : Good morning, this is Saville & Co. publishing company. Now I'd like to know what you charge for a car picked up in Toulouse and also dropped off in Toulouse.

Iris : I'll give you another number to call. They'll give you all the information. Dial 08 92 52 06 07.

Estelle : Thank you.

She dials the number.

Estelle : Good morning! This is Saville & Co. publishing company. I would need a Peugeot 307 or a Renault Mégane in Toulouse, at the arrival of the 12:10 p.m. Bordeaux train on Saturday January 15. The car will be dropped off around 10:00 p.m. on Monday 17. Is that possible?

Iris : Absolutely. That would be one of our B category cars. I can give you a "weekend/station" rate, including 100 free kilometers, VAT and full insurance coverage for € 169.

Estelle : It's not a problem if the car is returned that late, is it?

Iris : Not at all. Returning a car is never a problem. You just slip the keys in a mailbox, that's what is done everywhere. However, the car must be reserved at least one day ahead of time…

Estelle : That means by Friday noon, at the latest!

Iris : Right.

Estelle : Is that a seasonal or a regular rate?

Iris : Regular. The package goes with a train or plane ticket. Otherwise, on the spot the weekend rate is € 192, taxes included.

Estelle : Thank you.

How much do you charge?

expense, expenditure, cost, charge = *frais.*

fees = *honoraires.*

sundries = *frais divers.*

free of charge = *gratuitement.*

office expenses = *frais de fonctionnement.*

maintenance costs = *frais d'entretien.*

fixed costs = *frais fixes.*

overheads = *frais généraux.*

running expenses = *frais d'exploitation.*

bank charges = *frais bancaires.*

travel expenses = *frais de déplacement.*

postage and packing = *frais de port et d'emballage.*

after costs = *tous frais payés.*

legal costs = *frais de justice.*

TRICKS OF THE TRADE

Watch out!

Notice the construction "How far ahead of time must one..." similar to "How long ago did you...", "How many times will I...".

Aïe !

Maybe : *toujours en un seul mot.*

Estelle appelle ensuite le numéro de l'agence Carexpress 17 de l'avenue d'Italie. Un disque répond : « Le numéro de votre correspondant a changé, veuillez désormais composer le ... Je répète ... » Elle appelle ce numéro.

Estelle *(après avoir exposé son cas)* **:** – Est-ce que je dois appeler Toulouse ?

Carexpress 17 *(voix d'homme)* **:** – Non, non. Je peux vous donner le numéro de la centrale de réservation à Paris. Vous ne quittez pas ?... C'est le 08 60 31 31 22.

Estelle : – Merci. Au revoir.

Elle appelle le numéro et indique la date et l'heure d'arrivée.

Carexpress 17 : – À cette heure-là, l'agence sera fermée. Mais nous faisons des mises à disposition dans un hôtel, si vous ne pouvez attendre la réouverture de l'agence à 14 heures.

C'est alors la réception de l'hôtel qui vous fait signer le contrat et vous remet les clés.

Estelle : – Quels sont vos prix pour une Peugeot 307 ?

Carexpress 17 : – En catégorie B, donc. Nous avons des Mégane, des Peugeot 307 et des Rover. Il y a un tarif incluant une franchise de 600 kilomètres et les assurances : 135 € TTC pour trois jours de location.

Estelle : – C'est un tarif qui paraît compétitif, mais il y a cette question de la fermeture de l'agence...

Carexpress 17 : – Oui. De plus, la mise à disposition à l'hôtel n'a lieu que si votre société, ou vous-même, avez souscrit la carte Carexpress 17.

Estelle : – Combien de temps à l'avance doit-on réserver ?

Carexpress 17 : – Pour un week-end... nous sommes très demandés parce que nous sommes les moins chers du marché. Il faut compter trois ou quatre jours. Vous voulez une option ?

Estelle : – Non, ce n'est pas la peine. Nous ne prendrons pas la carte Carexpress 17. Si nous changions d'avis, je vous rappellerais. Merci. Au revoir.

Estelle passe la tête dans le bureau de John.

Estelle : – Pour le meilleur rapport service/prix, je crois que c'est Iris. *(Mutine)* Vous préférez la Renault, la 307 ou une Golf GTI ? Vous avez encore quarante-huit heures pour prendre votre décision !

Estelle then calls the Avenue d'Italie Carexpress 17 agency. She gets a recording "The number you are calling has changed. Please dial ... Please dial ... ". She dials the number.

Estelle *(after explaining her needs)* **:** Must I call Toulouse?

Carexpress 17 *(a man's voice)* **:** No, no. I can give you the central reservation number in Paris. Can you hold on?... It's 08 60 31 31 22.

Estelle : Thank you. Goodbye.

She dials the number and gives the date and hour of arrival.

Carexpress 17 : At that hour, the agency will be closed. But you can use our "hotel pick-up" if you can't wait until the agency opens at 2 p.m.

The hotel reception will have you sign the contract and give you the keys.

Estelle : What are your rates for a Peugeot 307?

Carexpress 17 : So that would be a compact car. We've got Méganes, Peugeot 307s and Rovers. There's a rate including a free 600 kilometers and full insurance coverage : € 135, including tax, for a 3-day rental.

Estelle : That sounds competitive, but I'm worried about the agency being closed...

Carexpress 17 : Yes. The hotel pick-up only works if your company has a Carexpress 17 card.

Estelle : How far ahead of time must one make the reservation?

Carexpress 17 : On a weekend...We are very popular, because we are the cheapest on the market. Say three or four days. Do you want an option?

Estelle : No, that won't be necessary. We don't want to take the Carexpress 17 card. If we change our mind, I'll call you back. Thank you. Good bye.

Estelle peeps into John's office.

Estelle : I think Iris offers the best service/price ratio. *(Joking)* Do you prefer a Renault, a 307 or a Golf GTI? You still have two days to make up your mind!

TRICKS OF THE TRADE

Quick thinking!

Estelle quickly realized that the cost of the Carexpress 17 membership card would never be recouped, thus their price was not competitive. Also, the pick-up seemed too complicated.

Mind you!

To change one's mind = *changer d'avis.*

to make up one's mind to... = *se décider à....*

to keep in mind = *garder à l'esprit.*

to go out of one's mind = *devenir fou.*

Bear in mind that = *Souvenez-vous que.*

to speak one's mind = *dire ce que l'on pense.*

Mind you... = *Remarque...*

TRICKS OF THE TRADE

Hermaphrodite?

Your English-speaking friends will be surprised to find out that «après-midi» is one of the few French words which are both masculine and feminine.

Also, *après-midi* is invariable.

Is it worth it?

To be worth (+ ing) = *valoir la peine de (+ inf.)*

it's not worth it! = *ça ne vaut pas la peine !*

one dollar's worth of candy = *pour un dollar de bonbons.*

Who is in charge?

To charge on the bill = *porter sur la note.*

to charge a commission = *prélever une commission.*

no charge = *gratuit.*

Cash or charge? = *Vous payez en liquide ou avec une carte ?*

I can charge it to the company = *Je peux le faire payer par la société.*

Not to be confused with...

Who's in charge? = *Qui est le responsable ?*

to be in charge of a department = *diriger un département.*

to put someone in charge of doing something = *confier quelque chose à quelqu'un.*

6 Rendre compte à son patron :

voici ce qu'il en est du vin

17 janvier

Pierre, John

Pierre : – Alors John, vous avez fait bon voyage ? Comment est-ce que ça c'est passé ?

John : – Très bien, Pierre. C'était utile que j'y aille : tout repart ! D'abord, le vin. J'ai travaillé avec Gaillot toute l'après-midi de vendredi. Il a fait un boulot considérable mais terriblement savant.

C'est un traité d'œnologie à l'usage des spécialistes... presque terminé. Il ne manque rien !

Pierre : – Aïe, aïe, aïe ! Pour notre public et surtout pour les Américains, ils nous faut un livre beaucoup plus simple et enlevé !

John : – Il se passe quelque chose de curieux : Gaillot n'écrit pas pour le public, mais pour ses pairs, c'est-à-dire pour les dix œnologues qui comptent pour lui. D'où son écriture dense et emmerdante !

Mais, dès qu'il parle, c'est un autre homme ! Il s'adresse alors au néophyte que je suis et lui fait aimer la vigne sur pied, le travail de la vigne, la vinification, et, bien sûr, le vin.

Il en parle d'une façon tellement chaleureuse... gourmande, il emploie des mots si précis que cela m'a donné une idée : pourquoi ne pas l'interviewer et en faire des cassettes ?

Pierre : – Oui. L'interview servirait de base à un nègre qui la découperait en autant de chapitres. À la fin de chaque chapitre, on donnerait des compléments techniques pour ceux qui voudraient en savoir plus.

On en ferait un livre de dégustation très illustré dans lequel l'amateur de vin apprendrait des quantités de choses sur la façon d'ouvrir une bouteille, de décanter, de laisser reposer le vin, de verser à boire, de goûter, de parler du vin, etc.

John : – Le manuscrit actuel est déséquilibré. Il fait la part belle aux bordeaux, mais n'en dit pas assez sur les bourgognes et les vins californiens et australiens – dont certains sont remarquables, m'a-t-on dit.

Il faut que la personne qui conduira l'interview le pousse dans ses retranchements...

6 Keeping your boss informed : the wine project

January 17

Pierre, John

Pierre : Well, John, did you have a nice trip? How did things go?

John : Fine, Pierre. It was worth going : we got things rolling again! First of all, the wine deal. I worked with Gaillot all Friday afternoon. He has done an enormous amount of work, but it is very scholarly.

It's an oenology treatise for specialists. It's almost done, and very extensive.

Pierre : God almighty! For our readers, especially the Americans, we need a much simpler book, easier reading!

John : Well, I must tell you something strange : Gaillot doesn't write for the greater public, but for his peers, which means fellow-oenologists. So what he writes is dense and boring!

But as soon as you get him talking, he's another man! His speech is then for beginners like me, and he makes one appreciate vines, work in the vineyard, winemaking, and of course, wine.

His speech is so warm, appreciative, he uses such precise words that it gave me an idea : why not interview him and make tapes?

Pierre : Yes. The interview could be basic material for a ghost writer, who would break it down into chapters. At the end of each chapter, we would add technical data for those who want to know more.

It would become a book on tasting with numerous illustrations, in which the wine lover would learn all sorts of things about opening a bottle, decanting, letting wine rest, serving, tasting, commenting, etc.

John : The present manuscript is uneven. Bordeaux wines get the lion's share, whereas not enough is said about Burgundy – or Australian and Californian wines, some of which are excellent, I am told.

Whoever is leading the interview will have to squeeze info out of him…

TRICKS OF THE TRADE

God almighty!

Prononcer : aulmaillety.

Are you a connoisseur?

Une fois n'est pas coutume !

Ici, l'anglais est pauvre :

vintage *signifie à la fois la vendange et le millésime* (a '79 vintage).

Claret *désigne le bordeaux.*

cru = cru.

terroir = soil.

Give me a break!

To break down = *décomposer.*
to break in = *interrompre ; entrer par effraction.*

to break off = *rompre.*
to break out of = *s'évader.*
to beak up = *rompre, briser.*
to break with = *rompre avec.*
a break = *une pause.*

Give me a break! = *Arrête !*

TRICKS OF THE TRADE

For short!

Tapes or cassettes are often spelt K 7 in French.

ASAP = as soon as possible.

A tip!

Every other week / every fortnight = *tous les 15 jours.*

3 times a day = *3 fois par jour.*

3 days a week = *3 jours par semaine.*

See "Toolbox" for more!

Watch out!

annoyed = *agacé.*
ennuyé = bored.

Pierre : – Je pense qu'on peut très bien vendre les cassettes avec le livre, même si elles ne se déroulent pas avec la même rigueur.

John : – Gaillot a une voix extraordinaire, un accent si savoureux ! Les cassettes donneront une authenticité indéniable à ses propos. Mais il faudrait demander son avis à notre diffuseur…

Pierre : – Oui. Mais il faut lui présenter un projet déjà un peu élaboré. Pour l'instant, l'interview, la remise en forme du manuscrit, c'est un coup de 6 000 à 7 500 euros supplémentaires !…

John : – J'y ai pensé. Gaillot m'a suggéré de se faire interroger par une de ses élèves du labo qui milite pour que l'Institut se tourne davantage vers le grand public. Il m'a promis que, si nous étions d'accord, il y consacrerait trois séances par semaine au mois de février.

J'ai cru comprendre que son élève serait très contente qu'on lui rétribue son travail, mais ça nous coûtera le quart du budget que vous citiez tout à l'heure… ou rien du tout si vous le persuadez de partager avec elle une partie des droits d'auteur sur le livre et les cassettes !

Pierre : – C'est bien vu. Il faut faire en sorte que l'idée du partage des droits vienne de lui. Voyons d'abord comment se passent les interviews.

Demandez-lui de nous envoyer vite les premières cassettes. Nous l'appellerons aussitôt pour lui donner notre avis.

7 Avec Safran, l'affaire est mal ficelée

Pierre, John

Pierre : – Et Safran ? Où en est notre dictionnaire ?

John : – Changement de décor ! Laubrague tient bien son équipe en main. Les ingénieurs ont commencé la base française du dictionnaire. Ils en sont à la lettre D. Mais je n'ai rien vu d'anglais ni d'allemand.

Simplement, il m'a assuré qu'il envoyait tous les quinze jours des disquettes à leurs homologues de Stuttgart et de Bristol qui, en principe, traduisent ce qu'ils reçoivent…

Pierre *(agacé)* **:** – Ça me paraît trop beau pour être vrai ! Vous a-t-il donné le nom du Laubrague anglais et du Laubrague allemand ? Et expliqué la façon dont ils procèdent ? Qu'en savons-nous ?

Effectivement, je crois que la partie la plus difficile de l'affaire se passe dans ces deux villes.

Pierre : I think we could perfectly well sell the tapes with the book, even if they don't come out as concise...

John : Gaillot has a great voice, such a delightful lilt. The tapes will give real authenticity to his book. But we should ask the distributor's advice.

Pierre : Sure, but we must submit a fairly well-planned project. For the time being, the interview plus shaping up the manuscript is going to cost an extra 6,000 to 7,500 euros!

John : I have thought of that. Gaillot suggested the interview be conducted by one of his coed students from the lab, which would help the Institute reach a larger public. He promised me that, if we agreed on the scheme, he would do three sessions a week in February.

I had the impression his student would very much like to be paid for her work, but it would cost us a quarter of what you were just quoting... or nothing at all if you convince him to share part of the copyright with her on the book and the tapes!

Pierre : That sounds good. We must get him to suggest sharing the royalties. Let's first see how the interviews go.

Ask him to send us the first tapes ASAP, and we'll call him immediately to give him our opinion.

7 The Safran deal is badly rigged up

Pierre, John

Pierre : What about Safran? How's our dictionary going?

John : That's a different story! Laubrague is managing his team brilliantly. His engineers have started on the French, they have reached the letter D. But I didn't see any English or German.

He just assured me he sent diskettes every other week to their counterparts in Stuttgart and Bristol, who, supposedly, translate what they receive...

Pierre *(annoyed)* **:** It sounds too good to be true! Did he give you the name of the English and German translators? Tell you how they proceed? How do we know?

I agree that the toughest part of the deal is going to be in those two cities.

TRICKS OF THE TRADE

Help!

To help someone do something = *aider quelqu'un à faire quelque chose.*

I'll help you do the dishes = *Je vais t'aider à faire la vaisselle.*

Also :
To help someone with something = *aider quelqu'un à accomplir une tâche, à faire quelque chose.*

I'll help you with your homework = *Je vais t'aider à faire tes devoirs.*

Let's start!

To start off = *débuter.*

to start to = *commencer à .*

to start up a business = *démarrer une affaire.*

to start with... = *pour commencer...*

to start on the work = *commencer le travail.*

TRICKS OF THE TRADE

What a mess!

To mess things up = *ficher les choses en l'air.*

what a mess! = *quelle pagaïe ! (ou pagaille).*

I look a mess = *Je ne suis pas présentable.*

to mess around = *perdre son temps.*

Don't mess with him! = *Ne te frotte pas à lui !*

He made a mess of his shirt = *Il a salopé sa chemise.*

Twins, yet different!

Attention aux orthographes différentes :

négociation = negotiation
adresse = address
appartement = apartment
littérature = literature
personnel = personal
tendance = tendency

Tant que nous ne serons pas certains que les trois équipes suivent la même méthode, et que Safran Toulouse n'aura pas compilé les trois langues, nous ne saurons pas si l'organisation tient la route !

John : – Mais… la méthode de travail a été approuvée par les trois équipes…

Pierre : – Vous ne me comprenez pas, John : je ne mets pas en doute leur compétence, ou même leur intelligence, mais leur aptitude à travailler selon notre schéma de départ sans le compliquer à plaisir…

Prenons le temps d'effectuer un essai avec une lettre. Ce serait un comble que nous périssions par le mal que nous voulons guérir !

John : – Je ne vous suis pas…

Pierre : – Ce dictionnaire est né de la volonté des ingénieurs français de communiquer d'une manière plus efficace avec leurs confrères britanniques et allemands.

Reste à prouver que l'idée est réalisable, et à quel prix ! Voyons les difficultés que présente l'élaboration d'une lettre de l'alphabet – ce que les ingénieurs appellent la faisabilité du projet.

Après quoi nous bâtirons un compte d'exploitation, un planning, et nous saurons mieux à quoi nous en tenir. D'accord ?

John *(un peu ahuri)* **:** – D'accord. Mais j'ai poussé pour avoir le contrat dans quelques jours. Est-ce qu'on ne met pas la charrue avant les bœufs ?

Pierre *(se détendant)* **:** – Ce contrat est pour nous un engagement à fabriquer et à commercialiser. Pour eux, un engagement à acheter 3 000 exemplaires à condition que nous soyons certains de pouvoir fabriquer à partir de leurs CD/DVD.

Mais si vous me rapportez le financement, vous n'avez pas perdu votre temps, car sans lui nous ne pouvons commencer le travail ! Non, non, sans les bœufs du financement, pas de dictionnaire ! Et du côté juridique, que se passe-t-il ?

8 Safran : une négociation bien menée

John, Pierre

John : – La direction des services juridiques a changé. À notre avantage, je pense. Maître Viviane Apfelbaum a remplacé M. Charrier. J'ai eu deux réunions avec elle qui ont permis de débloquer l'affaire.

Until we are sure the three teams are working along the same lines, and until Safran Toulouse has compiled the three languages, we won't know if the set-up is any good!

John : But the three teams agreed on the method of work…

Pierre : John, you just don't understand : I'm not questioning their competence, or even their intelligence, but their ability to work following our initial scheme without messing it up…

Let's take the time to try it with just one letter. It would be a bit much to die from the ill we are trying to cure.

John : I don't get it…

Pierre : This dictionary is something the French engineers wanted, in order to communicate more efficiently with their British and German colleagues.

But we still have to prove the project is feasible, and see what it's going to cost. Let's ascertain what problems arise with one letter of the alphabet.

Then we can build an earnings report, a schedule, and we'll know exactly where we're going. Don't you agree?

John *(a little baffled)* **:** Sure. But I insisted on having the contract within the next few days. Aren't we putting the cart before the horse?

Pierre *(relaxing)* **:** For us, this contract means taking care of the production and commercialization. For them, it is a pledge to buy 3,000 copies, insofar as we can be sure we can manufacture them from their CDs/DVDs.

But if you have settled the financing, you haven't wasted your time because we can't start working before we've done that! No, without the financing horse, no dictionary. And what's happening in the legal department?

8 Safran : a successful negotiation

John, Pierre

John : There's a new person heading the legal department. I believe we have everything to gain from this. Viviane Apfelbaum has replaced Mr. Charrier. I had two meetings with her, which got us out of the rut.

TRICKS OF THE TRADE

An engagement?

I have an engagement tonight = *Je suis pris ce soir.*

a pledge, a commitment = *un engagement.*

hiring of staff = *engagement de personnel.*

commitments entered into = *engagements contractés.*

Watch out!

Engagement ring = *bague de fiançailles.*

they are engaged = *ils sont fiancés*

and…

the line is engaged/busy = *la ligne est occupée.*

C'est une impasse !

To get out of the rut *(prononcer rhott) = sortir de l'ornière (sens figuré).*

≠ To get into a rut = *s'encroûter.*

TRICKS OF THE TRADE

Quand vous l'aurez fait !

Pendant tout le temps que vous passerez chez Saville, vous constaterez que John n'est pas le dernier à donner le beau rôle à son patron. Il le fait d'autant mieux qu'il pense réellement ce qu'il dit ; mais il sait aussi que Pierre, assez content de lui, apprécie ce rappel – pas toujours discret – de son savoir-faire !

"What she wanted information about..."

Throughout this book, you will find lists of compound verbs, and prepositions at the end of a sentence.
Learning them by heart is the only way for a French-speaking person to become truly bilingual *(pr. : i diph.)*. Once you start using them automatically, you have won!

Elle voulait tout savoir de la vie du livre et des obligations de chacune des parties : qui avait eu l'idée du livre, comment s'était forgée l'équipe d'auteurs, le temps qu'ils mettraient à écrire, la façon dont les auteurs allaient travailler entre eux… attendez, je reprends mes notes…

Quoi encore ? Ah oui !… la promotion, nos techniques de vente, notre diffusion en librairie, la vie escomptée des titres, le système de mise à jour, les contraintes pour les auteurs en cas de réédition, les ventes à l'étranger…

Pierre : – Bon, elle a mis l'affaire à plat pour examiner dans quel cadre juridique on se trouvait.

John : – Exactement. Mais elle s'intéressait autant au cadre financier. Là, elle a bien compris ce que nous demandions à Safran, mais elle voulait évaluer ce que nous leur apportions en contrepartie.

Pierre : – J'imagine qu'elle voulait aussi savoir ce que Safran allait faire de 3 000 bouquins !

John : – Et comment ! Elle ne m'a pas posé la question, mais je n'ai pas cessé d'y répondre !

Pierre *(ironique)* **:** – Eh bien, je comprends qu'il vous ait fallu deux réunions ! *(Puis redevenu sérieux)* C'est la démarche de tous nos clients. Vous savez, les affaires ce n'est pas autre chose ! Alors, comment vous êtes-vous sorti de cet interrogatoire ?

John : – En disant la vérité. J'ai repris l'affaire depuis le début. J'ai expliqué que les ingénieurs des trois pays avaient beaucoup de mal à se comprendre car ils ne trouvaient nulle part la traduction du vocabulaire technique qu'on emploie dans les ateliers.

D'où la nécessité d'un manuel interne bien fait, prenant la forme d'un dictionnaire…

Je lui ai dit l'enthousiasme des ingénieurs des trois pays qui demandaient quand le livre serait disponible et à qui vous avez répondu : « Quand vous l'aurez fait ! » Elle a bien ri !

Pierre *(assez content)* **:** – Et après ?

John : – Nous avons parlé de l'auteur personne morale – Safran – et des auteurs personnes physiques – les ingénieurs des trois pays.

Je lui ai appris que M. Laubrague mettait à notre disposition le service de documentation de Safran et ses ordinateurs.

Pierre : – Et qu'a-t-elle pensé de notre mode de rémunération ?

John : – C'était là-dessus qu'elle voulait des explications et des précisions, car elle avait compris que le travail serait réalisé par des salariés de l'entreprise et elle ne voyait pas pourquoi 100 % des droits d'auteur ne revenaient pas à l'entreprise Safran.

She wanted to know everything about the world of books and each party's obligations : who had had the idea of the book, how the team of writers had been put together, the time it would take to write it, how the authors were going to work together... Wait, let me get out my notes...

What else? Ah, yes... promotion, sales techniques, our distribution in bookstores, the estimated lifetime of a title, updating, the authors' obligations in case of a reprint, sales abroad...

Pierre : So she went over the whole thing to study our legal framework.

John : Exactly. But she was just as interested by the financial framework. There, she quite understood what we wanted from Safran, but she wanted to have an idea of what we were giving in exchange.

Pierre : I imagine she wanted to know what Safran was going to do with 3,000 books!

John : You bet she did! She didn't really ask the question, but I kept answering it!

Pierre *(teasing)* **:** Now I understand why you needed two meetings! *(Serious again)* That's always our clients' prime concern. That's what business is all about, you know! So how did you make out?

John : I told her the truth. I started right from the beginning. I explained that the engineers in the three countries were having a terrible time understanding each other, because they just couldn't find a translation for the technical vocabulary they use in the workshops.

Thus the need for a well-conceived company handbook, in the form of a dictionary...

I told her how enthusiastic the engineers were in the three countries, how they kept asking when the book would be available, and how you answered : "As soon as you have written it!" That gave her a good laugh!

Pierre *(quite pleased)* **:** What happened then?

John : We talked about the author, the legal entity - Safran - and the physical authors - the engineers in the three countries.

I told her Mr. Laubrague was giving us access to the Safran documentation department and to its computers.

Pierre : And what did she think of our method of payment?

John : That's what she wanted more details and information about, because she understood the work would be done by company personnel, and she couldn't figure out why Safran didn't get 100% of the royalties.

TRICKS OF THE TRADE

A tip!

Notez "She was just as interested by...".

Vous découvrirez que très souvent une construction française est inversée en anglais.

"As soon as you have written it!"

During the time you spend at Saville's, you will note that John likes to make his boss feel good. He is all the better at doing this, as he really means what he's saying; but he also knows that Pierre, quite pleased with himself, enjoys this not-too-discrete reminder of his genius!

Pierre : – C'est toujours le point le plus difficile à faire admettre, d'autant plus qu'on quitte le domaine juridique pour entrer dans le psychologique.

John : – J'ai essayé d'être aussi persuasif que vous l'aviez été avec M. Laubrague.

D'abord en rappelant ce que l'expérience montre : une grande partie du travail se fait en dehors des heures de bureau, surtout à la fin, quand on est tenu par les délais.

Ensuite, j'ai plaidé que, si tous les moyens techniques appartenaient bien à Safran, le dictionnaire était fait avec l'intelligence, la manière de penser des ingénieurs qui lui apportaient leur touche personnelle, apport souvent considérable.

Pour finir, j'ai insisté sur la mise à jour, qui était une condition essentielle de la longévité du produit.

On ne motive pas pour une seconde édition une équipe qui n'a pas été intéressée financièrement aux ventes de la première.

Pierre : – … Réellement intéressée et non pas symboliquement. D'autant plus que les auteurs savent alors, avec précision, le temps qu'elle va leur demander !…

Ma parole, John ! vous avez manqué votre vocation : c'est vous qui auriez dû être avocat !

John *(après un grognement de satisfaction)* **:** – Elle a bien vu qu'on faisait tout pour le livre et que la raison d'être de Safran n'était pas de récupérer un maximum de droits d'auteur.

Donc, elle a donné son accord à une répartition des droits : 50 % Safran / 50 % auteurs.

Pierre : – Ça c'est une bonne chose !

John : – En bref, elle rédige une note pour MM. Pesteil et Laubrague qui accompagnera le contrat. Une note très positive, à mon avis.

Elle ne peut préjuger le temps que mettra Laubrague à signer ; mais je pense que tout sera bouclé dans le mois.

Pierre : – Eh bien, bravo ! Il est plus nécessaire que jamais de « verrouiller » la partie rédactionnelle.

Should we or must we?

Should *est la forme conditionnelle de devoir :*

We should do this = *Nous devrions faire cela.*

≠ We must do this = *Nous devons (absolument) faire cela.*

Pierre : That's always the hardest point to get through, especially as it takes us from the legal field to the psychological field.

John : I tried to be as persuasive as you had been with Mr. Laubrague.

First by reminding her that experience shows that a great deal of the work is done outside office hours, especially at the end, when one has to meet a deadline.

I then pleaded that, although all the technical means did belong to Safran, the dictionary would be a product of the intelligence, the minds of the engineers who would give it a personal touch, a contribution that often involves a lot of personal work.

Finally, I insisted on the updating, which is essential if we want the book to have a decent life span.

One can't get a team all excited about a second printing if they got no financial reward for the sale of the first one.

Pierre : ... A substantial reward, not just a token. All the more so as the authors by then know precisely the amount of time they will have to spend on it!...

My goodness, John, you're in the wrong business : you're the one who should have been a barrister!

John *(after grunting happily)* **:** She realized we were doing everything we could for the book and that Safran' main purpose is not to rake up maximum royalties.

So she agreed to sharing the rights : 50% for Safran, 50% for the authors.

Pierre : That's a good thing!

John : In short, she is writing a memo to Mr. Pesteil and Mr. Laubrague, which she will enclose with the contract. A very positive one, I think.

She has no idea how long it will take Laubrague to sign it, but I have a feeling the whole thing should be settled within the month.

Pierre : Well, congratulations! It is more necessary than ever to finalize the editing.

TRICKS OF THE TRADE

A token resistance!

A token = *un jeton, une marque, un témoignage symbolique.*

As a token of my gratitude = *Pour marquer /en gage de/ ma reconnaissance.*

They put up a token resistance = *Ils ont opposé un semblant de résistance.*

9 L'acheteur américain :
pas vraiment un débutant !

« Notre éditeur américain »

On va le voir, un éditeur américain s'intéresse à ce livre... Comme il s'agit d'un livre très illustré, si son intérêt se maintient, il proposera une coédition. C'est-à-dire une fabrication conjointe de l'édition française et de l'édition américaine, ce qui permet de partager les frais...
Il n'en reste pas moins que ce genre d'opération est toujours délicat à mener...

Il n'est pas un enfant de chœur !

Still a popular expression to say "he is no beginner!", whereas altar boys are rarely seen nowadays!

8 février

Pierre, John, Estelle

Pierre : – Notre éditeur américain, Walter Lerner, est à Paris. Il est passionné par notre livre. Il vient d'appeler. Il veut savoir si notre auteur parle anglais... quand la traduction commencera... Il m'a même demandé la notice biographique de l'auteur !

Estelle *(entrant)* **:** – Je vous entends parler de vin. Les cassettes de M. Gaillot sont arrivées hier soir. Je les ai mises sur votre bureau, Pierre. Tiens ! Elles n'y sont plus !

John *(qui n'a entendu que les premiers mots d'Estelle)* **:** – Excellent, tout ça. Quand les écoutons-nous ?

Pierre *(coupant la parole à John)* **:** – Pas de notice biographique ! Pas de rencontre avec l'auteur, pas de nom d'auteur. Rien ! Il n'est évidemment pas question que Walter Lerner rencontre Gaillot tant que nous n'avons pas signé avec Riverside *(la société que représente Walter Lerner)*. Compris, John ?

John *(décontenancé)* **:** – Oui... euh ... bon... mais pourquoi ?

Pierre : – On ne se méfie jamais assez, John ! Gaillot est connu, on peut le joindre en cherchant dans le *Who's who,* et Lerner n'est pas un débutant ! Son intérêt est de faire vite.
Il nous pousse à signer tout de suite, n'importe quoi. On peut se faire doubler. Je n'ai aucune envie qu'il rencontre Gaillot.

Estelle : – Est-ce que M. Gaillot parle anglais ?

Pierre : – Il parle anglais abominablement mal, avec un accent insensé, mais il n'a pas peur de parler... et puis il se fait comprendre par gestes !

(À John) Gardons notre sang-froid. Je me charge de Walter Lerner. Vous, prenez en main Gaillot ! Établissons le manuscrit : je n'aime pas vendre du vent. Pour l'instant nous avons un traité scientifique, pas un best-seller.

Quant aux cassettes, c'est moi qui les ai, Estelle ! Je les ai écoutées

9 The American buyer:
he's no beginner!

February 8

Pierre, John, Estelle

Pierre : Our American publisher Walter Lerner is in Paris. He really loves the idea of our book. He just called. He wants to know whether our author speaks English… when the translation is due to start… he even asked me for the author's biographical leaflet!

Estelle *(coming in)* **:** I hear you talking about our wine project. Mr. Gaillot's tapes came in last night. I put them on your desk, Pierre. Why, they aren't there anymore!

John *(who didn't hear Estelle's last words)* **:** That all sounds just fine. When do we get to listen to them?

Pierre *(interrupting John)* **:** No biographical data, no meeting the author, no names. Nothing! It is obviously out of the question for Walter Lerner to meet Gaillot before we have signed the contract with Riverside *(the company represented by Walter Lerner).* You got that, John?

John *(taken aback)* **:** Yes… ah… sure… but why?

Pierre : One is never careful enough, John! Gaillot is well-known, anybody can get in touch with him by looking him up in the *Who's Who,* and Lerner is no greenhorn! His best interest lies in rushing things.

He is urging us to sign right away, just anything. We could get double-crossed. I certainly don't want him to meet Gaillot.

Estelle : Does Mr. Gaillot speak English?

Pierre : He speaks English extremely poorly, with a crazy accent, but he's not afraid of talking… and he uses his hands to get people to understand him!

(To John) Let's keep cool. I'll take care of Walter Lerner. You can take on Gaillot! Let's get the manuscript organized. I don't like selling a lot of hot air. For the time being we have a scientific treatise, not a best-seller.

As for the tapes, I've got them, Estelle! I listened to them last night. Take them, and you both listen to them ; I won't say a thing,

TRICKS OF THE TRADE

"Our American publisher"

We shall see that an American publisher is interested by this book. As it is a highly illustrated book, he may well suggest a joint publication, that is a joint production of the French and US edition, which cuts costs in half… this kind of deal, however, is very tricky to set up.

A tip!

Greenhorn = *littéralement, un animal aux bois encore verts.*

Keep your hair on!

Keep your / hat / hair / on! = *Pas de panique ! du calme !*

Keep it under you hat! = *Gardez ça pour vous !*

to talk through one's hat = *parler à tort et à travers.*

to get in someone's hair = *taper sur les nerfs de quelqu'un.*

to let one's hair down = *se relaxer, se défouler.*

to split hairs = *couper les cheveux en quatre.*

A tip!

Treatise *pron :* tree-tise.

hier soir. Prenez-les et écoutez-les, l'un et l'autre ; je ne vous en dis rien, mais parlons-en demain, John. Et vous aussi, Estelle, j'aimerais avoir votre avis…

Le lendemain après-midi

John : – Pierre, j'ai écouté les cassettes. C'est extraordinaire ! Les anecdotes se succèdent presque sans interruption. Gaillot est drôle, pertinent, parfois extravagant. Cela n'a rien à voir avec les considérations techniques que j'ai lues chez lui !

Pierre *(riant)* **:** – Oui, c'est tout à fait ça ! Il ferait un tabac chez Pivot !

John : – Comment le savez-vous ?

Pierre : – C'est le genre de personnage qui plaît à Pivot. Truculent, chaleureux, sûr de lui. Il faudrait qu'il passe à « Bouillon de culture » ; c'est Pivot qui avait lancé Vincenot, il y a quelques années…

John : – C'est un peu tôt pour lui en parler…

Pierre : – Attendons d'avoir un manuscrit… et un livre !

John : – Qu'allez-vous faire avec Walter Lerner ?

Estelle : – Il a encore rappelé ce matin. Je lui ai dit que vous étiez en réunion, en rendez-vous à l'extérieur, etc. Je ne sais plus quoi lui répondre !

Pierre *(à Estelle)* **:** – Appelez-le : je l'invite à déjeuner. *(À John)* Je lui « vends » le livre. Je lui explique à qui il s'adresse : à des amateurs de vin et de bonne cuisine, à des négociants, des quasi-professionnels. Je lui indique quelques-uns des titres de l'auteur, mais pas trop ! Je parle avec lui des possibilités du livre…

(Il est interrompu.)

10 L'acheteur américain : répétition générale

Estelle, Pierre, John

Estelle : *(au téléphone)* **:** – Pierre, je vous passe M. Lerner.

Pierre *(à Walter Lerner)* **:** – Allô, Walter ! Vous avez fait bon voyage ? Le décalage horaire n'est pas trop pénible ? Walter, rien de tel pour s'en remettre qu'un déjeuner léger et agréable…

TRICKS OF THE TRADE

You can't do without it!

To do something about it = *y faire quelque chose.*

to do away with = *supprimer.*

What dit you do with the money? = *Qu'avez-vous fait de l'argent ?*

What does that have to do with it? =*Qu'est-ce que ça a à voir ?*

I could do with something to eat : *Je mangerais bien quelque chose.*

to do without = *se passer de.*

Bernard Pivot ?

Lisez les "Tricks" *des pages 156 et 157.*

but let's discuss them tomorrow, John. And you too Estelle, I need your opinion…

The next afternoon.

John : Pierre, I have listened to the tapes. They're fabulous! It's practically one anecdote after another. Gaillot is funny, pertinent, sometimes a bit wild. This is miles from the technical considerations I read over at his place.

Pierre *(laughing)* **:** So true! He'd be a real hit on Pivot's show!

John : What makes you think that?

Pierre : He's quite the type Pivot would like. Larger than life, warm, sure of himself. We should get him on "Bouillon de culture"; Pivot was the one who made Vincenot famous a few years ago…

John : It might be a little early to tell him that…

Pierre : Let's wait till we have a manuscript… and a book!

John : What are you going to do about Walter Lerner?

Estelle : He called again this morning. I told him you were in a meeting, that you had an outside appointment, etc. I can't think of what to say next!

Pierre *(to Estelle)* **:** Call him. I'll take him out to lunch. *(To John)* I'm going to "sell" him the book. I'll explain who his target audience will be : wine and food lovers, merchants, almost professionals. I'll give him some of the author's titles, by not too many! I'll sketch all sorts of possibilities…

(He is interrupted.)

10 The American buyer : dress rehearsal

Estelle, Pierre, John

Estelle *(on the phone)* **:** Pierre, I am putting you through to Mr. Lerner.

Pierre *(to Walter Lerner)* **:** Hello Walter, did you have a nice trip over? Not too jet lagged? Walter, to get over it, there's nothing better than a nice light lunch!

TRICKS OF THE TRADE

Aïe !

Il m'a dit que = He told me that.

Never : he said me...

"I told you" has a very commandeering undertone *(comporte une notion très impérative de commandement).*

"I told you to do that yesterday" = *« Je vous avais bien dit de faire ça hier. »*

"I asked you to do that yesterday" is probably what you want to say.

VIP treatment!

To favor = *être partisan de, préférer.*

Can you do me a favor? = *Pouvez-vous me rendre un service ?*

When I can, I'll return the favor = *Quand je pourrai, je vous revaudrai ça.*

Watch out!

VIP treatment = *un traitement de faveur.*

Tous les coups sont permis !

Les inquiétudes de Pierre Saville sont parfaitement justifiées. Gaillot n'est pas un gros poisson, mais il n'est pas non plus un inconnu.

La tension n'est pas provoquée par Gaillot qui ne réclame rien de particulier, mais par le fait que Pierre connaît les méthodes qu'emploient ses « chers confrères » dès qu'ils ont flairé le coup intéressant. (Pour signer avec un auteur à succès, tous les coups sont permis !)

Attention, danger !

Ici, John est totalement dépassé. Il ne s'est jamais frotté à des gens comme Walter Lerner et il ne se rend pas compte du danger que représente le fait de raconter ce que va être un livre qui n'est pas fait !

On ne protège pas ses idées, d'où la fragilité de Saville. C'est un des points essentiels des affaires : que dire ? Que cacher ?

Je vois que vous êtes toujours fidèle à l'hôtel Scribe ? Je vous propose donc qu'on se retrouve au restaurant *Chez Sabine,* rue Molière. C'est à deux pas de votre hôtel. Vous n'avez pas besoin de prendre un taxi. Vraiment ! C'est à dix minutes à pied…

Aujourd'hui, non. Et demain ? Oui ! Parfait. 1 heure moins le quart vous convient ? Alors à demain. Au revoir Walter !

Estelle : – Je réserve tout de suite !

Pierre : – Et vous Estelle, vous avez aimé les cassettes ?

Estelle *(revenant sur ses pas)* **:** – C'est tout ce qu'on a dit avant, mais c'est assez décousu. Je plains celui ou celle qui devra découper les chapitres et faire les transitions !

Pierre : – Commencer est toujours le plus difficile. Peu à peu, ils trouveront leur rythme. Maintenant, vous savez ce qu'il vous reste à faire, Estelle ?

Estelle : – Je l'ai deviné : taper les cassettes pour qu'on puisse travailler sur le premier jet !

Pierre : – Et pour la peine, Estelle, vous serez citée dans les remerciements !

John : – Mais, Pierre, je ne vois pas comment on peut lui vendre Gaillot tout en lui cachant son nom ! Ça me paraît… euh… inhabituel !

Pierre : – Vous avez raison, John, et moi-même, je me suis fait cette réflexion cette nuit. Hier, je voulais vous mettre en garde contre le danger qu'il y avait d'aller nous battre sans préparation et sans munitions.

Je ne peux montrer ni manuscrit ni auteur et il faudra donc mentionner son nom. D'un autre côté, Gaillot a signé son contrat.

Il est parfaitement honnête. Mais n'oubliez pas que notre contrat se réfère à un ouvrage technique et que Lerner cherche un livre grand public.

À sa place, j'expliquerais à l'auteur qu'après avoir fait un livre technique en français avec nous, il peut écrire un livre grand public en anglais avec lui. *(Il réfléchit.)* Il peut aussi faire autre chose !

John : – Quoi ?

Pierre : – Il peut juger plus avantageux pour lui de nous laisser faire tout le boulot pour nous l'acheter ensuite à un prix imposé par lui !

Il gagne alors sur tous les tableaux : en français, notre livre ne lui fait pas concurrence et il économise les frais d'édition qui sont élevés ! Et cela lui fait un livre de plus dans sa collection…

John : – Alors, on peut mentionner l'auteur ?

I see you still favor the Hotel Scribe. So, I suggest we meet at the restaurant *Chez Sabine,* rue Molière. It's right next door to your hotel. You won't need to take a taxi. Really, it's a ten minute walk…

No, not today; what about tomorrow?… Yes… Perfect. Does 12:45 suit you? So, see you tomorrow. Good-bye Walter!

Estelle : I'll book a table right away!

Pierre : What about you, Estelle, did you like the tapes?

Estelle *(coming back)* **:** It's everything you all said before, but it's lots of bits and pieces. I feel sorry for the one who'll have to cut it up in chapters and think up the transitions!

Pierre : Getting started is always the hardest part. Little by little, writers find their pace. You know what we have to do next, Estelle?

Estelle : That much I can figure out : type up the tapes so we can work on a first draft!

Pierre : And for your trouble, you will have your name in the acknowledgments!

John : But Pierre, I don't see how we can sell him Gaillot, while not giving him his name! It seems… ah… unusual!

Pierre : You're right, John, and I thought of that myself during the night. Yesterday I just wanted to warn you against the danger of entering battle unprepared and unarmed.

Since I can produce neither the manuscript nor the author, I'll have to mention his name. On the other hand, Gaillot has signed a contract with us.

He is a perfectly honest man. But don't forget that our contract covers a technical book and that Lerner wants a book aimed at a larger audience.

If I were him, I would tell the author that after doing a technical book in French with us, he can very well do a book for the general public in English with him. *(He stops to think.)* He can also do something else…

John : What?

Pierre : He might find it more profitable to let us do all the work and then buy it from us at a price he sets.

He then wins on all counts : in French, our book does not compete with his and he does away with the cost of printing, which is fairly high! And he's got an extra book for his series.

John : So we can name the author?

TRICKS OF THE TRADE

Gaillot is no big fish…

Pierre Saville has every reason to worry. Gaillot is no big fish, but he is far from unknown.

The tension does not come from Gaillot, who hasn't asked for anything particular, but from the fact that Pierre knows how his "colleagues" work as soon as they smell a good deal… and in order to make a deal with a successful writer, anything goes!

Look out, John!

These arguments are quite beyond John. He has never dealt with people like Walter Lerner and does not realize the danger there is in talking about a book before it is written.

Ideas cannot be protected and this is why Saville is vulnerable. It is one of the essential points in business : how much should one say? Or hide?

Pierre *(il réfléchit encore, puis...)* : – Oui, faisons-le. John, si Gaillot était un auteur uniquement technique, comme les nôtres, Lerner ne serait pas là.

Mais je crois que, avec Gaillot, nous pouvons sortir de notre marché habituel de spécialistes et, pour une fois, toucher le grand public.

Il est à la fois très fort dans sa partie et très proche du public. Ce n'est pas si fréquent ! Bien sûr, je peux me tromper...

Can you figure it out?

This verb is widely used in the US.

I never figured he would do that = *Je n'aurais jamais cru qu'il fasse cela.*

to figure out = *arriver à comprendre.*

that figures! = *cela s'explique.*

How do you figure that? = *Comment expliquez-vous cela ?*

11 L'acheteur américain :
scénario pour une négociation

8 février

Pierre, John

Pierre : – Revenons à Walter ! Je dois tenir compte du type de livre qui peut marcher aux États-Unis et connaître son opinion là-dessus.

Il sera probablement très catégorique, car si nous en vendons 5 000 en France, lui peut en vendre 15 000 ou 20 000 exemplaires là-bas, compte tenu de son marché.

John : – Ce qui signifie que nous en viendrons vite aux considérations financières.

Pierre : – Il faut connaître son prix de catalogue en dollars. Tout se joue à partir de celui-ci. C'est sûrement un prix bas, peut-être moins de 50 dollars.

Ensuite, il va vouloir les livres pour le cinquième de ce prix ; mettons 9 dollars l'exemplaire pour 4 000, en demandant des prix encore plus tirés s'il en commande davantage !

Puis, il discutera le montant de l'acompte comme un fou, parce que le dollar est très bas par rapport à l'euro et que ce n'est pas intéressant pour lui !

A tip!

Down payment means « *acompte* » and « *arrhes* ». It is used in all contexts (hotels, stores, real estate, etc.) According to French law, *un « acompte »* is refundable.

John : – Oui ! Il paraît qu'il y a dix-neuf ans, on donnait 1 dollar pour 10 F. En 1986, je crois !

Pierre : – ... Ensuite, il va essayer de repousser les deux versements suivants le plus loin possible. Et c'est là que nous prenons un gros risque !

John : – Un gros risque ?

Pierre *(he thinks a bit, then)* **:** Yes, let's do that. John, if Gaillot were merely a technical author, such as the ones we usually publish, Lerner wouldn't be around.

But I think that Gaillot takes us beyond our usual specialized market, and for once we can reach the general public.

He is both very knowledgeable in his field and very close to the public. It doesn't happen that often! I may, of course, be wrong…

11 The Americain buyer : scenario for a deal

February 8

Pierre, John

Pierre : Let's go back to Walter! I must define the type of book that can do well in the U.S. and get his feeling on the subject.

He will probably have very definite ideas, because if we sell 5,000 copies in France, given his market, he can sell 15,000 or 20,000 over there.

John : Which means we will come to money matters very soon.

Pierre : We must find out his catalogue price in dollars. Everything will be based on that. It's presumably a low price, maybe under 50 dollars.

Then he'll want the books for one fifth of that; say 9 dollars a copy for 4,000, and a better price still if he orders more!

Then he will hotly argue the amount of the down payment, because the dollar/euro exchange rate is not profitable for him!

John : Yes! I hear that nineteen years ago, it was 10 F to the dollar. In 1986, I think!

Pierre : … Then he'll try to delay the next two payments as much as possible. And that's where we're taking a big risk!

John : A big risk?

TRICKS OF THE TRADE

Don't delay it!

To delay = *repousser, retarder.*
I was delayed by the traffic.

Watch out! *« délai »* is either a deadline (date by which things must be done) or a time limit (amount of time given for doing something).

delivery deadline = *date limite de livraison.*

to meet a deadline = *respecter un délai.*

to finish the manuscript within a certain time limit = *terminer le manuscrit dans un certain délai.*

to set a deadline / time limit = *fixer un délai.*

Are you 3 weeks ahead of time?

In the early nineties = *au début des années 90.*

in the late eighties = *à la fin des années 80.*

by late August = *fin août.*

3 weeks ahead of time = *avec 3 semaines d'avance.*

3 weeks late = *avec 3 semaines de retard.*

TRICKS OF THE TRADE

You can rely on this!

To rely on / reliable / applies both to people and machines.

It is important to have a reliable secretary *(fiable)*.

Can I rely on you to do this ? = *Puis-je compter sur vous pour faire cela ?*

I have never had a more reliable car.

a reliable man = *un homme de confiance.*

Watch out!

Avoir confiance en quelqu'un = to trust someone.

abus de confiance = breach of trust.

être digne de confiance = to be trustworthy.

confier quelque chose à quelqu'un = to trust someone with something.

I trust you're happy with your new job = *J'espère que votre nouveau travail vous plaît.*

Don't forget!

Damage = *dégâts.*

Damages (pl.) = *dommages-intérêts.*

Watch out!

Quel dommage ! = What a shame! Too bad! What a pity!

Pierre : – Oui. Riverside Publishing est dur en affaires. Ils paient avec un élastique… quand ils paient !

John : – Que pouvons-nous faire contre cela ?

Pierre : – Vos chers compatriotes ont pris l'habitude de faire partager leur risque à l'éditeur d'origine. S'il ne vend en deux ans que 60 % de la quantité achetée, il se débrouillera pour nous payer dans les mêmes proportions. Nous ne verrons jamais la couleur des 40 % restants !

John *(scandalisé)* **:** – C'est grave ce que vous dites-là !

Pierre : – Hélas ! C'est souvent la vérité. Nous ne sommes pas assez forts pour nous imposer à Riverside. Ils savent bien qu'ils ne font jamais d'affaires avec nous et ils peuvent prendre le risque de laisser la situation se détériorer…

Ne croyez pas que je noircisse le tableau à plaisir ! Ce n'est pas bon pour nous que le dollar soit aussi faible ! Jamais un éditeur américain n'acceptera d'acheter des livres en euros en déboursant 5 dollars pour obtenir 4 euros.

John : – Et si le dollar ne remonte pas ?

Pierre : – Il vous enverra de toutes petites sommes de temps à autres pour montrer qu'il ne cesse pas de payer… Tous les prétextes seront bons !

John : – Mais alors, s'il y a tellement de risques, est-ce vraiment la peine d'aller perdre aux États-Unis l'argent que nous aurons gagné à Paris ?

Pierre *(riant)* **:** – Formidable ! John, vous devenez un véritable homme d'affaires. C'est exactement l'erreur que j'essaie d'éviter !

Je vais aller voir notre banquier, Langlois, et lui demander si on peut se faire payer par des chèques certifiés ou une lettre de crédit irrévocable, qui sont des garanties données par la banque… encore que, si on veut chicaner, on peut toujours trouver quelque chose à contester…

John : – Quoi ?

Pierre *(d'un ton cynique)* **:** – On peut trouver un ou deux livres abîmés et assurer que 20 % de la livraison sont arrivés en mauvais état… le temps que les contrôles se fassent, c'est un mois, deux mois de gagnés…

John : – Dans tout cela, il n'y a pas beaucoup de place pour la confiance !

Pierre : – J'ai remarqué que la confiance existait entre personnes ou sociétés du même calibre, du même poids, de la même échelle, comme vous voudrez, mais qu'elle disparaissait dès que la relation était déséquilibrée. Or, ici, elle l'est.

Pierre : Yes. Riverside Publishing is a tough business partner. They pay very reluctantly… when they pay, that is!

John : And what can we do about it?

Pierre : Your dear fellow-countrymen have taken up sharing the risk with the original publisher. If over a period of two years he only sells 60 % of the amount bought, he'll manage to pay us accordingly. We'll never see the color of the remaining 40 %!

John *(shocked)* **:** Hey, that's a pretty serious implication!

Pierre : Alas often true! We are not powerful enough against Riverside. They're quite aware of the fact they never do business with us and they can afford to let the situation deteriorate…

And don't think I'm painting things blacker than they are! The dollar being so low is bad news for us! An American publisher will never accept to buy books in euros if 4 euros are going to cost him 5 dollars.

John : What if the dollar doesn't go up?

Pierre : He will send us tiny amounts from time to time, to show he hasn't ceased payment… He'll use every excuse in the book!

John : But then, if such a risk exists, is it really worth losing in the U.S. the money we will have made in France?

Pierre *(laughing)* **:** Great! You're becoming a real businessman. That's precisely the mistake I'm trying to avoid!

I'll go and see our banker, Langlois, and ask him if we can be paid with certified checks or an irrevocable letter of credit, which are guarantees given by the bank… although, if one wants to split hairs, one can always find something to dispute…

John : Like what?

Pierre *(cynical)* **:** A couple of damaged books for instance, can lead to saying 20% of the shipment arrived in bad condition… if you allow time for checking, it means they can gain a month or two right there…

John : There doesn't seem to be much room for trust in all of this!

Pierre : I have noticed that only people or companies of the same size, weight, scale, whatever, can trust each other, but that notion disappears as soon as the relationship is lopsided. Which is the case here.

TRICKS OF THE TRADE

Don't paint it black!

To paint things black = *peindre les choses en noir.*

the depths of despair = *le désespoir le plus noir.*

utter poverty = *la misère noire.*
to be in the dumps = *broyer du noir.*

to see everything through rose-colored glasses = *voir la vie en rose.*

Stay in his good books!

Every excuse in the book = *toutes les excuses imaginables.*

To be in someone's good / bad books = *être / ne pas être / dans les petits papiers de quelqu'un.*

To go by the book = *faire selon les règles.*

I know you like a book = *Je te connais comme si je t'avais fait !*

A tip!

"One can always find something to dispute." Pierre could also have said : "One can always find fault with something."

Also note the construction : "I must have someone explain something to me" (next page).

Don't forget!

Lopsided = *déséquilibré, bancal.*

A picture can be lopsided, and so can an argument!

Will you be my guest?

In English, there are several ways of inviting someone. If you say "Shall we have dinner together?" or "Will you have dinner with me?", you are not certain who will pay the bill. It is therefore quite adequate to offer to share the bill at the end of the meal.
But when someone says "Will you be my guest for dinner? " or "I would enjoy taking you to dinner", you won't have to pay. It is a very clear invitation.

Please join us!

"To join" is very often used in invitations.

Voulez-vous déjeuner avec nous ? = Will you join us for lunch ?

J'ai envie de prendre un verre, tu m'accompagnes ? = I think I'll have a drink, will you join me?

Nous avons tous donné un coup de main = We all / joined in to help / lent a hand.

ci-joint = enclosed.

John : – Vous me faites peur. Faut-il vraiment prendre un tel risque ?

Pierre : – En tout cas, cette conversation m'a donné deux idées. Ce qui prouve, une fois de plus, qu'il est sain d'être plusieurs à examiner un problème.

La première, c'est de me faire expliquer par Langlois les garanties qu'il peut mettre à ma disposition… et leur coût !

La seconde : vous demander de vous joindre à nous pour le déjeuner, car ce sera pour vous la meilleure façon d'apprendre sur le tas, sachant que je serai dans mes petits souliers.

John : – Merci, Pierre, cela me fera vraiment plaisir. D'autant plus que nous allons sûrement faire un bon déjeuner !

12 Un déjeuner difficile :
les protagonistes se présentent

9 février

Au restaurant Chez Sabine, *rue Molière*
La patronne, Pierre, John, Walter Lerner

La patronne : – Je vous ai réservé la table du fond, M. Saville. Est-ce qu'elle vous convient ?

Pierre : – C'est parfait. Nous avons à parler sérieusement. Ne nous donnez pas de voisins bruyants, Mme Simon !

Walter Lerner arrive peu après. Pierre fait les présentations.

Pierre : – Bonjour Walter. Puis-je vous présenter John Caron. John est entré dans notre société il y a maintenant quatre ans et il s'occupe en particulier de nos auteurs. J'ai pensé qu'il serait utile qu'il se joigne à nous.

(Puis se tournant vers John :)

Vous savez, John, que je ne pourrai pas vous présenter beaucoup d'éditeurs ayant un palmarès aussi prestigieux que Walter Lerner. Walter, vous avez encore mis dans le mille avec votre nouvelle collection : « Les Chefs-d'œuvre de l'humanité », je crois.

Walter : – Je n'ai pas pris de risque, vous savez, j'ai commencé par la Bible !

John : That's scary. Should we really take such a risk?

Pierre : In any case, this conversation has given me two ideas. Which proves, once more, that it's always a sound thing to have several people go over a problem.

First, I must have Langlois explain to me what kind of guarantees he can offer… and what they will cost!

Second, I'd like you to join us for lunch, as it will be the best way for you to learn on the job, knowing I'll be ill at ease.

John : Thanks Pierre, I'd appreciate that. Especially as we'll probably have a delicious lunch!

12 A trying lunch : the parties meet

February 9

At the restaurant Chez Sabine, *rue Molière*
The owner, Pierre, John, Walter Lerner

The owner : I kept the table at the far end for you, Mr. Saville. Will that suit you?

Pierre : That's perfect. We have some serious talking to do. Don't put noisy people at the next table, Mrs. Simon!

Walter Lerner arrives shortly thereafter. Pierre introduces him.

Pierre : Hello, Walter! Let me introduce you to John Caron. John has been with us for four years now, and his main responsibility is our authors. I thought it would be a good idea to ask him to join us.

(Then, turning towards John :)

You know John, I won't often get a chance to introduce you to publishers who can boast Walter Lerner's credentials. Walter, I think you've done it again with your new series "Masterworks of the World".

Walter : I wasn't taking a very big risk, you know, I started with the Bible!

TRICKS OF THE TRADE

Watch out!

The owner calls him « *Monsieur Saville* » rather than the usual « *Monsieur* » to show he is recognizing him as a patron, and to flatter him *(pour lui être agréable)*.

patron = *habitué.*
patron = boss.

More invitations!

"We'd love to have you for dinner" or "We'd be delighted if you could come for dinner" usually implies you are being invited in someone's home; although in big cities people tend more and more to take their guests out to a restaurant.

To accept, you only need to say "Thanks, I'd love to."

To refuse :
"I'm sorry, I already have a previous engagement."

If you are disappointed you can't go, you can always add "But can I take a raincheck ?", which really means "Please invite me another time!"

The expression comes from sports events which cannot take place because it is raining, so you exchange your ticket against one for the day the event has been postponed to.

TRICKS OF THE TRADE

Get to the point!

"Point" is one of those joker words that keeps coming up in different expressions. You will find it useful to know how to use it properly!

up to a point = *jusqu'à un certain point.*

Get to the point! = *Venez-en au fait !*

in point of fact = *en réalité.*

to make a point of doing something = *faire exprès de faire quelque chose.*

to make a point = *faire comprendre une idée.*

Let's stick to the point! = *ne nous écartons pas du sujet !*

that's not the point = *là n'est pas la question.*

that's stretching the point = *c'est aller un peu loin !*

her strong point = *son point fort.*

what's the point of it? = *quel intérêt ?*

that's the whole point! = *c'est justement ça !*

that's beside the point = *c'est à côté de la question.*

You missed the point! = *Tu n'as rien compris !*

(Tout le monde rit et on s'assoit.)

Pierre *(une fois les convives assis, s'adressant à Walter Lerner)* **:** – Savez-vous que j'ai commencé ma carrière chez Doubleday à New York ? C'était, mon Dieu, il y a vingt-deux ans… Jack S. m'avait fait venir pour deux mois, comme stagiaire. Les deux mois de stage se sont transformés en quatre.

Au bout de quatre mois, j'ai dit à Jack S. : « Il faut que je retourne en Angleterre, je n'ai plus un rond. », et Jack m'a répondu : « Vous suivez trop d'affaires, Doubleday ne peut pas vous laisser filer. » Et il m'a donné un vrai salaire !

Walter *(la cinquantaine bien tassée, jovial)* **:** – Je ne vais pas vous dire comment j'ai commencé… ni quand ! Vous penseriez que j'ai fait la guerre de 14 ! *(Il rit.)* … Enfin ! c'était chez Rizzoli.

Je faisais des livres d'architecture, de beaux livres qu'on ne vendait pas cher ! Le public des architectes n'est pas très large. En revanche, il est très exigeant quant à la qualité, et il ne veut pas la payer ! Les livres ne sont jamais assez illustrés… et toujours trop chers !

(Riant encore) C'était une bonne école pour apprendre à bâtir un compte d'exploitation bénéficiaire et à s'y tenir ! *(Se tournant vers Pierre)* Et quand avez-vous quitté Doubleday ?

Pierre : – Deux ans plus tard. Ma mère qui était française est morte et m'a laissé un peu d'argent à Paris.

J'ai dû décider si j'achetais un appartement ou si je fondais une maison d'édition. Je n'ai pas réfléchi longtemps – *(riant)* probablement pas assez longtemps ! – et j'ai plongé dans les livres.

(Le maître d'hôtel prend la commande.)

Pierre *(se tournant vers Walter)* **:** – Vous savez, Walter, les Français disent toujours qu'on donne un déjeuner ou un dîner « à l'occasion de… » *(solennel)* Aujourd'hui nous fêtons notre première occasion de travailler ensemble.

(Walter remercie d'un signe de tête.)

Walter *(poursuivant)* **:** – Quand nous nous sommes rencontrés à Francfort en octobre dernier, ce que vous m'avez dit de votre projet sur le vin et la dégustation m'a paru alléchant. Où en êtes-vous aujourd'hui ?

Pierre : – Notre auteur, qui est un expert en vin de Bordeaux et est très connu aussi en Champagne, a obtenu la chaire d'œnologie de Reims. Il était un personnage, il devient une personnalité.

Il avait heureusement commencé son manuscrit bien avant d'exercer ses nouvelles fonctions. Aujourd'hui, nous retravaillons le manuscrit avec lui. Ce sera un peu plus long, voilà tout !

Walter : – Sur quelles bases souhaitez-vous travailler avec nous ?

(Everybody laughs and sits down.)

Pierre *(once everyone is seated, speaking to Walter Lerner)* **:** Did you know I started my career at Doubleday's in New York? It was, let's see, twenty-two years ago… Jack S. had made me come over for two months, as a trainee. The two months' training period turned into four.

After four months, I said to Jack S. : "I've got to go back to England, I'm broke." and Jack answered : "You're now in charge of too many things around here, Doubleday can't afford to let you go." And he gave me a real salary!

Walter *(a jovial character in his late fifties)* **:** I'm not going to tell you how I started… or when! You would think I fought World War I! *(He laughs.)*… Anyway! It was at Rizzoli's.

I published books on architecture, beautiful books which sold for peanuts! The public for books on architecture is not very large. It is, however, very demanding as far as quality is concerned, but is not prepared to pay! Books never have enough illustrations… and are always too expensive[1]!

(Laughing again.) It was a good place to learn how to build a profitable earnings report and stick to it! *(Turning towards Pierre.)* And when did you leave Doubleday?

Pierre : Two years later. My mother, who was French, died, and left me some money in Paris.

I had to decide between buying an apartment and starting a publishing company. I didn't hesitate for long – *(laughing)* probably not for long enough! – and I went for the book business.

(The maître d' comes over to take the order[2])

Pierre *(turning towards Walter)* **:** You know, Walter, the French always say a meal is "in celebration of…" *(solemnly)* Today we are celebrating our first chance to work together.

(Walter nods politely.)

Walter *(pursuing)* **:** When we met in Frankfurt[3] last October, what you told me about your book on wine and tasting sounded really exciting. What's the story now?

Pierre : Our author, who is an expert in Bordeaux wines and also well-known in the field of Champagne, was appointed Professor of oenology in Reims. He was already quite a character, he has now become a celebrity.

Luckily, he had started his manuscript long before he took on his new duties. Today we are editing the manuscript with him. It will take a little longer, that's all!

Walter : How do you plan for us to work together?

TRICKS OF THE TRADE

Watch out!

Towards : *pr. tods.*

synopsis : *« y » court (accent sur le « o »).*

Try this!

Trying = *éprouvant.*

to try = *essayer.*
to try to = *tâcher de*
to try a criminal = *juger un criminel.*

Try me! = *Chiche !*

1. And, for the publisher, illustrations are the most expensive part of a book.

2. The headwaiter is also often called maître d'hôtel ou maître d' *(pron. : di)* in fancy restaurants *(restaurants chics).*

3. Every October, for 6 days, 8 000 publishers from all over the world meet in Frankfurt and do business during what is the biggest event of the year in that trade. Of course, all the related businesses are also there.

TRICKS OF THE TRADE

What is done and what is made!

You make mistakes, but you do your best!

to do someone a favor = *rendre service à quelqu'un.*

to do one's work = *faire son travail.*

to do the shopping = *faire les courses.*

to do one's utmost : *faire tout son possible.*

What do you do for a living? = *Que faites-vous dans la vie ?*

I was doing 70 on the highway = *Je faisais du 70 sur l'autoroute.*

to make a blunder = *faire une gaffe.*

to make a check out to... = *faire un chèque à...*

to make a choice = *faire un choix.*

to make lunch = *faire le déjeuner.*

(to be continued...)

Watch out!

chèque = cheque (GB)
check (US)

Pierre : – Tout d'abord, je voudrais vous montrer un sommaire qui n'est pas définitif et la liste des illustrations prévues. Je voudrais aussi me mettre d'accord avec vous sur le type de livre à faire, compte tenu de votre clientèle.

En effet, ce sujet est un peu en dehors de notre spécialité. Nous sommes essentiellement des éditeurs spécialisés. C'est la personnalité de notre homme qui nous a poussés vers le grand public.

À Francfort, vous avez vous-même insisté sur cet aspect. Et je crois que vous avez raison, jusqu'à un certain point...

(On apporte les entrées et la conversation s'interrompt.)

... L'homme est un merveilleux conteur, mais l'expert, le professeur n'est jamais loin. John qui suit cet auteur vous dira, mieux que moi, comment nous pensons associer ces deux qualités... ce qui me laissera le temps de faire honneur à ce gratin de langouste.

13 Un déjeuner difficile : comment on bâtit un succès

John, Walter Lerner, Pierre

John : – Lucien Gaillot est avant tout un œnologue réputé dans le Bordelais et en Champagne. Ses travaux universitaires sur la vinification et le vin font autorité. Mais, il est aussi un « nez ».

Gaillot cherche à montrer que les améliorations techniques concourent à bonifier le vin qu'on a dans son verre. Il est à la fois rigoureux dans ses analyses et passionnant parce qu'il s'explique de façon concrète.

Ce manuscrit sera découpé en courts chapitres très vivants, complétés de renseignements plus techniques qu'apprécient les spécialistes.

Walter : – Votre projet paraît attrayant et tout à fait dans notre ligne. Nous avons une série qui marche bien. Elle est composée presque uniquement de livres achetés, notamment en France, à certains de vos confrères.

Nous conservons leur maquette. Nous leur envoyons les films du noir. Nous refaisons en général la couverture, ce qui nous permet d'unifier des livres de formats différents.

Ce sont toujours des livres reliés, attrayants pour le lecteur, mais aussi de vrais livres à lire, pour y apprendre des tours de main et se cultiver, pas des livres à feuilleter d'un doigt négligent.

Pierre : I'd first like to show you a draft synopsis and the list of illustrations we had in mind. I'd also like to agree with you on the type of book to be done, given your target audience.

You see, this topic is a little different from what we usually do. We are basically a specialized publisher. But the personality of our man here led us more towards the general public.

In Frankfurt, you actually insisted on this aspect. And I think that, up to a point, you are right[1]...

(The first course is served, which interrupts the conversation.)

... This man is a wonderful raconteur, but, right behind that, you can sense the expert, the connoisseur. John, who has been studying this author, will tell you, better than I can, how we plan to take advantage of these two qualities... while I enjoy my lobster *gratin.*

13 A trying lunch : what success is built on

John, Walter Lerner, Pierre

John : Lucien Gaillot, is above all a famous oenologist, very knowledgeable on Bordeaux wines and Champagne. His academic work has made him quite an authority on wine and wine making. But he's also a "nose".

Gaillot is trying to prove that technical improvements tend to make the wine you drink more enjoyable. He is both concise in his analysis and fascinating, because he explains things in simple terms.

This manuscript will be broken down into short and very lively chapters, also including the more technical data which wine lovers enjoy.

Walter : Your project seems both attractive and right up our alley. We have a series which is doing well. It is almost exclusively made of books we buy, particularly in France, from some of your fellow-publishers.

We use their own layout. We send them the black films. We usually do our own cover, so all the books in the series match, even though their formats may differ.

They are always hardbacks, attractive to buy, yet real reading books, in which one can learn about a topic, how to master certain techniques, I mean they're not coffee-table books.

TRICKS OF THE TRADE

A nose?

In the world of wine, a "nose" is a connoisseur, who can often recognize a wine just by smelling it.

A tip!

Alley = *ruelle.*

Right up our alley = *tout à fait dans nos cordes.*

Watch out!

To differ : *pron. i court.*

What is done and what is made!
continued

to make a fortune = *faire fortune.*

to make it = *réussir.*

to make an offer = *faire une offre.*

to make / a suggestion / a remark : *faire / une suggestion / une remarque.*

to make plans = *faire des projets.*

1. This sentence is a little vague. Pierre probably means that the book is not only for the general public.

John : – Qui sont les auteurs que vous avez publiés ?

Walter : – Nous avons beaucoup de livres signés par vos chefs prestigieux, ou des chefs-pâtissiers dont le nom apparaît dans les revues que lit notre public.

Nous avons appris que le succès de ces livres réside dans la rencontre de quatre éléments, rencontre que nous nous efforçons de créer !

John : – Quels sont ces éléments?

Walter *(d'un ton un peu « conférencier »)* **:** Eh bien ! d'abord la délimitation du sujet. En Europe, et surtout en France, vous pouvez faire un livre sur la pâtisserie au chocolat. Pour nous un tel sujet serait peut-être trop spécialisé et le livre ne serait pas acheté.

Ensuite, il faut que l'auteur soit connu aux États-Unis ; ou sinon, qu'il ait une certaine renommée dans son pays d'origine. Bien sûr, nous faisons ce qu'il faut pour le faire inviter par les médias, surtout s'il parle anglais.

John : – C'est le cas.

Walter : – Enfin, la présentation des pages doubles dans nos catalogues montre au lecteur qu'il en a pour son argent…

Une présentation claire mais pas trop aérée, avec du texte… celui des recettes, qui ne laissent rien dans l'ombre : les temps de cuisson, les tours de main, etc.

Mais cela est encore insuffisant pour aller au succès. Si nous n'arrivons pas à offrir ces livres splendides pour des prix raisonnables, nous n'avons rien fait… Regardez ce catalogue ! (J'ai toujours un catalogue de la maison sur moi !) Un catalogue parle tout seul !
Regardez à quel prix nous proposons vos plus grands chefs !… 45 dollars. Et comptez le nombre de pages ! Plus de 300 ! C'est un ratio incroyable ! Plus de 300 pages en couleurs pour 45 dollars ! Et pourtant, nous y arrivons !
(John et Pierre échangent un bref coup d'œil à l'évocation du prix de 45 dollars.)

Pierre : – C'est effectivement un prix que nous ne pouvons pratiquer sur nos marchés, plus étroits que les vôtres. Quand tous ces éléments sont conjugués, quelles ventes atteignez-vous ?

Walter *(désignant des titres sur le catalogue)* **:** – Celui-ci a fait 25 000 ; celui-ci 20 000 ; celui-là 30 000 exemplaires. Mais nous démarrons prudemment.

Notre première commande n'est jamais inférieure à 5 000 exemplaires, ensuite nous prenons les réassorts par 3 000 exemplaires au même prix, bien entendu ; tous ces chiffres ont été obtenus après plusieurs retirages…

Pierre : – Et à quel prix achetez-vous ?

Speak for yourself!

« C'est vous qui le dites ! » et aussi :
It speaks for itself! = *Sans commentaires ! C'est évident !*

I can't afford it!

To afford = *avoir les moyens, pouvoir se permettre de.*
I can afford to buy a car, but I can't afford to lose my job.
I can't afford it! = *C'est trop cher pour moi !*

John : What authors have you published so far?

Walter : We have many books by your most famous chefs, or pastry cooks, whose names appear in magazines read by our audience.

We have discovered that the success of these books lies in the conjunction of four elements, which we try to put together !

John : Which elements?

Walter *(in a slightly patronizing tone)* **:** Well! First, defining the subject. In Europe, especially in France, you can do a whole book on chocolate pastries. For us, such a topic might be too specialized, and the book wouldn't sell.

Then, the author must be well-known in the States, or at least in his own country. Of course, we do our best to get him on shows, especially if he speaks English.

John : Well, that's the case…

Walter : Finally, the two-page illustrations in our catalogue show the reader he's getting his money's worth…

The layout is clear but not too spaced out, with some print… such as recipes which include the smallest details : cooking times, tricks of the trade, etc.

Yet that still isn't enough to ensure success. If we can't price these magnificent books reasonably, the whole scheme is useless… Look at this catalogue! (I've always got one of ours with me!) A catalogue has got to speak for itself!

Look at the price the famous chefs are going for!… 45 dollars. And count the number of pages! Over 300! It's an incredible ratio. Over 300 color pages for 45 dollars! And yet we manage!

(John and Pierre exchange a glance at the mention of the 45 dollars.)

Pierre : It is indeed a price we couldn't afford on our markets, which are narrower than yours. When you have gotten all your elements together, what are the sales?

Walter *(pointing at titles on the catalogue)* **:** We sold 25,000 copies of this one. 20,000 of this one. 30,000 of that one. But we start off conservatively.

Our first order is never under 5,000 copies, then we order a new stock of 3,000 copies, at the same price, of course; all these figures were reached after several reprints…

Pierre : And what price do you buy them for?

TRICKS OF THE TRADE

A tip!

Note the expression "two-page" recipe : *pron. : récipi.*

Alone and lonely

The only problem is… = *Le seul problème est que…*

He has only one shirt = *Il n'a qu'une seule chemise.*

You didn't make a single mistake. = *Vous n'avez pas fait une seule faute* (single goes with a negative sentence).

I cannot do it alone = *Je ne peux le faire seul(e).*

The child was left by himself = *On a laissé l'enfant tout seul.*

I feel lonely = *Je me sens seul(e).*

14 Un déjeuner difficile :
des conditions d'achat âprement discutées

Walter Lerner, Pierre, John

Walter : – Vous savez, lorsque vous me fournissez un livre relié en carton, je prends à ma charge la traduction du texte, sa composition et la fabrication des films !

Ensuite, je dois compter la jaquette qui nous permet d'homogénéiser la série, sans oublier l'assurance, le dédouanement et le transport jusqu'à New York.

Cela fait trois postes de dépense à ajouter au prix de revient ! Bon… pour 5 000 exemplaires, notre offre est de 7,5 dollars l'exemplaire.

Pierre *(estomaqué, mais en bon Anglais il ne le laisse pas paraître)* **:** – 7,5 dollars, ce n'est pas grand-chose ! D'autant que je paie, moi aussi, le transport de vos livres depuis l'imprimerie jusqu'à Paris !

Non, à ce prix, je ne peux fabriquer pour vous… à moins que – attendez ! – à moins que nous fabriquions vos livres avec les nôtres… Nous sommes dans le même format avec la même illustration.

On tirerait la couleur pour nos deux éditions, et ensuite le texte français et le texte anglais en noir séparément…

Walter : – En général, c'est ce qui se fait !

Pierre : – Mais cela nous oblige à attendre votre traduction, soit environ trois mois de plus…

Walter : – Certes, certes, mais ça vaut le coup. Le client est gagnant : pas seulement le client américain, mais aussi le client de langue française – qui aura un livre moins cher. *(Lyrique)* Vous allez en vendre encore plus.

Pierre : – Pourtant, dans votre proposition, il y a quelque chose qui ne marche pas pour nous !

Walter : – Quoi donc ?

Pierre : – Nous rédigeons nos contrats en euros, pas en dollars, et nos prix sont donnés en euros.

Walter *(un rien suffisant)* **:** – Mon cher Pierre, vous n'imaginez pas un seul instant que je signe des contrats dans toutes les monnaies du monde ! Ce serait impossible à gérer par notre service financier !

Fight for it!

To fight = *se battre.*

to fight an illness = *lutter contre une maladie.*

to fight back = *rendre les coups.*

to fight off = *refouler.*

to fight for peace = *lutter pour la paix.*

He put up a good fight = *Il s'est bien défendu.*

14 A trying lunch : a tough client!

Walter Lerner, Pierre, John

Walter : You know, when you provide a hardcover book, I pay for the translation, the setting and the films!

I then have to count the outside cover to match the series, throw in insurance, customs and shipping all the way to New York.

Which means three items of expenditure to add to the cost price! So… for 5,000 copies, our offer is \$7.50 per copy.

Pierre *(taken aback, but being very British and not showing it)* **:** \$7.50, that's not much! Especially since I also have to pay for shipping your books from the printer to Paris!

No, at that price, I can't do it for you… unless - wait! - unless we manufactured your books along with ours… We use the same format and the same artwork.

We could do a single color run for both editions, and then run the French and English texts separately…

Walter : That's how it's generally done!

Pierre : But that means we have to wait for your translation, i.e. some three extra months…

Walter : Sure, sure, but it's worth it. The client will come out ahead in the end : not only the American client, but also the French-speaking one - who'll get a cheaper book. *(Lyrical)* Your sales will be even bigger!

Pierre : There is, however, something in your proposal that won't work for us!

Walter : What's that?

Pierre : We draw up our contracts in euros, not in dollars, and our prices are quoted in euros.

Walter *(a little overbearing)* **:** My dear Pierre, you don't really believe I sign contracts in all sorts of different currencies! Our financial department could never handle that!

A tip!

\$7.50 *se lit :* "seven dollars fifty".

A tip!

Shipping applies to transporting goods, even if it is done by road!

Watch out!

i.e. : id est = *c'est-à-dire (pron. aïe-i).*
eg : exempli gratia : *par exemple (pron. i-dji).*

Pierre : – Tous nos prix sont calculés en euros : je dépense des euros et je reçois des euros. Si le contrat est rédigé en dollars, j'aurai à me battre avec vous non seulement pour les prix et les délais de paiement, mais aussi pour les taux de change !

Je ne suis pas de taille, mon cher Walter ! Et l'affaire devient alors trop compliquée pour nous !

Walter : – De toute façon, ce qui nous importe, c'est de payer votre livre au prix nous permettant de maintenir le prix de vente de 45 dollars. Sinon, nous ne pouvons faire le livre !

À ce prix d'achat, notre marge bénéficiaire est faible à l'unité, mais nous obtenons le plus grand nombre de commandes. Ce prix est notre garantie de vente !

Pierre : – ... Bon... Continuons notre exploration. À supposer que nous tombions d'accord sur un prix en euros, comment envisagez-vous le paiement ?

Walter : – ... 30 % à la commande, 30 % à la livraison, après les contrôles d'usage, le solde quatre mois plus tard.

Pierre : – Cela me conduit à prendre le risque de 70 % de votre commande. C'est une charge que je ne peux assumer.

Walter : – Ce sont nos conditions habituelles avec tous les éditeurs avec qui nous travaillons. Je peux examiner la question avec nos financiers, de façon à nous permettre de régler en trois tiers égaux. Cela rendrait l'affaire plus légère pour vous...

Pierre : – Oui, mais même cela ne serait pas suffisant. *(Avec une certaine brutalité dans les mots, pas dans le ton)* Ce système me conduit à partager vos risques. Je ne peux pas me le permettre. Je vais vous dire, Walter, comment je souhaite travailler avec l'éditeur américain qui prendra le livre :

- Je mets au point le cahier des charges du produit avec lui et je lui envoie une maquette type de quelques pages – avec le texte véritable – de façon qu'il puisse se rendre compte du produit final.
- Nous nous mettons d'accord sur un prix valable pour l'ensemble de l'affaire, même si elle dure trois ans !... Je connais les contraintes de la vente par correspondance.
- Une fois d'accord sur le prix, je vous enverrai une lettre de crédit irrévocable.

Ainsi, je resterai dans mon rôle. Je ferai mon métier et le banquier fera le sien.

Walter *(un peu déconcerté par tant de fermeté)* **:** – Votre demande est très inhabituelle, Pierre. Elle l'est tellement que je ne peux y répondre à brûle-pourpoint.

Pierre n'est pas dupe !

Walter a poussé le bouchon très loin. Il suit sa logique américaine mais elle est dangereuse pour son interlocuteur français (voir plus loin). Walter doit donc faire marche arrière.

Il se contredit donc (« ce qui nous importe »), mais avec le ton le plus naturel qui soit... (c'est un vieux routier !) car, pour lui, pas question de rompre la négociation !
Pierre n'est pas dupe mais joue le jeu. Il ne monte pas sur ses grands chevaux car le plus difficile reste encore à discuter !

Habile !

« Je vais vous dire, Walter... » Toute la phrase laisse clairement entendre – sans être désagréable pour l'interlocuteur – que d'autres éditeurs peuvent être contactés et s'intéresser au livre...

Pierre : All our prices are calculated in euros : I spend euros and I receive euros. If the contract is made out in dollars, I will have to fight with you not only over prices and terms of payment but also over the exchange rate!

My firm just isn't big enough, dear Walter! And the whole deal becomes too complicated for us!

Walter : In any case, the main thing for us is to buy your book at a price enabling us to sell it for 45 dollars. Otherwise, we can't do the book!

At that purchase price, our profit is small per copy but we get an optimal amount of orders. That price is the guarantee we'll sell it!

Pierre : OK, let's go a little further. Admitting we agreed on a price in euros, how would you plan to pay us?

Walter : ... 30 % with our order, 30 % upon delivery, after the usual inspection, the remainder four months later.

Pierre : That means I must take on a risk on 70 % of your order. I can't afford to do that.

Walter : Those are the usual terms for all the publishers we work with. I can study the question with our money-men, in order to allow us to make three equal payments. It wouldn't be so hard on you...

Pierre : Yes, but even that wouldn't be enough. *(Aggressive in his wording, but in a light tone)* Such a system would compel me to share your risks. I can't afford to do that. Let me tell you, Walter, how I would like to work with the American publisher who takes the book :

- We set up the specifications of the product together, and I send him a few spreads - with the actual text - so he can have an idea of the final product.
- We agree on a fixed price for the entire transaction, even if it should last three years!... I know how mail order circuits work.
- Once we have set the price, I send him an irrevocable letter of credit.

Thus I stay right where I belong. I do my job, and the banker does his.

Walter *(a little taken aback by such a firm speech)* **:** Your request is most unusual, Pierre. So much so that I can't answer point-blank.

TRICKS OF THE TRADE

As cool as a cucumber!

Walter is going very far. He is following the American way of thinking but that is dangerous for the Frenchman. Walter must back up. So he contradicts himself ("the main thing for us"), but in a very natural tone – he is used to this – because he certainly doesn't want to stop the negotiation.
Pierre pretends he hasn't noticed ("OK, let's go a little further") and remains as cool as a cucumber. Because they haven't yet reached the most important part of the discussion!

"With the American publisher"

This sentence implies – without being unpleasant – that other American publishers might be approached, and might be interested by the book. Smart!

Watch out!

Actual means real.

actuel = current, present.
actual = *réel.*

in actual fact, actually = *en fait.*

This is a rough *(ébauche);*
let's wait till we receive the actual book!

Mais il faudrait que le livre soit sacrément prometteur pour que nous allions aussi loin dans votre direction.

(Les deux hommes n'éprouvent pas le besoin de continuer de parler du projet. L'essentiel a été dit.
Le maître d'hôtel s'approche pour demander aux convives « s'ils ont été satisfaits », Walter saisit l'occasion pour faire dévier la conversation.)

Walter : – Le gigot d'agneau était une pure merveille ! Mais je voudrais connaître le nom de ce délicieux Margaux… « Marquis de Terme », quelle plénitude !

Pierre : – Je vois que vous êtes un œnologue presque aussi distingué que notre auteur, Walter !

Walter : – Vous savez, j'ai tout appris avec nos auteurs… À chacune de leurs visites à New York, j'apprends.

Mes maîtres sont Bocuse, Robuchon, Lenôtre… Maintenant, j'en sais un tout petit peu plus qu'il y a dix ans, et mon plaisir est chaque année un peu plus grand !

(Tout le monde se sépare en se donnant de grandes accolades.)

How did it go?

To walk up the stairs = *monter l'escalier.*

to walk into… = *tomber nez à nez avec…*

Walk in! = *Entrez !*

to walk out on someone = *plaquer quelqu'un.*

to walk away with = *remporter dans un fauteuil.*

No way! = *Je ne marche pas !*

How did it go? = *Ça a marché ?*

It didn't work out. = *Ça n'a pas marché.*

Her shoes or yours?

The shoe is on the other foot = *les rôles sont inversés.*

I wouldn't like to be in her shoes = *Je n'aimerais pas être à sa place.*

Watch out!

"Courses" applies both to classes *(les cours)* and to meals *(les plats).*

15 Le résultat des courses :
un vrai cours de marketing

Pierre, John, de retour au bureau

Pierre : – Alors, John, qu'avez-vous pensé de notre déjeuner ?

John : – D'abord, que Sabine mérite son étoile au guide Michelin !

Pierre : – Oui, elle a été le quatrième convive. Je crois que, sans elle, Walter prenait ses cliques et ses claques et qu'on ne le revoyait plus !

John : – Pour en revenir à la discussion… Pierre, encore merci pour l'invitation. J'ai plus appris en une heure qu'en travaillant seul un mois !

Pierre *(riant)* **:** – Vous avez appris autre chose ! Moi aussi, John, j'ai appris !

John : – Il est rusé l'ami Walter, malin comme un singe. Mais vous, Pierre, vous avez fait un grand match.

But the book would have to be damn promising for us to follow you that far!

(Neither of them feels like pursuing the discussion. The main points have been made.
When the maitre d' comes up to the table to ask the guests "if everything has been satisfactory", Walter seizes the opportunity to change the subject.)

Walter : That leg of lamb was a real treat! But I would like to know the name of this wonderful Margaux... "Marquis de Terme", it is so full-bodied...

Pierre : I see you are almost as much of a connoisseur as our author, Walter!

Walter : I learnt it all with my authors, you know... Each time they come to New York, I learn something new.

My teachers are Bocuse, Robuchon, Lenôtre... I now know a little more than I did ten years ago, and I enjoy wine a little more each year.

(They all part with a great deal of back-slapping.)

15 The outcome :
a real marketing course

Pierre, John, in the office

Pierre : Well, John, what did you think of our lunch?

John : First of all that Sabine's Michelin star is justified!

Pierre : Yes, she was our fourth guest. Without her, I think Walter might have walked right out on us for good!

John : To get back to the discussion... Pierre, thanks again for inviting me. I learnt more in one hour there than I would have in a month working alone!

Pierre *(laughing)* **:** You learnt different things! But I did some learning too, John!

John : He's pretty conniving, old Walter, a very smart guy! But you, Pierre, were a good match for him.

TRICKS OF THE TRADE

Mail-order is good for your wallet!

Mail-order selling implies a catalogue that must remain valid for several months with prices for an entire year.

Bit, bite, beat?

Conniving : *pron. i diph.*
If you take the trouble to memorize the words with short, diphthongized and long "i"s, you will be way ahead of most French-speaking people who have a very hard time getting them right!

We have tried to point out as many as possible in this book, but you can add many more as you hear them...

A good match for him!

Instead of saying "You were a good match for him" *(Vous avez été aussi bon que lui)*, John, could have said "You really held up your own" *(Vous vous êtes vraiment bien défendu)*.

Pierre *(assez content du compliment reçu, bien qu'essayant de ne pas le laisser paraître)* **:** – Lui, c'est Goliath. Nous sommes David. En général, il n'y a que dans la Bible que David gagne !

John : – J'ai trouvé, une fois de plus, que ça sert de préparer une réunion et de se mettre à la place de son interlocuteur.

Pierre : – C'est la seule façon de ne pas être pris au dépourvu. Si on l'est néanmoins, on n'est jamais obligé de répondre tout de suite !

John : – En tout cas, j'ai apprécié son cours de marketing… quand Walter a expliqué comment il fabriquait ses best-sellers !

Pierre : – Oui, il faut savoir que le système des clubs marche très fort aux États-Unis. Pour une bonne raison : sans lui, le commerce des livres serait inexistant.

En termes de librairies, le continent nord-américain est presque un désert. Il y a les librairies des universités et des grands musées et elles sont situées dans le centre des très grandes villes. C'est à peu près tout.

D'où la nécessité de vendre par correspondance et de créer un lien très fort avec l'acheteur qui coûte cher à « recruter ».

Le réseau d'acheteurs est très long à mettre en place et à fidéliser, mais une fois que vous avez un nombre suffisant d'acheteurs dans vos fichiers, vous vous servez de ce rouleau compresseur pour écraser les prix de vos fournisseurs… et Walter ne s'en prive pas !

John : – J'ai l'impression que les Anglais et les Américains sont beaucoup plus exigeants que les Français dès qu'il s'agit de discuter les prix…

Pierre : – Vous ne pouvez pas généraliser ! Lorsque vous n'êtes pas trop chatouillé par la concurrence, vous prenez vite de mauvaises habitudes ! Depuis quelques années, le marché des livres illustrés est saturé et pour obtenir des prix compétitifs, il faut s'y mettre à plusieurs !

Les Français apprennent à discuter les prix et à vendre moins cher. Dans ce domaine, Américains et Anglais ont encore de l'avance parce qu'ils pratiquent ce sport depuis longtemps !

John : – Walter sait bien que, en imprimant l'anglais et le français ensemble, nous améliorons aussi le prix de revient des livres français.

C'est un bénéfice supplémentaire non négligeable ! Si nous gagnons 2 € par livre, cela fait 8 000 € à l'arrivée, pour notre tirage !

Pierre : – À condition que nous n'ayons plus un livre en stock à l'arrivée, et que nous vendions notre livre en douze mois, ou moins !

Un bénéfice – s'il y en a un – se calcule à l'année. Si nous mettons trois ans à vendre cette première édition, notre bénéfice sera divisé par trois !

John : – À votre avis, comment Walter va-t-il accueillir vos propositions ?

Quel est le bénéfice ?

Ce qui est une évidence pour les financiers ne l'est pas forcément pour le commun des mortels !
Pourtant, dès que nous nous mettons à la place du bénéficiaire, nous comprenons vite la différence entre gagner 10 000 € en un an et gagner 10 000 € tous les 3 ans ! pour la même mise de fonds (investment).

Pierre *(very pleased by the compliment, but trying not to show it)* **:** He's Goliath, we're David. The only story in which David wins, is the Bible!

John : I discovered once more that preparing a meeting and getting into the other guy's shoes is always worthwhile.

Pierre : It's the only way to avoid getting caught unawares. However, if it happens, you never have to give an immediate answer!

John : In any case, I enjoyed his lecture on marketing… when Walter explained how he concocted his best-sellers!

Pierre : Yes, you must realize that the club system works beautifully in the States. And this for a good reason : without it, books just wouldn't sell.

As far as bookstores are concerned, the North American continent is almost a desert. Apart from university and large museum bookstores and those located downtown in very big cities, that's about it.

So mail-order becomes essential, as well as creating a lasting relationship with the consumer – and getting him "hooked" is expensive.

It takes ages to set up a network and build customer loyalty, but once you have a sizable data base, you can use it as a road roller to squash supplier prices… and that's just what he's doing!

John : I have a feeling that, when it comes to arguing about prices, the English and the Americans are much tougher than the French…

Pierre : You can't jump to conclusions like that! When competition isn't too rough, it's easy to get into bad habits! During the last few years, the market for illustrated books has reached a saturation point, and you've got to team up to get competitive prices!

The French are learning to argue over prices and sell at a lower price. In this game, the Americans and the English are still ahead, because they've been playing it for some time!

John : Walter knows perfectly well that if we print the French and English versions together, we'll also lower the cost price of the French book.

It's a not inconsiderable extra profit! If we can save € 2 per copy, it adds up to € 8,000 for the whole print run!

Pierre : Providing we get rid of the entire stock and sell the title in twelve months or less!

A profit - if there is one - is calculated over a year. If it takes us three years to sell this first edition, our profit will be cut in three!

John : How do you think Walter is going to react to your proposal?

A profit!

What is obvious for financiers isn't necessarily so for the commun run of people! Yet as soon as we take the beneficiary's place, we easily understand the difference between making €10,000 in one year and making €10,000 every 3 years.

16 Le résultat des courses : l'affaire peut-elle se conclure ?

Question de point de vue !

C'est intéressant de comparer les deux opinions.
La première analyse émane d'un homme qui reste encore à la surface des choses. John n'a pas perçu la démarche de Walter. Pierre le sait.
C'est pourquoi il insiste et donne un point de vue beaucoup plus professionnel, celui d'un homme qui va directement à l'essentiel.

Pierre, John

Pierre : Aujourd'hui, il ne les accepte pas. Sa direction va lui répondre qu'il n'y a pas de raison de déroger aux habitudes, etc.

Mais, si on parle de Gaillot dans la presse américaine, il voudra sûrement le titre et les 20 000 exemplaires qu'il représente !

Alors, il essaiera de faire accepter à sa direction un contrat différent.

Cela dit, il y a une autre question à se poser et à consigner dans le « compte rendu de réunion »…

John : Laquelle ?

Pierre : Eh bien, il faut se demander quelle impression nous lui avons laissée. Que pense-t-il de nous aujourd'hui ?

John : Il a eu en face de lui une jeune maison d'édition, bien gérée, bien managée, avec à sa tête un homme qui parle sa langue et sait ce qu'il veut.

Or, des maisons qui ont du tonus, une ligne éditoriale, il n'y en a pas des masses…

Pierre : Je le dirais un peu différemment. D'abord, pour lui nous représentons « un coup » sans lendemain, car il est peu probable que je me lance dans son métier qui est un peu différent du nôtre. Ça, c'est le côté négatif.

Le côté positif, c'est qu'il dispose désormais d'un immense vivier d'acheteurs, peut-être un million d'adresses personnalisées, peut-être davantage.

Il doit donc leur « donner à manger » régulièrement, des produits d'une qualité irréprochable. (Il est revenu plusieurs fois là-dessus.) Peut-être en manque-t-il ? Il doit garantir ses approvisionnements comme on dit dans l'industrie.

Il a besoin de petits éditeurs comme nous, pour remédier à la carence temporaire de grands fournisseurs… Nous représentons un élément régulateur dans son dispositif…

John : Je vais faire une note sur tout cela.

16 The outcome : can we make a deal?

Pierre, John

Pierre : He's not going to accept it for the time being. His management is going to tell him that there is no reason to depart from custom, etc.

But, if Gaillot's name is mentioned in the American press, he'll surely want the title and the 20,000 copies it will sell!

He'll then try to get his firm to accept a different contract.

Nevertheless, there's another question to ponder and include in the "minutes of the meeting"...

John : Which one?

Pierre : Well, we should wonder about the impression we made on him. What's his opinion of us today?

John : He's up against a young publishing company, a well-managed and well-run one, headed by a man who speaks his language and knows what he wants.

And there are not too many dynamic publishers around...

Pierre : I wouldn't quite say that. First of all, to him we are a "one-shot", insofar as it is unlikely that I should go into his line, which is a little different from ours. That's the negative aspect.

The positive one, is that he now has an enormous amount of potential customers, maybe a million personalized addresses, if not more.

So he's got to "feed" them regularly with high quality products. (He stressed that point several times.) Maybe he needs some? He's got to secure his supplies, as they say in manufacturing.

He needs small publishers like us to make up for the deficiency of large suppliers... We represent a regulating element in his set-up...

John : I'll write a memo on all this.

TRICKS OF THE TRADE

Watch out!

Do not confuse custom *(coutume, usage)* with customs *(la douane)*.

It depends how you look at it!

It is interesting to compare the two points of view.
The first analysis is made by a man who is still on the surface of things. John has not quite understood Walter's approach. Pierre knows it.
This is why he insists and gives a much more professional angle, that of a man who goes straight to the essential.

A little or a few?

"A few" is used for things one can count and "a little" for things one cannot count.

However "few" = *pas beaucoup* and "a few" = *quelques.*

In the same way "little" means *pas beaucoup* and "a little" = *un peu de.*

A few hours later = *quelques heures plus tard.*

Few people came = *Peu de gens sont venus.*

Give me a little wine = *Donnez-moi un peu de vin.*

There is little left = *Il en reste peu.*

TRICKS OF THE TRADE

Get the competition going!

The French are still timid about contacting far-away suppliers (Hong-Kong, Taiwan) who are much cheaper, whereas the English and the Americans don't hesitate.

Have you quite understood?

Quite can mean *tout à fait* or *assez.*

You are quite right = *Vous avez tout à fait raison.*

It is quite expensive = *C'est assez cher.*

We have quite a few problems = *Nous avons pas mal de problèmes.*

He's quite a painter! = *Quel peintre !*

Pierre : Un dossier bien tenu, il n'y a rien de tel pour gagner du temps. Je ne sais pas si l'affaire se fera, mais je suis certain qu'elle rebondira plusieurs fois avant de se conclure. On en reparlera plus d'une fois !

Maintenez la pression sur nos fournisseurs, et faites-vous communiquer les prix pour les tirages de l'anglais et du français. Mettez-les en concurrence ! Allez jusqu'au bout du monde s'il le faut !

(Changeant de sujet...)

À propos, vous savez qu'il n'y a pas que la gastronomie que Walter a apprise avec les chefs français...

John : Quoi d'autre ?

Pierre : Le français. Il parle plutôt bien, en s'appliquant beaucoup et en faisant des mines.

John : La prochaine fois, nous parlerons français. Il assouplira peut-être sa position vis-à-vis des contrats rédigés en euros.

Pierre : Ça j'en doute !

17 Prenons-nous un(e) stagiaire ?

7 mars

Pierre, John

Pierre : – Vous connaissez notre banquier Jean-Luc Langlois ?

John : – Oui, je l'ai rencontré une fois, dans votre bureau.

Pierre : – Il m'a demandé si nous pouvions prendre sa fille en stage.

John : – Que fait-elle ?

Pierre : – Elle est à l'école Estienne. Elle voudrait être maquettiste.

John : – En quelle année ?

Pierre : – Elle est en seconde année.

John : – Autant dire qu'elle ne saura pas grand-chose... comme tous les stagiaires.

Pierre : There's nothing better than a well-kept file to save time. I don't know whether the deal will go through, but I'm sure it will bounce about a little before it is settled. We'll discuss it again, more than once!

Maintain your pressure on our suppliers and get the prices for printing the English and French versions. Get the competition going! Go all the way to the end of the world if necessary!

(Changing the subject…)

By the way, did you know that Walter didn't only learn about gastronomy with his French chefs…

John : What else?

Pierre : French. His French is quite good, he makes an effort and uses his hands.

John : Next time, we'll speak French. That may make him soften his position versus contracts drawn up in euros.

Pierre : That, I rather doubt!

17 Shall we hire a trainee?

March 7

Pierre, John

Pierre : You know our banker, Jean-Luc Langlois?

John : Yes, I met him once in your office.

Pierre : He asked me if we could take his daughter for a training period.

John : What is she studying?

Pierre : She's at the école Estienne. She wants to be a graphic designer.

John : What year is she in?

Pierre : She's in her second year.

John : Which means she will be useless… like all trainees.

TRICKS OF THE TRADE

A tip!

Remember this useful expression :
I rather doubt it! = *J'en doute !*

That may well be true!

Well in front of an adjective reinforces it.

well-kept = *bien tenu.*

It's well past 10 o'clock = *Il est bien plus de 10 h.*

to mean well = *être plein de bonnes intentions.*

You did well to come = *Vous avez bien fait de venir.*

Well done! = *Bravo !*

Well said! = *Bien dit !*

Watch out!
That may well be true! = *Cela se pourrait bien !*

I can hardly hear you!

Hardly = *à peine.*

I can hardly hear you = *Je vous entends très mal.*

You can hardly expect me to do that = *Vous aurez du mal à me faire faire cela.*

Hardly had he arrived that the phone rang = *À peine était-il arrivé que le téléphone sonna.*

A tip!

"She's in her second year".
In the US you would say "She's a sophomore" *(prononcer sofmore).*

Pierre : – Ça me paraît difficile de refuser.

John : – Au contraire, c'est facile. La Société de Banque est la banque de toute la profession. Vous pouvez lui dire que nous sommes trop petits pour nous occuper d'un stagiaire. Il comprendra.

Pierre : – Oui, mais… si je lui rends service, il peut nous être utile à son tour. Par exemple, j'ai besoin de lui si je fais affaire avec Walter.

De toute façon, c'est un peu délicat de refuser d'accueillir un stagiaire qui ne demande pas à être payé. Ne me dites pas qu'on n'aurait rien à lui faire faire !

John : – Oui, mais qui la supervisera ?

Pierre : – Vous !

John : – Mais je n'ai pas le temps ! Ça va plus vite de faire les choses soi-même.

Pierre : – Comme vous voulez. En tout cas, je ne peux pas lui refuser de la voir. Au fait, recevez-la plutôt à ma place… Comme ça, vous déciderez vous-même ce qui vous convient. De toute façon, elle a dû chercher dans d'autres directions…

John : – À propos, Pierre, c'est elle ou c'est vous qui dites qu'elle ne demande pas à être payée ?

Pierre : – Son père m'a dit exactement ceci : « C'est pour lui permettre de se frotter à la vie professionnelle. C'est plus important que d'être payé ! »

John : – Ça peut vouloir dire « donnez-lui un petit quelque chose », et pas forcément « ne lui donnez rien du tout ! »

Pierre *(s'énervant)* **:** – Écoutez, toute la profession est abreuvée de demandes de stage ; ce serait un comble qu'on doive payer pour rendre service !

John : – Je sais bien, même pour les stages, la loi de l'offre et de la demande joue à plein. En tout cas, je lui ferai part de la « politique maison » en la matière !

Pierre : – Bon. Je vais demander à son père qu'elle vous appelle et vous envoie son C.V. Voyez-la et tenez-moi au courant !

À vous de jouer !

Pierre se rend compte qu'il aura du mal à imposer son idée.
Il parie donc sur le fait que la stagiaire convaincra plus facilement John que lui-même ne le fera…

Who's doing the catering?

To cater to = *chercher à satisfaire, attirer la clientèle.*

Who's catering the party? = *Qui avez-vous pris comme traiteur ?*

Pierre : I can hardly refuse.

John : Sure you can, it's quite easy. The Société de Banque caters to the entire profession. You can tell him our outfit is too small to take in trainees. He'll understand.

Pierre : Yes, but… if I do him a favor, he might do us one in turn. For instance, I'll need him if I make a deal with Walter.

Anyway, it is a little difficult to refuse to take in a trainee who is ready to work for free. Don't tell me we couldn't keep her busy!

John : Sure, but whom will she report to?

Pierre : You!

John : But I have no time for that! It's much quicker to do things oneself.

Pierre : As you wish. In any case I must at least see her. Actually, why don't you see her, rather than me? That way, you can decide what suits you. She has probably contacted other people as well…

John : By the way… Was it she who said she doesn't want to be paid, or is that your idea?

Pierre : Her father said exactly this : "I want her to get the feel of professional life, it is more important than making money!"

John : That might mean giving her "a little something" and not letting her work for free!

Pierre *(aggravated)* **:** Look, the whole profession is swamped with requests for internships; it would be a bit much if we had to pay to do a favor!

John : Sure, I know, even for internships it's the old game of give and take. In any case, I will explain to her the "company policy".

Pierre : Fine. I'll ask her father to tell her to call you and send you her C.V. Have a look at her and keep me posted!

TRICKS OF THE TRADE

A good bet?

Pierre realizes he will have a hard time getting his idea accepted. He is therefore betting on the fact that the trainee will have an easier time convincing John herself.

Watch out!

Note the construction : "Was it she or you…"

Formal or informal?

In English, "the law of supply and demand" *(la loi de l'offre et de la demande)* would be too formal in this kind of conversation.

18 Un entretien rondement mené

14 mars

Anne Langlois (stagiaire), John

Anne : – Bonjour, Monsieur. Anne Langlois.

John : – John Caron. *(Ils se serrent la main.)* Bonjour, Mademoiselle !

(John passe devant son bureau et s'installe dans le second fauteuil de visiteur, à côté d'Anne.)

John : – Comment est-ce que ça se passe pour vous à l'école Estienne ?

Anne : – Très bien. Nous avons des professeurs qui suivent l'enseignement traditionnel et d'autres qui nous montrent l'évolution des méthodes avec les logiciels de mise en page, etc.

John *(riant)* **:** – Comme ça, vous savez tout : le passé, le présent et l'avenir !

Anne : – Non, pas vraiment, mais ça nous explique les différentes approches… J'ai un peu de mal à comprendre comment tout s'agence dans un travail précis.

J'attends beaucoup d'un stage pour y arriver, car tout ça est encore trop abstrait pour moi…

John : – Combien de temps dure votre stage et de quelle date à quelle date ?

Anne : – Il dure deux mois, du 18 avril au 17 juin.

John : – Écoutez, je vais vous décevoir. Ici, nous n'avons jamais pris de stagiaire parce que nous donnons à l'extérieur tout ce qui touche à la fabrication.

Nous avons juste un agent de fabrication – Patricia Perrin – qui fait le lien avec les différents corps de métiers : maquettistes, lecteurs-correcteurs, dessinateurs, photograveurs, papetiers, imprimeurs, routeurs, etc. En plus, elle vérifie toutes les factures…

Anne : – Si je pouvais travailler avec Mme Perrin, je me ferais une idée de votre organisation en examinant tous ces travaux.

Mrs, Miss, Ms or Mr?

In English, Mr, Mrs, Miss, are never used without the name. When you are introduced, you are supposed to remember it. A good way to do this is to repeat it, as soon as you hear it.

"This is M. Brown.
– Good morning, Mr. Brown."

You'll sometimes run into "Ms" which is supposed to be undiscriminating for divorced or single women *(prononcez Ms : "Meuz")*

18 A smartly conducted interview

March 14

Anne Langlois (trainee), John

Anne : Good morning, Mr. Caron, I'm Anne Langlois.

John : John Caron. *(They shake hands.)* Good morning, Miss Langlois.

(John walks around his desk and sits in the second visitor's chair, next to Anne.)

John : How are things going at the école Estienne?

Anne : Fine. Some of our teachers use traditional methods, and others show us how page layout software has really changed things.

John *(laughing)* **:** So you know it all : past, present and future!

Anne : I wouldn't say that, but we are being shown the various approaches… I find it difficult to understand how it all fits in, in real life.

This is what I hope an internship can teach me, it is all still very theoretical for me…

John : How long do you plan to train for, and what dates do you have in mind?

Anne : Two months, from April 18 until June 17.

John : Listen, I think I am going to disappoint you. We have never taken a trainee, because all the production is subcontracted.

We only have one person in charge of production, Patricia Perrin. She liaises with the various suppliers : graphic designers, proof readers, designers, photo-engravers, paper-makers, printers, dispatchers, etc. Furthermore she checks all the invoices.

Anne : If I could work with Mrs. Perrin, I could get an idea of your organization by studying all these tasks.

Lots of!

"Plenty of", "a lot of", "lots of" can be used both for things which can be counted and things which cannot. Otherwise one uses "a great deal of" (a great deal of advice) for things which cannot be counted, and "a large number of" (a large number of toys) for things which can be counted.

Watch out!

To deceive = *tromper, abuser, duper.*
décevoir = to disappoint.

Cela ne trompe personne ! = That doesn't fool anybody!

Il trompe sa femme = He cheats on his wife.

How about it?

How long? = *combien de temps ?*

how far? = *à quelle distance ?*

how often? = *tous les combien ? À quel intervalle ?*

how soon? = *dans combien de temps ?*

how about a drink? = *Si nous prenions un verre ?*

how about it? = *Qu'en dites-vous ?*

how about that! = *Tiens donc !*

how come? = *Comment cela se fait-il ?*

If we don't go by car, how else can we go? = *Si nous n'y allons pas en voiture, comment y aller autrement ?*

How ever did she manage? = *Comment s'est-elle débrouillée ?*

how true! = *Comme c'est vrai !*

John : – Attendez ! Je comprends votre envie d'apprendre et je vous en félicite. Mais je dois vous dire deux choses, auparavant.

La première, c'est que vous ne seriez pas rémunérée, car s'occuper convenablement d'un stagiaire prend du temps, et le temps est une denrée rare, ici comme ailleurs.

La seconde découle de ce que je viens de vous dire : il faut encore que Mme Perrin soit prête à vous prendre en charge. Si elle est débordée, elle ne le pourra pas…

Vous allez la rencontrer et nous verrons ensuite si elle peut vous consacrer du temps… Est-ce que cela vous convient ?

Anne : – Je préfère un stage où l'on s'occupe de moi à un stage où je n'apprendrais rien d'utile. Mon père m'a déjà dit que les stages n'étaient pas rémunérés chez vous.

Bien sûr, il faut aussi que mon arrivée ne perturbe pas l'organisation de Mme Perrin.

J'espère néanmoins pouvoir la décharger de certains travaux en contrepartie du temps qu'elle me consacrera ; surtout pendant le deuxième mois de stage, quand je connaîtrai un peu mieux votre société…

John : – Bon. Dans ce cas, voyons si elle peut vous recevoir maintenant.

Il prend son téléphone et appelle.

John : – Allô, Patricia ? C'est John ! Je suis dans mon bureau avec Anne Langlois de l'école Estienne. Est-ce que vous pouvez la recevoir quelques instants ?

Patricia : – Je suis avec un de nos fournisseurs, M. Calmont. Je termine ma réunion et je monte vous voir.

John : – Très bien. Nous vous attendons. *(Il raccroche.)*

19 L'entretien : qu'avez-vous fait jusqu'à présent ?

John Caron, Anne Langlois, Patricia Perrin

Dans le bureau de John Caron

John : – Bonjour Patricia. Je vous présente Anne Langlois. Mme Perrin, qui supervise tous les travaux de fabrication et coordonne les fournisseurs… Je vous laisse.

(À Anne) Vous aurez bientôt de nos nouvelles.

John : Wait a minute! I can understand your eagerness to learn, and I appreciate it. But first, I must tell you two things.

To begin with, we wouldn't pay a trainee, because it takes time to train someone properly, and time is of the essence here, as it is everywhere else.

Which leads me to my second point : we must find out if Mrs. Perrin is prepared to train you. If she is overworked, she won't be able to…

You had better see her, and we shall then know how much time she can devote to you, if any. Does that suit you?

Anne : I would prefer an internship where someone can coach me, so I get a chance to learn something. My father already told me that internships were not paid in your company.

Of course, I don't want my arrival to upset Mrs. Perrin's schedule.

Yet I hope I can take some tasks off her shoulders, to make up for the time she spends teaching me; especially during the second month, when I am a little more familiar with your company…

John : Fine. In that case, let's find out if she can see you now.

He picks up the phone and dials an extension.

John : Hello, Patricia? This is John! I have Anne Langlois from the école Estienne here in my office. Would you be able to see her in a few minutes?

Patricia : I'm with Mr. Calmont, one of our suppliers. I'm almost through, I'll come up and see you.

John : Fine, we'll be waiting. *(He hangs up.)*

19 The interview : what have you done so far?

John Caron, Anne Langlois, Patricia Perrin

In John Caron's office

John : Hello, Patricia. This is Anne Langlois. Mrs. Perrin, who supervises production and deals with suppliers… I'll leave you two together.

(to Anne) You'll be hearing from us soon.

TRICKS OF THE TRADE

Internship or training period?

Internship = *stage*, is mainly used for students, whereas "training period" *(stage de formation)* is used both for students and older people.

Don't get upset!

To upset = *déranger, bouleverser* (both physical and emotional).

to disturb = *déranger* (noise or people, while you're working or sleeping).

Do you mind if I smoke? = *Est-ce que cela vous dérange si je fume ?*
(Always remember to ask this question in the US. where fewer and fewer people smoke!)

The phone is out of order = *Le téléphone est en dérangement.*

Are you through?

To be through with something = *avoir terminé quelque chose.*

I found out through my brother… = *J'ai découvert grâce à mon frère…*

Through the holiday season = *Pendant la période des fêtes.*

I'm soaked through : *Je suis trempé jusqu'aux os.*

Are you for it or against it?

Pros and cons : *les avantages et inconvénients, le pour et le contre.*

Come, come!

To come up = *monter.*

to come up with a good idea = *trouver une bonne idée.*

He came up to me = *Il m'a abordé.*

A strange situation came up = *Il s'est passé une drôle de chose.*

What came of it? = *Que s'est-il passé ?*

The deal didn't come off = *L'affaire ne s'est pas faite*

It comes down to two things : *Cela se réduit à deux choses.*

(to be continued...)

Patricia *(à Anne)* : – Je vous emmène dans mon bureau.

Une fois dans le bureau :

Patricia : – Racontez-moi ce qu'on vous fait faire à Estienne ?

Anne commence à donner le nom des professeurs et de leurs cours. Patricia Perrin l'arrête.

Patricia : – Non, ce n'est pas cela que je veux savoir. Quels travaux pratiques avez-vous faits ? Avez-vous calibré de la copie, devisé des travaux ?

Anne *(troublée)* : – Nous avons calibré de la copie, de façon un peu artisanale. Mais nous n'établissons pas de devis parce que nous ne connaissons pas le prix des prestations.

En fait, nous avons une assez bonne idée des phases successives d'un travail, mais ce qui nous manque le plus, c'est de savoir comment les choses se passent réellement.

Patricia : – Vous savez, ce n'est pas un mal qu'on vous apprenne les choses étape par étape : dans notre métier, tout se tient ! Vous aurez bien le temps d'apprendre à sauter les étapes !

Bien sûr, l'inconvénient du système est que vous avez parfois tendance à tout mettre sur le même plan. Mais l'important, c'est d'être bien formé et, croyez-moi, l'école Estienne le fait !

Patricia s'arrête un instant. Anne ne rompt pas le silence.

Patricia *(poursuivant)* : Voyez-vous, ici aussi vous serez frustrée, parce que vous ne verrez pas le travail se faire. Il part, il revient. On compare une version à une autre, on passe d'une étape à une autre sans avoir rien vu.

Moi-même, quelquefois, j'éprouve le besoin d'aller chez les fournisseurs, voir travailler les nouvelles machines... ou même me former aux nouvelles techniques. Avec Internet, tout change tellement !

Un silence

Si vous faites ce stage chez nous, je vous enverrai chez les uns et les autres voir comment ça se passe.

Par exemple, l'un de nos maquettistes vient encore de s'équiper avec un nouveau matériel. Toute la maquette se fait depuis longtemps sur écran. Plus besoin de papier ! Le temps gagné est phénoménal !

En plus, cet homme est très bavard et n'est donc pas avare d'explications !

Anne : – Je ne voudrais pas vous faire perdre trop de temps. M. Caron m'a dit que vous aviez beaucoup de travail et...

Patricia *(to Anne)* **:** Let me take you to my office.

Once in the office :

Patricia : Tell me what you've been doing at the école Estienne?

Anne starts naming her teachers and explaining the courses she's taking. Patricia interrupts her.

Patricia : No, that's not what I want to know. What sort of practical work have you done? Have you calibrated copy, estimated jobs?

Anne *(a little lost)* **:** We have calibrated copy, in a rather home-made way. But we don't make estimates because we don't know the price of the various jobs.

In fact, we have a fairly good idea of the successive phases of work, but what I need to learn most is how things really work.

Patricia : You know, it's not a bad thing to learn the various stages in the right order. In our trade, everything is linked! You'll learn soon enough how to cut corners!

Of course the drawback of this system is that you sometimes have a tendency to give everything the same importance. But the main thing is to be given proper training and, believe me, l'école Estienne does that!

Patricia stops for a minute. Anne does not break the silence.

Patricia : You see, here you will also be somewhat frustrated, because you won't see things being done. Jobs are sent out, come back in. We compare one version with another, without having seen what was done in the meantime.

Even I sometimes feel like going to see the suppliers, watching them work on the new machines… and even learning the new techniques. With the Internet, things are changing so fast!

A blank

If you train with us, I will send you here and there to see how things are done.

For instance, one of our layout specialists has just bought new equipment. The entire layout has now been done on the screen for quite some time. No more need for paper! It saves a tremendous amount of time!

Furthermore, this guy is very talkative and willing to explain.

Anne : I don't want to take up too much of your time. Mr. Caron told me how much work you have, and…

TRICKS OF THE TRADE

May I introduce myself?

Introducing people, see "tool box".

To present : *présenter (un rapport, un plan, ses excuses).*

Cut it out!

To cut { back / down } = *réduire.*

to cut in = *interrompre.*

to cut off = *couper les vivres, amputer.*

to cut out (drinking) = *arrêter (de boire).*

Cut it out! = *Arrête !*

to be cut out for the job = *être fait pour le poste.*

to cut up = *couper en morceaux.*

to cut classes = *sécher les cours.*

to spoil someone's appetite = *couper l'appétit à quelqu'un.*

to take someone's breath away = *couper le souffle à quelqu'un.*

to cut corners = *prendre des raccourcis.*

TRICKS OF THE TRADE

Come, come!
(continued)

When it comes down to it = *tout compte fait.*

It comes back to me = *Je m'en souviens.*

To come across... = *tomber sur...*

To come around to doing something = *en venir à faire quelque chose.*

Come, come ! = *Allons, allons !*

Can you make it?

To make someone's acquaintance = *faire la connaissance de quelqu'un.*

to make an appointment = *prendre rendez-vous.*

to make the best of things = *tirer le meilleur parti des choses.*

to make it clear = *bien préciser.*

to make fun of someone = *se moquer de quelqu'un.*

to make sense = *être raisonnable.*

(to be continued...)

Patricia : – Oh, mais vous en aurez, vous aussi ! Je vous mettrai tout de suite au travail, n'ayez crainte !

À cette période de l'année, nous ne savons pas où donner de la tête, car nous préparons les livres de la rentrée et nous sommes en retard avec la plupart d'entre eux !

Dans nos métiers, on a l'impression que tout se joue dans les quatre derniers mois de l'année ! Chaque année, c'est la même chose !

Anne : – Que préparez-vous ?

Patricia : – Il y a un livre très important pour Mimosa ; un livre magnifique sur la construction en acier. Très difficile à maquetter, car il y a à la fois beaucoup de texte et beaucoup d'illustrations.

Pour le rendre lisible, il faut proposer des suppressions et des coupes. En dire moins, le dire mieux, pour être plus clair. Nous y arriverons !

Et surtout, nous avons beaucoup de réunions de mise au point avec nos fournisseurs.

Il n'est pas question de laisser déraper les délais qui sont très, très courts ! L'édition pour les étudiants en architecture doit sortir le 15 octobre !

Puis sans transition :

Voulez-vous une tasse de café ?

Anne : – Si vous en prenez une...

20 L'entretien :
je vous explique ce que nous faisons

Dix minutes plus tard...

Patricia Perrin montre à Anne des essais de maquette qui ont été réalisés pour le livre de Mimosa.

Anne : – Combien de fournisseurs avez-vous consulté pour ce travail ?

Patricia : – Deux.

Anne : – Deux seulement. Mais pourquoi si peu ?

Patricia : – Nous n'avions pas assez de temps. En fait, nous voulions donner le travail à Morin qui fait de la bonne qualité pour un prix tiré.

Patricia : Oh, but you'll have plenty of work too! I will put you to work right away, don't worry!

At this time of year, we don't know which way to turn, we are getting books ready for the fall season, and we are generally late!

In our field, it seems that the whole game is played during the last four months of the year! And it's the same every year!

Anne : What are you working on?

Patricia : There's a very important book for Mimosa, a beautiful book on steel constructions. It's a very tough layout because of the amount both of text and illustrations.

To make it readable, we must absolutely avoid "going overboard"; thus suggest cuts and deletions. Say a little less, phrase it better, to make things clear... We'll manage!

And we also have numerous meetings with our suppliers to perfect things.

We can't play around with such short timing! The publication for students in architecture must come out on October 15!

Quick change of subject :

Can I get you a cup of coffee?

Anne : If you're having one...

20 The interview :
let me show you how we work

Ten minutes later...

Patricia Perrin is showing Anne rough layouts which have been made up for the new Mimosa book.

Anne : How many suppliers have you contacted for this job?

Patricia : Two.

Anne : Only two? Why so few?

Patricia : We didn't have enough time. In fact, we wanted Morin to take care of it, because he delivers good quality for a fair price.

TRICKS OF THE TRADE

Late again?

To be late = *être en retard.*

The train is running late = *Le train est en retard.*

My watch is slow = *Ma montre retarde.*

without delay = *sans retard.*

I'm behind with my work : *J'ai du travail en retard.*

rent in arrears = *loyer en retard.*

Aïe !

You say "I have a lot (lots) of work" or "plenty of work" but never "much work" *(aïe !)*

However you can say "I don't have much work!"

Can you make it?
(continued)

to make sure = *s'assurer.*

I'd better make sure = *Je vais vérifier.*

What do you make of it? = *Qu'en pensez-vous ?*

We'd love to have you for dinner tonight, can you make it? = *Nous aimerions vous avoir à dîner ce soir, vous sera-t-il possible de venir ?*

TRICKS OF THE TRADE

Take it...

To take French = *faire du français.*

Take it or leave it! = *C'est à prendre ou à laisser !*

to take along = *emmener, emporter.*

to take apart : *démonter.*

to take someone aside = *prendre quelqu'un à part.*

to take away = *enlever, retirer.*

Who do you take me for? = *Pour qui me prenez-vous ?*

to take something for granted = *tenir quelque chose pour acquis.*

to take off = *enlever, décoller (avion).*

to take one's clothes off = *se déshabiller.*

to take a week off = *prendre une semaine de congé.*

Bonnes vacances !

In English-speaking countries, both Good Friday *(le Vendredi Saint)* and Easter Monday *(le lundi de Pâques)* are holidays.

Nous en avons profité pour contrôler ses prix, ce n'était pas une vraie mise en concurrence.

Anne : – Est-ce que ça veut dire que la mise en concurrence n'est pas systématique ?

Patricia : – Oui, tout à fait. Vous savez, on obtient les meilleurs prix en garantissant à un fournisseur un volume d'affaires à l'année.

Par exemple, l'imprimerie Morin est spécialisée dans le tirage de la couleur. Nous lui donnons 50 % de notre production, environ ; et nous représentons trois semaines de leur plan de charge par an. Nous obtenons des prix en conséquence.

Anne : – Trois semaines, ce n'est pas beaucoup !

Patricia : – Détrompez-vous ! Trois semaines sur quarante-sept – n'oubliez pas les vacances ! – ça fait environ 6 %. Croyez-moi, pour eux, nous ne sommes pas un petit client !

Anne : – Pardon, je ne voulais pas dire cela !

Patricia : – Leur représentant était hier ici, d'ailleurs. Quoi qu'il en soit, je dois reconnaître que vous mettez le doigt sur un point faible de la société.

Nous faisons les affaires de façon trop rapide, sans mettre systématiquement les fournisseurs en concurrence. Parce que, le plus souvent nous n'en avons absolument pas le temps !

Anne : – Pas le temps ?

Patricia : – Oui, car nous travaillons toujours « pour la veille » ! Pour mettre les fournisseurs en concurrence, il faut préparer un descriptif du travail très précis, décomposé poste par poste, pour comparer des éléments comparables.

Il faut encore recevoir les fournisseurs, répondre à leurs demandes d'information et attendre leurs devis. Tout ça prend trois semaines au minimum. Or, ces trois semaines nous ne les avons jamais !

Le lendemain, 15 mars, après que Patricia a donné un avis favorable à l'embauche d'Anne comme stagiaire, John passe une tête dans le bureau de Pierre.

John : – Je voudrais vous parler au sujet d'Anne Langlois.

Pierre : – Alors, vous l'avez reçue ?

John : – Oui, et Patricia Perrin aussi.

Pierre : – Comment l'avez-vous trouvée, l'un et l'autre ?

So we just wanted a quick check on prices, we weren't really putting him up against the competition.

Anne : You mean you don't systematically call in the competition?

Patricia : No, we don't. You know, we get the best prices by providing a supplier with a yearly amount of work.

Morin, for instance, is specialized in color prints. They handle about 50 % of our production; to them we mean three weeks of their yearly turnover. That's how we get good prices.

Anne : Three weeks, that's no big deal!

Patricia : That's where you're wrong! Three weeks out of forty-seven – if you throw in holidays – is about 6%. Believe me, for them we are no small fry!

Anne : Sorry, that's not what I meant!

Patricia : Their agent was here yesterday, actually. Anyway, I must admit you have pointed out one of the company's weaker points.

We are always rushing into things, without systematically calling in the competition. Just because, more often than not, we just don't have time for that!

Anne : You don't have time?

Patricia : Right, we are always doing yesterday's work! To set up proper competition, you have to provide a very detailed profile of the work to be done, broken down job by job, in order to compare things properly.

We must also see the suppliers, answer their information requests and wait for their invoices. This all takes at least three weeks – three weeks we simply never have!

The next day, after Patricia has given a favorable opinion on hiring Anne as a trainee, John peeps into Pierre's office.

John : I'd like to have a word with you about Anne Langlois.

Pierre : So, you saw her?

John : Yes, and so did Patricia Perrin.

Pierre : How did you both find her?

TRICKS OF THE TRADE

... or leave it!

To take on a new responsibility = *assumer une nouvelle responsabilité.*

to take someone on = *embaucher quelqu'un.*

to take on a challenge = *relever un défi.*

to take out = *sortir.*

take outs = *nourriture à emporter.*

to take it out on someone = *passer sa colère sur quelqu'un.*

to take over = *prendre la suite.*

to take to someone : *sympathiser avec quelqu'un.*

to take up an offer = *accepter une offre.*

Ce n'est pas la mer à boire !

As you have already seen, becoming truly bilingual means memorizing the prepositions which completely change the sense of a verb.
It's not such a big deal!
You will find the most useful ones in this book.

TRICKS OF THE TRADE

Can you manage it?

To manage a company = *diriger une société.*

to manage a hotel = *gérer un hôtel.*

to manage to do something = *se débrouiller pour faire quelque chose.*

How do you manage to be on time? = *Comment faites-vous pour être à l'heure ?*

If you can manage to come, I'll be delighted = *Si vous pouvez vous arranger pour venir, je serai enchanté.*

Watch out!

How are you getting along? = *Vous vous débrouillez ?*

John : – C'est une fille qui en veut, c'est clair. Elle a envie d'apprendre. Elle a plu à Patricia pour cette raison. Au demeurant, elle est plutôt mignonne.

Pierre : – Vous avez parlé argent ?

John : – Je lui ai dit que, au cas où notre décision serait positive, il s'agirait d'un stage véritable, c'est-à-dire d'un stage où elle apprendrait beaucoup... et aussi d'un stage gratuit. Son père l'en avait prévenue, paraît-il.

Pierre : – Bon. Est-ce que Patricia pense qu'Anne peut lui donner un coup de main ?

John : – Patricia est tout à fait favorable à ce stage. Elle la mettra au travail. Ça devrait marcher entre elles.

Pierre : – Eh bien, c'est parfait. Je téléphone à son père et j'écris à l'école pour confirmer et demander une convention de stage. Quand doit-elle commencer ?

John : – Trois semaines après Pâques, le 18 avril.

21 Les relations entre une entreprise et son sponsor :

une fausse bonne idée

John, Pierre

John *(sans transition)* **:** – Pierre, pendant que je vous tiens, est-ce que je peux vous parler du bouquin de Mimosa ?

Pierre : – Allez-y. J'ai cinq minutes.

John : – Voilà. Vous vous souvenez : la première fois que vous aviez vu les gens de Mimosa, ils étaient très excités à l'idée de distribuer gratuitement leur livre aux étudiants...

Pierre : – Ne me dites pas qu'on recommence à parler de donner un livre de 60 € !

John : – Non, non ; il ne s'agit pas de ça. Notre interlocuteur est en train de plancher sur nos propositions et il rédige un mémo pour sa direction générale.

En fait, il voulait reprendre dans le bon ordre les raisons que nous lui avions données pour écarter cette idée...

John : She's obviously ambitious and willing to learn. That's why Patricia liked her. Actually, she's pretty attractive.

Pierre : Did you bring up the subject of money?

John : I told her that in case we agreed to take her, it would be a real training period, that is to say where she'd learn a lot... and also a non-paid internship. Apparently her father had already told her that.

Pierre : Good. Does Patricia think Anne can be of any help?

John : Patricia seems all for this internship. She will put her to work. They should get along fine.

Pierre : So everything's all settled. I'll call her father and write to the école Estienne to confirm and ask for an internship agreement form. When is she to start?

John : Three weeks after Easter, on April 18.

21 The sponsor/sponsored relationship : not a really good idea

John, Pierre

John *(without pausing)* **:** Pierre, while you're here, can I talk to you about the Mimosa book?

Pierre : Go ahead, I've got a few minutes.

John : OK, you remember, the first time we saw the Mimosa people, they were all for handing out their book free to students.

Pierre : Don't tell me they're going back to the idea of giving away a € 60 book!

John : No, that's not it. Their guy is working on our agreement and drawing up a memo for the general management.

He just wanted to state, in the right order, the reasons we had given him against this idea.

TRICKS OF THE TRADE

The management

The management = *la direction.*

top / upper / management = *les cadres / supérieurs / de direction.*

middle management = *les cadres moyens.*

lower management, executives = *les cadres, l'encadrement.*

general manager = *directeur général.*

sales manager = *directeur des ventes.*

personnel manager = *directeur du personnel.*

office manager = *directeur administratif.*

financial manager : *(i diph.) directeur financier.*

department manager = *chef de service.*

Du toc !

Bogus = *faux, bidon.*

A bogus transaction, a bogus ten-dollar bill.

Ingénieur ?

Attention ! Si vous sortez des « grandes écoles scientifiques », n'oubliez pas de préciser dans quel domaine – et à quel niveau – vous êtes ingénieur car, en anglais, le mot "engineer" *est ambinu. Il désigne aussi bien un « polytechnicien »* (MIT...) *qu'un dépanneur de talavision !*

Economics or Economy?

You will of course never confuse:.

Economics = *l'économie, la science ou la politique économique.*
and economy = *la dépense inutile évitée.*

economic *(pron. économic)* = *qui se rapporte à l'économie.*
and economical *(pron. économical)* = *économique, pas cher.*

In the same way,
historic = *qui fait date,*
historical = *historique.*

Pierre : – ... Ce qui prouve qu'elle est encore dans l'air ! Bon, il faut parler pour de grands managers qui connaissent mal les lois de notre métier. C'est normal, ce n'est pas le leur. Le plus simple est de leur rappeler les faits... *(s'interrompant)*

Mais auparavant, est-ce que je peux vous poser une colle, John ?

John : – Bien sûr. J'espère que je vais pouvoir y répondre !

Pierre : – Savez-vous ce qui discrédite immédiatement un livre ?

John : – D'être mal écrit ?

Pierre : – Non. Ça le dévalorise, mais pas dans l'instant !

John : – D'être bourré de fautes ?

Pierre : – Oui, bien sûr, mais encore faut-il commencer à le lire ! Je ne pensais pas à cela...

John : – Je donne ma langue au chat !

Pierre : – D'être gratuit !

John : – D'être gratuit ?... Attendez, je ne vous suis pas !

Pierre *(sur un ton de conférencier)* **:** – Une fois par an, entre dans mon bureau un chef d'entreprise qui a envie que le monde entier reconnaisse les mérites de ses produits, de ses inventions, que sais-je ?

John : – Oui, oui.

Pierre *(sur le même ton)* **:** – ... et il me dit : « Pour qu'il n'y ait aucun frein à l'achat, je vous propose de distribuer le livre sur mes techniques *gratuitement.* »

Le malheureux vient de signer son arrêt de mort. Il ne le sait pas. À moi de le lui apprendre avec diplomatie.

John : – Mais Pierre, pourquoi êtes-vous si catégorique ?

Pierre *(presque véhément)* **:** – Vous connaissez un commerçant qui s'intéresse à ce qui se donne ? Citez m'en un, un seul !

John : – Effectivement je n'en connais pas.

Pierre : – Vous connaissez une bibliothèque qui répertorie un document gratuit : le rapport annuel de la société Tartemuche, le journal intime de Marcelle Plumeau, veuve de guerre... Je continue ?

Sans rire, John, aux yeux du consommateur que nous sommes tous, ce qui n'a pas de prix n'a pas de valeur ; ce qui n'a pas de prix est suspect – d'être de la publicité notamment ; ce qui n'a pas de prix n'est pas pris en compte, référencé, ni cité correctement.

Pierre : … Which means they haven't given it up! Fine. We've got to convince executives who know nothing about the rules that apply in our profession. That's only fair, it's not their field. The easiest is to give them plain facts… *(pausing)*

But first, can I ask you a trick question?

John : Sure! I hope I can answer it!

Pierre : Do you know what immediately gives a book a bad name?

John : Being badly written?

Pierre : No, it will discredit it, but not immediately!

John : Being full of mistakes?

Pierre : Yes, of course, but you must have started reading it! That's not what I was thinking of…

John : I give up!

Pierre : Being free!

John : Being free?… Wait, I don't get it!

Pierre *(in a lecturing tone)* **:** Once a year, an entrepreneur walks into my office, wanting the whole world to recognize the value of his products, of his inventions, whatever.

John : Yes, yes.

Pierre *(same tone)* **:** … and he says to me : "So that people really won't hesitate to read it, I suggest distributing the book on my techniques *for free*."

The poor guy has just signed his death warrant. He doesn't know it. I've got to find a diplomatic way of telling him.

John : But Pierre, why are you so categorical about that?

Pierre *(warming up)* **:** Do you know a single retailer who's interested in giving things away? Just name one!

John : True.

Pierre : Do you know a library that would list a free book? Thingamajig's yearly report, war-widow Julie Brown's memoirs… shall I go on?

Seriously, John. In the eyes of the consumer, and we are all consumers, what has no price tag has no value; what has no price tag is suspected of being advertising, especially; what has no price tag is not taken into account, listed or properly quoted.

TRICKS OF THE TRADE

A tip!

If you are a graduate of a French "grande école", make sure you state precisely in which field you are an engineer. For this word in English applies to an MIT graduate as well as to a TV repair man (TV engineer), or a garbage man (sanitation engineer).

The answer? Say "I'm a Harvard graduate" or "an HEC graduate", or "I am one of France's top engineering universities graduate", etc.

Consultez aussi les chapitres 10, 11 et 12 de « Vos entretiens d'embauche en anglais », *Éditions Alistair, intitulés « Comment "traduire" vos études en anglais américain et en anglais britannique. »*

There is "college" and « *collège* »!

In England and America, college, where one goes after high-school *(lycée)* must not be confused with a French « collège »

After four years of college, one graduates with a "Bachelor of Arts" or a "Bachelor of Science".

The French *baccalauréat* is more or less the equivalent of the end of the first year of college.

C'est curieux, une création qui n'a pas de prix n'existe pas aux yeux du public. Elle ne vaut rien. Et, dans cette expression, le langage commun rejoint la réalité économique !

Eh bien, de temps en temps, des gens ont fait des choses exceptionnelles, comme Mimosa. Ils sont flattés qu'on explique leurs techniques dans un livre… et, en même temps, ils vous proposent de lui enlever toute crédibilité…

Keep it up!

Keep me posted = *Tenez-moi au courant.*

To keep + ing = *continuer à.*

to keep someone waiting = *faire attendre quelqu'un.*

to keep the books = *tenir les comptes.*

Keep / back / away / out! = *Ne vous approchez pas !*

to keep someone from doing something = *empêcher quelqu'un de faire quelque chose.*

to keep something from someone = *dissimuler quelque chose à quelqu'un.*

to keep / going / it up = *continuer.*

22 Les relations entre une entreprise et son sponsor :

une vraie bonne idée

John, Pierre

John : – Eh bien, il faut redire à Mimosa que c'est une « fausse bonne idée » qu'aucun professionnel du livre ne cautionnera…

Pierre : – … Mais, en même temps, lui rappeler que nous gardons l'esprit qui a dicté cette idée !

Cet esprit est formidable. Il est de faciliter l'accès du livre aux étudiants, lesquels ne peuvent s'offrir des livres à 60 €.

Nous avons proposé de donner à l'édition brochée un prix de vente artificiellement bas et que Mimosa nous rembourse chaque trimestre la différence entre les deux prix, d'après les justificatifs comptables…

John : – Vous m'aviez dit que votre contre-proposition avait séduit Christian Chapart. Il avait compris le danger que leur première exigence faisait courir au livre. C'est clair. Je lui résume tout ça.

À propos, voulez-vous que je lui rappelle aussi comment les livres vont être prescrits ?

Pierre : – Bien sûr, reparlez-en, c'est essentiel ! Mais c'est aussi leur idée, une très bonne idée, celle-là !

Faire prescrire un livre, cela marche d'une façon remarquable quand c'est bien fait, et ça vaut toutes les campagnes de publicité de la terre ! Vous vous souvenez de l'argumentation ?

John : – Oui. Mimosa veut inciter les jeunes architectes à construire en acier, et décide de publier sous sa signature un manuel donnant « tout ce qu'il faut savoir » sur l'acier dans la construction. C'est bien ça ?

Strangely enough, a creation without a price tag doesn't exist in the eyes of the public. It's worthless. And in this instance, common language expresses economic reality.

Well, from time to time, people have done exceptional things, just like Mimosa has. They are flattered to see their techniques explained in a book… and at the same time, they suggest killing its credibility…

22 The sponsor/sponsored relationship : a really good idea

John, Pierre

John : Well, we'll have to tell Mimosa again that it's not a really good idea, that no professional in the book business will endorse it…

Pierre : … but remind them at the same time that we plan to respect the spirit which generated that idea!

It's a wonderful idea, making the book more readily available to students, who can't afford a € 60 book.

We suggested giving the soft-cover edition an artificially low price, and Mimosa would make up for the difference between the two prices, every quarter, against receipts…

John : You told me Christian Chapart had liked our counter-proposal. He had understood the danger their initial demand would put the book in. It's clear. I'll sum it all up for him.

By the way, do you also want me to remind him how the books are going to be recommended?

Pierre : Of course, go over that again, it's essential! But that's also their idea, a very good one, that!

Having a book prescribed works beautifully when it's well done, and it's worth any advertising campaign! Do you remember all the arguments?

John : Sure. Mimosa wants to urge young architects to build with steel, thus decides to publish a handbook on "everything you want to know about" steel in construction. Isn't that it?

TRICKS OF THE TRADE

Watch out!

résumer = to sum up.
to resume = *reprendre (une activité).*

Vous avez raison !

Sure, quite, exactly, you've got it, precisely… You can even say… yes!

Remember the arguments!

Pierre is presumably referring to a previous conversation they had.

Pierre : – Tout à fait. Le manuel aura deux publics :

- les professionnels du bâtiment, et parmi eux les architectes ;
- les « futurs professionnels » que sont les étudiants.

C'est là qu'intervient la prescription.

John : – Corrigez-moi si je me trompe ! Trente universités francophones enseignent l'architecture. Dans chacune d'elles, Mimosa va demander aux spécialistes de l'acier leur avis sur la table des matières.

Comptons sur eux pour corriger largement le projet ! Par la même occasion, Mimosa demande à chacun d'eux de rédiger un chapitre. C'est toujours ça ?

Pierre : – En même temps, nous mettons sur pied avec Mimosa un comité de rédaction du livre, composé de grandes personnalités de l'acier et de la construction.

Ce comité tranchera les cas difficiles. Il avalisera les coupes et chassera les doubles emplois...

John : – Et maintenant, roulement de tambour ! Tout ce joli monde va travailler au livre pendant deux ans. Une fois parue, cette « bible » sera devenue leur livre à tous.

Chacun des co-auteurs le recommandera à ses élèves ; d'autant plus que le livre sera très beau : une maquette superbe pour un contenu sérieux !

Pierre : – Oui, c'est bien ça ! Mais prenez garde de ne pas donner trop de travail à notre « comité de rédaction ».

Sinon, vous allez vous retrouver avec deux groupes de rédacteurs... concurrents. Et vous serez dans de beaux draps !

TRICKS OF THE TRADE

Don't get yourself in a fix!

to be in a fix = *être dans le pétrin.*

to fix a date = *fixer une date.*

to fix a car = *réparer une voiture.*

to fix dinner = *préparer le dîner.*

That will fix him! = *Bien fait pour lui !*

to fix an election = *truquer une élection.*

Un stage digne de ce nom !

De temps en temps, John qui joue le jeu du stage « où l'on apprend mais sans être rémunéré » sort Anne du bureau de la fabrication et lui explique un aspect du métier d'éditeur. On verra plus loin qu'Anne assistera aux réunions où la fabrication a son mot à dire.

23 Vendre par correspondance : rien ne vaut un bon fichier...

27 avril

John, Anne

John : – Anne, vous allez beaucoup entendre parler de VPC dans cette entreprise. C'est une activité passionnante, mais vous ne comprendrez rien à nos discussions si vous ne connaissez pas les règles du jeu. Je vais vous en expliquer quelques-unes.

Pierre : Quite. The handbook will have two audiences :

- The building professionals, and, among them, architects;
- The professionals-to-be, i.e. students.

This is where prescribing books comes in.

John : Correct me if I'm wrong! Thirty French-speaking universities teach architecture. In each one, Mimosa will ask the steel specialists for their advice on the table of contents.

We can be sure they will considerably alter the project! And Mimosa uses the opportunity to ask each of them to write a chapter. That's still it?

Pierre : At the same time, we'll set up an editing committee with Mimosa, made of celebrities in the field of steel and construction.

This committee will settle the tricky cases. It will endorse cuts and get rid of items entered twice…

John : And now, a roll on the drum! All these nice people will work on the book for two years. Once published, this "bible" will be their own book.

Each of the co-authors will recommend it to his students; all the more so as the book will be very attractive : a beautiful layout for serious contents!

Pierre : Yes, exactly! But be careful not to give our "editing committee" too much work.

Otherwise you will be facing two competing groups of editors. And you'll be in a real fix!

23 Mail-order selling :
nothing is better than a good mailing list…

April 27

John, Anne

John : Anne, you are constantly going to be hearing about mail-order selling in this company. It's a fascinating business, but you won't understand a word of our discussions unless you know the rules of the game. Let me explain a few of them.

TRICKS OF THE TRADE

The bride-to be?

"… -to be" gives a notion of something that will happen in the future.

The bride-to be = *[littérale-ment : celle-qui-va-devenir-la-mariée]* = *la fiancée.*

Otherwise?

"If not" is used in the same way as "otherwise".

A fair deal!

Occasionally John, who wants to be fair with his trainee who is "learning for free",takes Anne away from the production department to show her an aspect of the publishing business. We shall see further on that Anne will also be invited to meetings where production is essential.

Anne : – Merci John. Je suis vraiment contente, parce que j'entends beaucoup de choses que je ne comprends pas... Et comme dans une entreprise, rien n'est cloisonné...

John : – Ça dépend lesquelles, Anne ! Ne généralisez pas... Bon, allons-y !

Habituellement, un mailing (le mot anglais est courant) se compose de quatre éléments :

- une enveloppe ;
- une lettre ;
- un dépliant ;
- un bon de commande.

Certains ajoutent un ou deux éléments : l'enveloppe pour la réponse et un court mémo destiné à éviter que le message aille directement dans la corbeille à papiers. Vous me suivez ?

Anne : – Jusqu'à présent, oui !

John : – L'envoi de ces documents poursuit un but qui est de... ?

Anne : – Vendre, j'imagine !

John : – C'est presque ça ! Vendre au moins tant de livres ; par exemple, vendre 900 livres au minimum.

Anne : – En ne dépassant pas un certain budget d'investissement...

John : – Oui, un budget évalué d'avance avec une grande précision. Par exemple, une action de mailing doit faire vendre 500 livres pour un coût maximal de 2 000 €.

L'enveloppe et ce que vous mettez dedans coûtent un certain prix à fabriquer. Ce n'est pas tout. Qu'est-ce que vous payez en plus, qui ne se voit pas ?...

Anne : – L'affranchissement ?

John : – Oui, c'est un des coûts de l'opération. Un des plus importants, surtout si ce que contient l'enveloppe est lourd. Vous ne risquez pas de l'oublier ! Mais encore ?

Anne réfléchit, mais ne trouve rien.

John : – Le routage.

Anne : – Qu'est-ce que c'est ?

John : – Ce sont les opérations de manipulation nécessaires à l'envoi d'un mailing. La poste les rend obligatoires – comme le tri par départements – si l'on veut bénéficier de tarifs préférentiels.

Anne : – Ça, je le sais. Y a-t-il d'autres coûts ?

Hear me out!

Have you heard the latest news? = *Connaissez-vous la dernière nouvelle ?*

Have you heard about the new law? = *Avez-vous entendu parler de la nouvelle loi ?*

Have you heard from her? = *Avez-vous eu de ses nouvelles ?*

I've never heard of him = *Je n'ai jamais entendu parler de lui.*

I won't hear of it! = *Il n'en est pas question !*

Hear me out! = *Écoutez-moi jusqu'au bout !*

Anne : Thanks, John. I'm really pleased, because I keep hearing things I don't understand... and nothing is clearly partitioned in a company...

John : That depends, Anne! Don't make a general rule of it... OK, let's start!

A mailing is usually made of four elements :

- an envelope,
- a letter,
- a brochure,
- an order form.

Some people add one or two extra elements : a return envelope and a short message to keep the mailing from being immediately thrown in the waste paper basket. Do you follow me?

Anne : So far, yes!

John : Sending these documents has an aim, which is...?

Anne : To sell, I suppose!

John : That's almost it! To sell a minimum number of books; 900 for instance.

Anne : Without exceeding a certain investment...

John : Yes, a very detailed predefined budget. For instance, a mailing must sell 500 books for a maximum cost of € 2,000.

The envelope and its contents cost a certain amount to manufacture. That's not all. What else must you pay for, that doesn't show?

Anne : Franking?

John : Yes, that is one of the costs. One of the main ones, especially if the contents of the letter are heavy. That one you won't easily forget! What else?

Anne thinks, but can't find anything.

John : Dispatching.

Anne : What's that?

John : All the handling that sending out a mailing involves. The Post Office has made some things compulsory – such as sorting out different regions – if one wants to take advantage of special rates.

Anne : That much, I know.

TRICKS OF THE TRADE

Don't make a rule of it!

Like all trainees, Anne takes her training very seriously and has a tendency to generalize.

News is good!

Good news, the language of maths is very similar to French! Elementary operations are addition, subtraction, multiplication and division.

John : – J'ai gardé pour la fin le coût de l'adresse du « prospect », quand nous l'achetons.

Anne : – Qu'est-ce que ça vaut, une adresse ?

John : – 20 centimes, 30, 50 centimes ou davantage… Il y a tous les prix sur le marché, mais tout se discute !

Voilà, en gros, les différents postes de dépense qu'on peut directement affecter à un mailing…

Anne : – J'ai encore une question !

John : – Allez-y !

Anne : – Qu'est-ce qu'un « prospect » ?

John : – Une personne – morale ou physique –, c'est-à-dire la société X ou M. Tourneur, directeur technique de la société X – une personne, donc, sélectionnée selon des critères précis, à qui nous adressons notre mailing.

Si elle achète, de « prospect » elle devient « acheteur ».

Anne : – Ah, je comprends alors pourquoi Liz *(la responsable de la promotion)* dit que nos acheteurs rendent six fois plus que les prospects…

John : – Et comment ! Ils connaissent notre marque, notre qualité, notre service. Ce sont souvent des « récidivistes », mais…

Anne : – Mais ?

John : – Mais nous avons besoin des prospects pour créer des acheteurs nouveaux !

Qui a bu boira !

Ces commentaires expliquent qu'un vendeur par VPC ne doit adresser son catalogue qu'à des gens très intéressés par le sujet ou l'objet qu'il propose… et, si possible, à des gens ayant déjà prouvé qu'ils achetaient par correspondance ! (ce n'est pas le cas général…).

Good luck!

You may have a hard time explaining to Anglo-Saxons that one says *« des acheteurs nouveaux »* but *« de nouveaux acheteurs »* !

24 Vendre par correspondance :
… si ce n'est un bon message !

John, Anne

John : – Maintenant, il faut que je vous dise un mot des fichiers d'adresses que nous utilisons. Dans notre métier, la bonne liste d'adresses est une mine d'or.

Nous faisons toujours des livres pour une clientèle spécialisée. (Le phénomène « grand public » qui se crée autour de Gaillot est une anomalie !)

Watch out!

Throw me a cigarette! = *Envoie[-moi] une cigarette !*

John : I have still left out the cost of the "prospect's" address, when we buy it.

Anne : What does an address cost?

John : € 0,20, 0.30, 0,50… or more. There are all sorts of different prices on the market, you've just got to fight to get the best you can!

So those are, roughly, the various items you can apply to a mailing…

Anne : I have another question!

John : Go ahead!

Anne : What is a "prospect"?

John : An individual or a moral entity – i.e. a company or Mr. Tourneur, Technical Director of the said company – a person selected following precise criteria, to whom we send our mailing.

If he buys, the "prospect" turns into a customer.

Anne : Ah, now I understand why Liz *(head of promotions)* says that our customers' returns are six times better than our prospects'…

John : You bet! They know our brand, our quality, our service. They are often "second timers", but…

Anne : But?

John : But we need the prospects, to turn them into new customers!

24 Mail-order selling :
… except a good copy

John, Anne

John : I must now say a word about the mailing lists we use. In our job, a good mailing list is a real gold mine.

We always publish books covering specialized topics. (The "general public" phenomenon which Gaillot is creating is most unusual.)

TRICKS OF THE TRADE

Be sure they are going to like it!

These comments explain that mail order catalogues must only be sent to people who are really interested, and preferably those who have already proved they order by mail… which is not always the case!

I sent him packing!

to send back = *renvoyer* (a letter, etc.).

to send for the doctor = *appeler le médecin.*

to have dinner sent up = *faire monter son dîner.*

I sent him packing! = *Je l'ai envoyé sur les roses !*

TRICKS OF THE TRADE

Hands off!

On one hand... on the other hand = *d'une part... d'autre part.*

at hand = *à portée de la main.*

to change hands = *changer de main.*

to force someone's hand = *forcer la main à quelqu'un.*

to give a hand = *donner un coup de main*

to go hand in hand = *aller de pair.*

hands off! = *bas les pattes !*

The situation is getting out of hand = *La situation devient incontrôlable.*

to have one's hands full = *être très occupé.*

to lay one's hand on something = *mettre la main sur quelque chose.*

to have something on one's hands = *avoir quelque chose sur les bras.*

to play right into someone's hands = *mordre à l'hameçon.*

to take in hand = *prendre en main.*

to win hands down = *gagner haut la main.*

Note that the English plural is not necessarily the same in French...

Une clientèle spécialisée est toujours répertoriée quelque part. Mais l'accès aux fichiers de personnes intéressantes à prospecter nécessite une longue marche d'approche.

Anne : – Et si vous ne les obtenez pas ?

John : – Nous ne faisons pas le livre. Souvent l'auteur nous aide à obtenir certains fichiers.

Nous ne faisons un livre que si nous avons l'assurance écrite de pouvoir nous servir des fichiers qui nous permettront de le vendre.

Anne : – Est-ce que vous voulez dire que vous ne faites un livre que si vous êtes sûrs de le vendre ?

John : – Oui, vous avez exactement résumé la philosophie de la maison d'édition, à laquelle Pierre tient plus qu'à tout, car c'est comme ça qu'il l'a lancée...

En matière d'adresses, nous sommes surtout intéressés par les revues et les journaux professionnels... Savez-vous pourquoi ?

Anne : – Parce qu'ils vous permettent de connaître le marché ?

John *(amusé)* **:** Bravo, Anne, vous apprenez vite ! D'une part, ils permettent d'évaluer le marché en nombre, d'autre part, nous sommes certains que leurs adresses sont toujours à jour...

Anne : – Pourquoi ?

John : – Réfléchissez ! Pour envoyer son journal à un abonné, il faut avoir son adresse du moment, pas son adresse de l'année dernière.

On est donc sûr de disposer de fichiers parfaitement mis à jour. Ce qui est moins vrai quand vous faites appel à des adresses d'associations...

Anne : – À propos, j'ai remarqué que les lettres que vous envoyez à vos prospects sont toujours très longues.

John : – Oui. L'expérience montre qu'un texte long vend plutôt mieux qu'un texte court. Mais long ne veut pas dire assommant.

Un texte long permet d'expliquer en donnant beaucoup d'exemples, des faits que le lecteur peut vérifier. Rien de tel pour le convaincre d'acheter !

Anne : – Rien n'est laissé au hasard !

John : – C'est peu de le dire ! Tout est calibré, testé, quantifié pour coûter moins cher et rapporter le maximum. Un mot du dépliant, maintenant.

On ne peut pas acheter quelque chose sans toucher la marchandise. Eh bien, c'est à ça que sert le dépliant : l'illustration montre le produit sous tous ses aspects, si bien que le futur acheteur a une idée très précise de ce qu'il achète.

Customers for specialized books are always listed somewhere. But getting one's hands on those lists of "prospects" is very tricky.

Anne : What if you don't get them?

John : We don't do the book. The author often helps us get some of the lists.

We only do a book if we have a written guarantee we can use lists which will enable us to sell it.

Anne : You mean you only do a book if you are sure it will sell?

John : Yes, you have just summed up the company philosophy - and Pierre insists on it, because that's how he got things going…

As far as addresses go, the ones we are interested in are those of professional newspapers and magazines… Do you know why?

Anne : Because they give you an idea of the market?

John *(amused)* **:** Very good, Anne, you learn fast! On one hand they give you an idea of the size of the market, and on the other, we can be sure their addresses are always up-to-date…

Anne : Why?

John : Think! To send one's paper to a subscriber, one has to have his current address, not last year's.

So we are sure the lists are perfectly up-to-date. This is not so true when you use association lists…

Anne : By the way, I noticed that the letters you send your prospects are always very long.

John : Yes, experience shows a long letter sells rather better than a short one. But long doesn't mean boring.

In a long letter you can explain and give lots of examples, facts the reader can verify. That's the best way to lure him into buying !

Anne : Nothing is left to chance!

John : That's for sure! Everything is measured, tested, quantified to cost less and bring in a maximum. Now, a word about the brochure.

Nobody likes to buy things blindly. And that's where the brochure comes in : its illustrations show every aspect of the product so that the prospective buyer has a very precise idea of what he's getting.

Beware of the customer!

In English, one tends to say that the topic is specialized, rather than the customers.

A tricky job!

A tricky job = *une tâche délicate (qui nécessite ruse et astuce) = un boulot casse-gueule.*

Many people try to exchange bad mailing lists (i.e. lists of people who never renewed their subscription, thus useless ones) against good ones (updated).

What if?

"What if?" is short for "What will happen if?"

Le dépliant rappelle aussi au lecteur les autres titres que nous avons publiés dans son domaine d'intérêt… ce qui nous permet de continuer à les vendre.

Anne : – J'ai remarqué que vous commencez toujours vos pages par quelques lignes comme un slogan…

John : – C'est ce que, en termes de marketing, on appelle l'offre. C'est la proposition que nous faisons au lecteur. Elle est située au-dessus ou au-dessous de la photo du livre qui est, bien sûr, l'élément essentiel de l'offre.

Par exemple, ici, pour le livre sur le bois, nous avons trouvé comme « accroche » : *« Vous l'attendiez depuis trente ans, il est à vous. »*

Watch out!

To lure = *attirer, allécher, entraîner.*

enticing = *séduisant.*

Anne : – Effectivement, c'est vendeur…

John *(faisant référence au dépliant sur le bois)* **:** – Oui, il faut être sûr de soi pour écrire ça !

Au fond, la VPC c'est simple à résumer :

- les illustrations doivent vendre ;
- les légendes doivent vendre ;
- les textes, les titres, les sous-titres doivent vendre ;
- et, bien sûr, le bon de commande doit vendre.

Anne : – Pour le bon de commande c'est une évidence !

John : – Une évidence qu'on ne répète jamais assez. Je peux vous montrer des bons de commande confus, compliqués, brouillons qui obligent la main du client à s'arrêter !

Tout doit être écrit, rien ne doit être omis. Sinon, tous les efforts que vous avez faits pour en arriver là l'ont été en pure perte !

(Ils sont interrompus par le téléphone.)

Watch out!

Even numbers = *nombres pairs.*

odd numbers = *nombres impairs.*

25 Le lancement du livre sur le vin : vous avez dit « grand public » ?

23 mai

John, Patricia, Anne, Liz Lucet

John : – Cette réunion est importante. Nous avons présenté ce matin le livre sur le vin au réseau de représentants de notre diffuseur Samarcande.

The brochure also reminds the reader of the other titles we have published in his field of interest… which allows us to go on selling those too.

Anne : I noticed that you always start a page with a few lines, rather like a slogan…

John : That's what's called the offer, in marketing terms. It is what we are offering the reader. It is put above or under the picture of the book, which is, of course, the main element of the offer.

Here, for instance, for the book on wood, our catch phrase is : *"You've been waiting for it for thirty years, now it's yours."*

Anne : I agree, it's enticing.

John *(showing the wood brochure)* **:** Yes, you've got to be sure of yourself to write that!

In fact, mail-order selling is easy to sum up :

- the art work must sell;
- the captions must sell;
- the text, the titles and subtitles must sell;
- and, of course, the order form must sell.

Anne : As for the order form, that's obvious!

John : One must never lose sight of how obvious that is! I can show you unclear, complicated, mixed-up order forms, that stop the customer's hand from signing!

Everything must be written down, nothing omitted. Otherwise, all the efforts you made to get that far were totally useless!

(They are interrupted by the phone.)

25 Launching the book on wine : you said "general public"?

May 23

John, Patricia, Anne, Liz Lucet

John : This is an important meeting. This morning, we showed the book on wine to Samarcande, our distribution network.

TRICKS OF THE TRADE

Chance, luck or hazard?

hazard = *danger, risque.*
hasard = chance, luck, coincidence.

at random = *au hasard.*

luck = *la chance.*

chance = *chance, occasion, hasard.*

by chance = *par hasard.*

He has a good chance of winning = *Il a de bonnes chances de gagner.*

Chances are that… = *Il y a des chances que…*

Not a chance! = *Impossible !*

to take a chance = *prendre un risque.*

one chance in a million = *une chance sur un million.*

Watch out!

"Important" is never used for size or quantity. It applies to things which matter for a person or a group of people.
Eg, an important issue = *une question / importante / d'importance.*

a sizeable sum = *une somme importante.*

a substantial amount = *une quantité importante.*

a steep rise = *une augmentation importante.*

extensive damage = *des dégâts importants.*

Les choses se compliquent un peu par rapport à ce qui se passe d'habitude. Le directeur commercial de Samarcande est emballé et veut faire vendre notre livre par le réseau « grand public ».

Il nous a donc demandé de produire une édition brochée beaucoup moins chère que l'édition reliée. Mais « grand public » veut dire : « livre à 35 € » !

Patricia *(se tournant vers Anne, tout bas)* **:** – Et VPC signifie « livre à 60 € » !

Anne : – Je ne comprends pas.

Patricia : – Je vous expliquerai tout à l'heure.

Liz Lucet *(réagissant au livre « grand public »)* **:** – C'est une grande première !

John : – Il faut dire que Pierre a vraiment bien parlé du livre et de Gaillot ! Continuons…

Liz, pensez-vous qu'on puisse annoncer en VPC un livre relié à 60/65 € et avertir en même temps le prospect qu'il en existe une version brochée à 35 € en librairie…

Liz : – Ça se fait couramment aux États-Unis. Je ne vois pas pourquoi ça ne marcherait pas ici.

Mais c'est le libraire qui pourrait se sentir frustré. S'il veut vendre la version reliée, vous devez la lui envoyer.

John : – Mais c'est ce qui peut arriver de mieux ! Simplement Samarcande devra avoir deux articles différents en stock. Ce n'est pas une affaire !

Ce que nous ne voulons pas, c'est vendre la version brochée en VPC.

Liz et Patricia *(ensemble)* **:** – Ah !… Bien sûr… Évidemment !

Anne *(se tournant vers Patricia)* **:** – Moi, je comprends de moins en moins !

Patricia *(à John)* **:** – John, est-ce qu'on peut s'arrêter deux minutes, le temps d'expliquer à Anne que nous ne sommes pas fous. Car elle ne comprend pas pourquoi ça ne nous intéresse pas de vendre le broché en VPC…

John *(à Anne)* **:** – Ça nous coûte 35 € de « recruter » un client en VPC. Donc on ne peut pas vendre en VPC un livre de ce prix-là…

On ne peut vendre en VPC que des livres chers. Mais s'ils sont chers, ils doivent être beaux, car on ne doit pas vendre cher un livre vilain !

You've lost me!

Now I'm really lost / You've lost me = *Je suis complètement perdu.*

How thrilling!

To be thrilled = *être ravi.*

It was a thrill to see her! = *ce fut un immense plaisir de la voir !*

How thrilling! = *Génial !*

Things have turned out to be a little more complicated than usual. Samarcande's sales manager is thrilled and wants to have our book sold through the "general public" network.

So he asked us to produce a soft cover, which will be much cheaper than the hard cover edition. But "general public" means a € 35 book.

Patricia *(turning towards Anne and whispering)* **:** And mail-order means a € 60 book!

Anne : I don't get it.

Patricia : I'll explain later.

Liz Lucet *(reacting to the "general public" book)* **:** Hey, that's a first!

John : I must say Pierre gave a really good show on the book and Gaillot!... But let's go on...

Liz, do you think we can promote a € 60/65 book via direct mail and let the prospect know he can find the soft cover edition for € 35 in bookstores...

Liz : That's often done in the States! I don't see why it wouldn't work here.

But the bookstores might get uptight. If they want to sell the hard cover version, you'll have to provide it.

John : But that's the best thing that can happen! Samarcande will just have to stock two different items. That's no big deal!

What we don't want to do is sell the soft cover version via direct mail.

Liz et Patricia *(together)* **:** Ah!... Of course... obviously not!

Anne *(turning towards Patricia)* **:** Now I'm really lost!

Patricia *(to John)* **:** John, can we stop for a minute, time to explain to Anne that we haven't gone nuts. She doesn't understand why you don't want to sell the soft cover through direct mail...

John *(to Anne)* **:** It costs us € 35 to "hook" a mail-order customer. So we can't sell a book at that price through that channel...

We can only sell expensive books through direct mail. But if they're expensive, they have to be attractive, because we can't sell a cheap book for a high price!

Got it?

"I don't get it" is much more colloquial than "I don't understand".

A good show!

A "first" means *un exploit*.
At the theater, the first performance is called "first night", and at the movies "premiere".

To give a good show = *réussir une performance.*

Don't get hooked!

To hook = *accrocher.*

to be hooked = *« être accro »* (drugs).

to hook up with... = *avoir partie liée avec...*

Je m'explique : on arrive tout à fait à vendre des produits chers par VPC. Comme je l'ai montré, il faut beaucoup argumenter et présenter le produit sous tous ses angles !

Dans le « grand public », la première obligation c'est un prix très intéressant. Le réseau de distribution coûte plus de 50 % du prix de vente, mais si le prix est bas, le détaillant estime qu'il a une bonne chance d'en vendre beaucoup. En VPC, on ne vend qu'une fois. Un seul livre… ou rien ! D'accord ?

Anne *(pour qui ces modes de raisonnement sont tout nouveaux)* : – Oui… oui… Merci de m'avoir expliqué…

John : – Reprenons. Donc, Liz, il faut faire cohabiter ces deux éditions en évitant que nous soyons bombardés de coups de téléphone…

Patricia : – Laquelle voulez-vous que l'imprimeur nous livre en premier ?

John : – La brochée, je pense… car, de toute façon, c'est elle qui sera envoyée aux journalistes à partir du 7 septembre. Les relations avec la presse seront déterminantes pour ce livre-là…

Go figure!

To figure something out = *comprendre quelque chose.*

Go figure! = *Va comprendre !*

to figure on a list = *figurer sur une liste.*

to figure on high sales = *compter sur de grosses ventes.*

That doesn't figure! = *il y a quelque chose qui ne va pas !*

Definitions / Clues

Services de presse : livres envoyés gratuitement aux journalistes dans l'espoir d'obtenir des comptes rendus.

Review copies : the free books sent to the press, in the hopes they will write an article.

Doublon : adresse qui figure dans plusieurs fichiers différents. On dédoublonne les fichiers pour éviter d'envoyer plusieurs fois le même catalogue à la même personne !

Duplicate : an address found in several different lists. Lists are sorted in order to avoid sending the same mailing to the same person several times.

26 Le lancement du livre sur le vin : comment retourner la situation

Patricia, John, Liz

Patricia : – Je vais calculer les nouveaux prix de revient, compte tenu des deux formules. John, quand pourrez-vous me donner les chiffres de tirage de chaque édition ?

John : – On va les calculer tout de suite. Ce matin, chaque représentant du réseau grand public a évalué les possibilités de son secteur. Eh bien, pour la première tournée de deux mois, nous sommes arrivés à 1 800 livres…

Liz : – Et à quel coefficient de retours prévu ?

John : – 30 % maximum.

Liz : – Il faut aussi prévoir les réassorts ?

John : – Restons prudents. Tirons à 3 000 exemplaires en tenant compte des services de presse.

Let me explain in more detail : it's quite easy to sell expensive items through direct mail. As I showed you earlier, you've got to give good arguments and show the product from every angle!

The costs of the distribution network eat up over half the selling price. But if the price is low, the retailer thinks he may well sell many. Through mail-order, you only sell once. One single book… or none. OK?

Anne *(to whom this kind of reasoning is quite new)* **:** Sure, sure… Thanks for explaining.

John : Let's go on. So, Liz, the two editions must cohabit, while we must avoid being harassed by phone calls…

Patricia : Which one do you want the printer to deliver first?

John : The soft cover, I think… because, in any case, that's the one that will be sent to journalists from September 7 onwards. Our press contacts will be crucial for that book…

26 Launching the book on wine : how to turn things around

Patricia, John, Liz

Patricia : I'll figure out the new cost prices, considering the two versions. John, when can you give me the print run for each edition?

John : We can calculate them right now. This morning, each general public network representative estimated the possibilities of his area. So, for the first two month round, it came to 1,800 books…

Liz : And what are the estimated return figures?

John : 30 % at the most.

Liz : Must we also plan restocking?

John : Let's be conservative. Let's print 3,000 copies, given the press-copies.

TRICKS OF THE TRADE

Counting

I'm counting on him! = *Je compte sur lui !*

I expect to see her tomorrow = *Je compte la voir demain.*

to count up to 10 = *compter jusqu'à 10.*

to work out in one's head = *compter de tête.*

We've lost all count of his blunders! = *On ne compte plus ses gaffes !*

How many chairs do you reckon we need? = *Combien as-tu compté qu'il nous fallait de chaises ?*

You must allow 10 days for delivery = *Il faut compter 10 jours pour la livraison.*

How much did they charge for the meal? = *Combien vous ont-ils compté le repas ?*

to rank among = *compter parmi.*

TRICKS OF THE TRADE

The plan fell through!

To drop, give up = *laisser tomber.*

to drop from exhaustion = *tomber de fatigue.*

to fall off a chair = *tomber d'une chaise.*

to sink very low = *tomber bien bas.*

a fax has just come through = *un fax vient de tomber.*

the dollar has dropped to 5 F = *le dollar est tombé à 5 F.*

to fall ill = *tomber malade.*

to be lucky = *bien tomber.*

to fall through = *tomber à l'eau.*

He fell for it! = il est *tombé dans le panneau !*

Eux et nous !

Sometimes the English is longer than the French. Note « eux et nous ».

Tout le monde y gagne !

Cela s'appelle gagner sur les deux tableaux !
En effet, Saville aura vendu ses exemplaires de VPC (90 % en deux mois) quand commencera la vente en librairie. Si l'on avait fait le contraire, le succès éventuel en librairie aurait risqué de perturber les acheteurs professionnels - qui ne se mélangent pas avec le tout-venant !

Liz : – À propos, l'idée de tirer en même temps pour l'éditeur américain est tombée à l'eau ?

John : – Ce n'est pas l'idée mais la coédition qui est tombée à l'eau…

Liz : – Dommage ! Et pour l'édition reliée, quel tirage ?

J'ai de très bons fichiers ; ceux de la Société Vinicole de France, en particulier. Mais ils ne sont pas encore dédoublonnés avec les autres. Si nous avons 40 % de doublons, cela fera à peu près 25 000 adresses…

John : – Rendement ?

Liz *(réfléchissant à haute voix)* **:** – Gaillot est très connu. C'est tout ce qui est technique qui intéresse ces adresses. Je pense qu'on peut atteindre 3 % de réponses avec chèques, soit 750 livres vendus… Mais j'ai une remarque à faire, si vous le permettez.

John : – Allez-y, Liz.

Liz : – Il me semble que les deux opérations que vous voulez mener, l'une tournée vers le grand public, l'autre pour les spécialistes sont incompatibles :

- Les spécialistes n'attendent pas un livre sur la dégustation, mais de nouvelles techniques pour améliorer la qualité d'un vin.
- Si les journalistes présentent Gaillot comme un joyeux drille, un bon vivant, etc., cela fera le plus mauvais effet sur le cœur de cible constitué par les lecteurs sérieux : notre clientèle de base !

Patricia : – Je vois où elle veut en venir !

John : – Continuez, Liz !

Liz : – C'est pourquoi je propose qu'on fasse l'opération VPC avant l'opération « grand public ».

Ainsi nos clients habituels auront déjà en main le livre sérieux et bien présenté qu'ils attendent, au moment du lancement de la version brochée. Tout le monde y gagnera ! Eux et nous !…

Sinon, je crains que, pour récupérer 3 000 lecteurs épisodiques, nous ne perdions nos clients habituels qui sont très pointilleux sur ce qu'ils achètent…

En tout cas, ils n'achètent jamais chez nous un livre pour le grand public !

John : – Votre remarque est très judicieuse, Liz. En fait, on tournait autour du pot depuis dix minutes et vous avez mis le doigt dessus.

Donc, sans avoir peur de se contredire, il faudrait envoyer les dépliants fin août. 90 % des commandes seront revenues fin septembre, au moment où la presse commencera à parler de Gaillot. Je pense qu'un tirage de 1 500 exemplaires de l'édition reliée est suffisant.

Liz : By the way, did we give up the idea of printing for the American publisher at the same time?

John : We didn't give up that particular idea, but the entire co-publishing idea...

Liz : Too bad! And what quantity of hard covers are we printing?

I've got very good mailing lists; namely those of the French Wine Society. But they haven't yet been sorted out from the others. If we find 40 % duplicates, that will give us about 25,000 names...

John : Yield?

Liz *(thinking while she's talking)* **:** Gaillot is very well known. It's all the technical data that these people are interested in. I think we can get 3 % prepaid orders, i.e. sell 750 books. But I'd like to add something, if I may...

John : Go right ahead, Liz.

Liz : It seems to me that the two operations you're planning, one for the general public, the other for real wine buffs, are conflicting :

- the real amateurs don't expect a book on tasting, but new techniques on how to improve the quality of a wine.
- If the press gives the impression Gaillot is too much of a bon vivant, basking in the good life, etc., it will make a terrible impression on our main target group, which is made of serious readers : our basic customers!

Patricia : I can see what she's getting at!

John : Go on, Liz!

Liz : That's why I suggest we do the mail-order operation before the general public operation.

That way, our usual customers will already have the attractive hard cover they expect from us, by the time we launch the soft cover edition. Everybody will be happy! They will and so will we!...

Otherwise, I fear that, in the hope of attracting 3,000 one-time readers, we might loose 3,000 readers who are very particular about what they buy...

In any case, they never buy a general public book from us!

John : That's a very astute remark, Liz. In fact, that's pretty much what had been bothering us for the last ten minutes, and you put it in a nutshell.

So, forget what we just said, we should send out the brochures at the end of August. 90% of the orders will be in by the end of September, when the articles about Gaillot start coming out in the papers. I think 1,500 copies of the hard cover edition are enough.

TRICKS OF THE TRADE

In a nutshell!

To put something in a nutshell = *[litt. : enfermer dans une coque de noix] résumer l'affaire en un mot.*

A very useful expression for business meetings!

You're the best, Liz!

It is quite obvious that Liz has found the right solution. For Saville, this means winning on both counts! Saville will indeed sell its mail-order copies in a very short time (90 % in two months), before the book starts being sold in bookstores. Otherwise the possible success in bookstores might have put off the professional buyers - who don't mix with the man in the street!

Patricia : – Ça ne change rien à l'ordre d'arrivée des livres, mais pour que les reliés soient livrés à partir du 7 septembre, il faut que les brochés le soient dès la réouverture de leurs ateliers.

Ouille, ouille, ouille ! Ça va être très, très juste ! On devra les fabriquer avant les vacances… Je n'ai pas le choix !

John : – Maintenant, vous en savez assez pour avancer. Je vous propose une nouvelle réunion dans quarante-huit heures. Est-ce que mercredi à 16 heures vous convient ? Ça va ?

Liz : – Moi je vais calculer ce que tout ça va coûter !

Ça va coûter un max !

« Je vais calculer ce que ça va coûter… »

Cette phrase d'apparence anodine signifie que Liz, elle aussi, doit démarrer plus tôt que prévu la fabrication et l'expédition de ses dépliants. Elle va peut-être faire appel à des fournisseurs plus rapides parce que mieux équipés mais plus chers.

Il est clair que, dans cette situation où les délais sont courts pour tout le monde, la victoire se joue sur le respect des dates de planning !

27 Demander une augmentation

7 juin

John, Pierre

John : – Est-ce qu'on pourrait parler de moi, Pierre ? Car je n'oublie pas que vous êtes mon patron. Je voudrais savoir ce que va devenir mon salaire l'an prochain…

Pierre : – Vous avez peur que je vous le baisse ?

John : – Pierre, est-ce que vous pouvez être sérieux ?

Pierre : – Je suis on ne peut plus sérieux. Nos résultats, pour le moment, ne sont pas mirobolants et nos jobs pas une sinécure. D'ailleurs, vous le savez.

John : – On peut voir les choses différemment. Constater, par exemple, que notre chiffre d'affaires a progressé et admettre que ça ne s'est pas fait tout seul.

Pierre : – Certes ! Mais on est payé pour ça, précisément !

John : – Je peux aussi me demander quel est mon avenir ici…

Pierre : – John, je voudrais mettre les choses au point très clairement. Le seul avenir qui m'intéresse est celui de la société. C'est celui que je dois garantir, non ? Je ne dois pas garantir le vôtre… ou le mien !… ou celui de la secrétaire.

John : – Tout ceci est assez décourageant. Vous me dites en gros : « Vous avez bien de la veine de gagner ce que vous gagnez. Contentez-vous de cela pour le reste de votre existence. »

Patricia : It doesn't change the order of delivery of the books, but for the hard covers to be delivered from September 7, the soft covers must be delivered as soon as they reopen.

Oh boy, oh boy, oh boy! It's really cutting things close! We will have to manufacture them before the holidays… I have no choice!

John : Now you know enough to get things rolling. I suggest another meeting in two days. Does Wednesday 4 p.m. suit you? Is that OK?

Liz : I'll go and figure out what it's all going to cost !

27 Asking for a raise

June 7

John, Pierre

John : Now could we talk about me, Pierre? After all, you're my boss. I would like to know what you're planning in terms of salary for me next year…

Pierre : You're afraid it might go down?

John : Pierre, come on, stop joking!

Pierre : I am NOT joking. Our profits are far from great for the time being, and our jobs are not exactly a rest cure. Anyway, you know that.

John : Sure, but look at things from another angle. Admit, for instance, that our turnover has increased, and that didn't happen on its own.

Pierre : Right, that's exactly what we're paid for!

John : But I can also wonder about my future in this company…

Pierre : John, let's be absolutely clear. The only future I'm interested in, is the company's. That's what I'm supposed to ensure, isn't it? Not your future or mine… or your secretary's.

John : None of this is very encouraging. You're saying roughly : "You're lucky to earn as much as you do. You should be satisfied for the rest of your life."

TRICKS OF THE TRADE

Meeting deadlines!

This seemingly innocuous remark ("I'll go and figure out…") means that Liz also has to start producing and sending out her brochures sooner than planned. She may have to use faster-working, better equipped suppliers, who will also be more expensive.
Clearly in this situation, where time is short for everyone, meeting the deadlines is of the essence.

Un mur !

Cette scène - ô combien classique ! - montre un patron baladant un de ses subordonnés venant en toute bonne foi réclamer une augmentation.
C'est peu dire que celle-ci n'est jamais acquise d'avance !
Ici, John se heurte à un mur, car Pierre n'est pas le genre d'homme à surpayer un job pour la [seule] raison que celui-ci est bien exécuté.
Dans la panoplie des arguments que fournit John, les références aux besoins d'argent ne sont guère susceptibles d'être entendues.
Par ailleurs, John ne peut se livrer à aucun chantage (« Augmentez-moi ou je pars ! ») puisque Pierre, après l'avoir couvert de fleurs (« Nous formons une bonne équipe », etc.), annonce lui-même que John quittera Saville et Cie un jour et que... c'est la vie !
À John de tirer les conclusions d'une réaction qu'on rencontre fréquemment dans les entreprises !

Pierre : – Écoutez, John : d'abord, les plans de carrière, style grosses boîtes, ce n'est pas mon truc, et j'ai cru comprendre que même les plus grands groupes ne les pratiquaient plus.

Ce que je ne veux pas, c'est nous mettre sur le dos, pour toujours et sans réelle contrepartie, une augmentation de charges.

La priorité pour moi, c'est d'alléger les charges, pas de les augmenter...

Enfin, dans cette logique, on peut discuter ensemble du compte d'exploitation idéal et décider que, si on y arrive l'année prochaine, vous recevrez une prime. Ça vous va ?

John : – Ce n'est pas équitable. Vous, quand ça va mal, vous baissez votre salaire. Vous vous payez très peu, je le sais.

Mais Roselyne *(la femme de Pierre)* a un bon job *(elle fait partie de l'équipe dirigeante de Manpower)* qui vous permet de faire bouillir la marmite, de toute façon ; alors que chez moi il n'y a qu'un salaire : le mien.

Pierre : – Ça c'est votre mode de vie ! Je n'ai pas à intervenir dans votre façon de vivre à tous les deux. Si vous décidez que Wendy ne doit pas travailler, je n'ai pas à m'en mêler.

John : – Ce n'est pas comme ça que ça se passe. Wendy ne travaille pas parce que, avec deux enfants de quatre et deux ans, une femme n'est pas libre, vous le savez.

Elle ne peut se donner à 100 % à son job. Sinon, il faudrait payer une fille à plein temps et financièrement ça n'a aucun intérêt...

Pierre *(même ton)* **:** – « ... et en plus, une femme souhaite voir grandir ses enfants ! »

Écoutez, John, je vous demande de ne pas mélanger deux choses qui n'ont rien à voir – ce que vous êtes en train de faire. Je suis responsable de cette société, pas de votre famille. Je vous le dis tout net.

J'aime beaucoup travailler avec vous. Nous formons, je crois, une très bonne équipe ; mais je ne peux pas pour autant vous accorder une augmentation tous les ans, sous prétexte que vous la méritez et que la vie est financièrement difficile...

Un mot encore :
Si j'étais un salaud, je vous raconterais des salades : « Je pense faire quelque chose pour vous dans trois mois... » et patati et patata. Je préfère vous dire tout simplement ce que je pense.

John : – Je vous en remercie ; et c'est réciproque.

Pierre : – Vous apprenez énormément de choses ici. Un jour, je sais que vous partirez pour prendre un job dans le genre de celui que j'ai ici. C'est la vie.

Je le regretterai, mais je n'y peux rien. Vous me suivez ? Bon, il faut que je file chez Gianfranco *(le maquettiste)* qui tient absolument à me montrer son nouveau matériel.

Pierre : Look John… First of all, big time career planning is not my cup of tea, and I believe even large companies have given it up.

I can't afford to keep permanently raising overheads, without much to show for it.

My priority is precisely to decrease them, not to add on to them…

However, in this light, we can discuss the ideal trading account together and agree that if we make it next year, you will get a bonus. Would that suit you?

John : That doesn't sound very fair. I know that, when times are hard, you lower your salary to a minimum - that much I do know.

But Roselyne *(Pierre's wife)* has a good job *(she is an executive at Manpower's),* so, if the worst comes to the worst, she can earn your bread and butter. But in my family, the only salary is mine.

Pierre : That's your problem! Your private life is none of my business. If you don't want Wendy to work, there's nothing I can do about it.

John : That's not quite it. Wendy doesn't work because she's saddled with a two-year-old and a four-year-old. A woman has little freedom, you know.

There's no way she can hold a full-time job. Or else we would have to have a live-in baby sitter, which would be financially pointless…

Pierre *(continuing in the same tone of voice)* **:** "… furthermore, a woman wants to bring her children up!"

Look John, please don't mix everything up like that. I must answer for this company, not for your family. I want this to be clear.

I enjoy working with you and I believe we are a very good team; but this doesn't mean I can afford to give you a raise every year, even if you deserve it and life is expensive…

Another thing :

If I were a real shit, I would lead you on : "In another three months I'll be able to do more for you"… and so on… but I'd rather tell you the truth.

John : I appreciate that. It works both ways.

Pierre : You are getting a lot of experience here. I know that one day you will go on to take a job similar to mine. That's life.

I will be sorry, but there's nothing I can do about it. Got it? OK, I must rush on to see Gianfranco *(in charge of layouts)* who insists on showing me his new equipment. See you later!

Draw your conclusions, John!

This very typical scene shows how a boss can outsmart an employee who comes in all good faith to ask for a raise.

It goes without saying that getting a raise is far from obvious! Here, John has walked into a brick wall, because Pierre is not the kind of man who will overpay an employee just because he does a good job.

Among the various arguments tried by John, those pertaining to his needs don't stand a big chance of being listened to. On the other hand, John cannot use any kind of blackmail ("Give me a raise, otherwise I'll leave") as Pierre, after showing his appreciation ("We're a good team", etc.) is the first to say that John will leave Saville one day… and that's life!

John will just have to draw his own conclusions after this conversation, which is so often heard in a company!

John *(seul, à lui-même, désabusé)* : – Ce n'est pas le moment. D'ailleurs, ce n'est jamais le moment. Soit les ventes ont baissé par rapport aux prévisions, soit nous entrons dans une phase d'investissement, soit c'est un mélange des deux.

Pierre trouve toujours que les gens, salariés ou fournisseurs, sont trop payés. Je reviendrai à la charge. Encore faut-il que je trouve le bon angle d'attaque !

28 Anne donne un pot pour son départ

17 juin

Pierre, Anne, Patricia, John

Estelle a organisé un pot d'adieu pour le dernier jour de stage d'Anne. Il a lieu dans le bureau de John qui sert de salle de réunion quand c'est nécessaire.

C'est l'heure du déjeuner, le vendredi 17 juin ; on bat le rappel des collaborateurs qui arrivent en commentant :

– Deux mois déjà, ça a filé comme une lettre à la poste !
– On n'a pas vu le temps passer !
– On s'était habitués à vous !

Quand tout le monde a son verre rempli, Pierre prend la parole.

Pierre : – J'ai l'impression, Anne, que c'était hier que vous arriviez ! Je ne sais pas si vous avez appris beaucoup de choses ici, mais je peux vous dire que nous avons tous apprécié votre conscience professionnelle et votre sérieux... Alors, je vous souhaite autant de réussite dans vos études que chez nous : revenez nous voir de temps à autre, cela nous fera plaisir !

Anne *(intimidée)* : – Je... Je voudrais remercier, à mon tour, tout le monde ici, car vous m'avez tous aidée et avez répondu si gentiment à mes questions de débutante... Je voudrais vous remercier, en premier lieu, Monsieur Saville, grâce à vous j'ai pu effectuer ce stage qui m'a passionnée... Monsieur Caron, vous m'avez expliqué tellement de choses dont je n'avais jamais entendu parler, comme la vente aux entreprises... et surtout Madame Perrin. Je vous ai fait perdre beaucoup de temps, mais vous m'avez convaincue que j'avais eu raison de faire l'école Estienne qui correspond à ce que je suis !

Each...

Each = *chacun, chaque.*

each of us = *chacun d'entre nous.*

They often invite each other for dinner = *Ils s'invitent souvent à dîner entre eux.*

The toys cost ten dollars each = *Les jouets coûtent dix dollars chacun.*

Each notebook has 96 pages = *Chaque cahier a 96 pages.*

John *(alone, to himself, embittered)* **:** The timing is wrong. Actually, it is always wrong. Either sales haven't reached estimates, or we are about to invest. Sometimes a mixture of both.

Pierre always thinks that people, whether employees or suppliers, are overpaid. I'll have to give it another try. I've just got to find the right angle.

28 Anne gives a farewell party

June 17

Pierre, Anne, Patricia, John

Estelle has organized a farewell party for Anne's last day of internship. It takes place in John's office, which can be turned into a meeting room when necessary.

It's lunch time, Friday June 17; the staff is drummed up, and arrives, commenting :

"Two months already, time really flies!"
"We didn't see time go by!"
"We had got used to you!"

When everybody's glass has been filled, Pierre rises to speak.

Pierre : It seems to me, Anne, that you only arrived yesterday! I don't know whether or not you learnt a lot here, but I can tell you we all appreciated how dedicated and dependable you were… So let me wish you that your studies will be as successful as your time here; come back to see us from time to time, we'd enjoy that!

Anne *(self-consciously)* **:** In turn, I would like to thank everyone here, because you all helped me, and so kindly answered all my naive questions… I would first like to thank you, Mr. Saville; thanks to you, I was able to complete this internship which I truly enjoyed… Mr. Caron, you explained to me so many things I had never heard about, such as business sales… and above all, Mrs. Perrin, I wasted a lot of your time, but you convinced me the école Estienne was the right school for me!

TRICKS OF THE TRADE

… and every day!

Everything in its own time = *chaque chose en son temps.*

everything has its price = *chaque chose a son prix.*

everything = *tout.*

everything is relative = *tout est relatif.*

everything considered = *au bout du compte.*

everything and anything = *tout et n'importe quoi.*

each and every day = *tous les jours.*

Patricia : – … Pas du tout ! Nous sommes quittes ! J'ai perdu du temps le premier mois, mais vous m'en avez fait gagner pendant le second !

John : – Anne, vous nous avez porté bonheur. Pendant que vous étiez là, le professeur Gaillot a travaillé comme une fusée, alors, au nom de tous, je vous remets en souvenir… *(un paquet apparaît soudain dans les mains de John) Déguster le vin, conseils d'un expert,* les épreuves du livre dédicacées par l'auteur, en espérant qu'à son tour il vous portera chance ! *(On applaudit en riant.)*

Patricia : – Anne, dites-nous tout. Qu'est-ce qui vous a le plus surprise dans cette première expérience de la vie professionnelle?

Anne : – Oh, la vitesse, sans hésiter ! Tout va tellement vite ! Tout doit se faire en même temps… Je n'avais pas du tout compris que les travaux se menaient simultanément… Ce n'est pas parce qu'un travail est pressé que l'autre ne l'est pas ! Je comprends que vous soyez stressés ! *(rires)*

Pierre Saville s'est éclipsé à la faveur d'un coup de fil. Certains restent autour de la table à bavarder. Ceux qui partent embrassent Anne qui est couverte de petits cadeaux…

Bring it up!

To bring = *amener, apporter.*

to bring about = *occasionner.*

to bring something back = *rapporter quelque chose.*

to bring in millions of dollars = *rapporter des millions de dollars.*

to bring something off = *réussir son coup.*

I can't bring myself to… = *Je ne puis me résoudre à…*

to bring children up = *élever des enfants.*

to bring up the subject = *mettre le sujet sur le tapis.*

29 Déjeuner tête à tête : quel est ton avenir chez Saville ?

17 juin

John, Wendy

John et Wendy déjeunent ensemble. Cela leur arrive souvent. C'est pour eux une bonne façon de se retrouver sans être dérangés par leurs enfants !

John : – Tu sais que j'ai demandé à Pierre de m'augmenter ?

Wendy : – Qu'a-t-il répondu ?

John : – Que ce n'était pas le moment !

Wendy : – Ce ne sera jamais le moment. C'est sa boîte, son argent. On a l'impression que toute dépense lui arrache le cœur !

John : – … Il dit en substance : « Vous apprenez énormément de choses ici…, vous faites un métier qui vous plaît…, ne me demandez pas, en plus, de vous augmenter… »

Patricia : … Not at all! We're even! I may have lost some time the first month, but you made up for it during the second!

John : Anne, you were our lucky star. While you were here, Professor Gaillot worked at the speed of lightning, so, in all our names, I would like to give you as a keepsake *(a package suddenly appears in John's hands)* the proofs of *Tasting wine, an expert's advice,* with a dedication from the author, hoping that in turn, it will bring you luck! *(General applause and laughter.)*

Patricia : Anne, do tell us… What amazed you most during this first experience in professional life?

Anne : Oh, without hesitation, the speed! Everything goes so fast! Everything has to be done at the same time… I really hadn't understood that everything has to be done at once! It's not because one job is urgent that the other one isn't too! I can understand why you're stressed! *(laughter)*

Pierre Saville makes off to answer a call. Some people stay around the table to chat. Anne, who is given numerous small presents, is embarrassed by the friendly comments…

29 Tête-à-tête luncheon : what's your future at Saville?

June 17

John, Wendy

John and his wife Wendy are having lunch together, which they often do. It's a good way for them to be together, away from the children!

John : Did I tell you I'd asked Pierre for a raise?

Wendy : What was his answer?

John : That the timing was wrong!

Wendy : It will always be wrong. It's his company, his money. I get the impression that any expense wrenches his heart out!

John : … The gist[1] of it was : "You're learning a lot here… You're enjoying what you're doing… Don't expect a raise on top of that…"

TRICKS OF THE TRADE

Did you manage to break even?

To be even = *être quitte.*

even odds = *une chance sur deux.*

an even temper = *un caractère égal.*

to get even with = *se venger de.*

Even the children were there = *Même les enfants étaient là.*

to break even = *atteindre le point mort ; rentrer dans ses fonds.*

even if = *même si.*

even so = *quand même.*

even then = *même alors.*

I'll make it up to you!

to make up for lost time = *compenser, regagner le temps perdu.*

to make up for the trouble caused = *essayer de se faire pardonner les ennuis causés.*

to make up for losses = *rattraper les pertes.*

I'll make it up to you! = *Je te renverrai l'ascenseur !*

1. *Prononcer « djist ».*

TRICKS OF THE TRADE

Speak up!

To speak about / to talk about = *parler de.*

to speak for someone = *parler au nom de quelqu'un.*

Who's speaking? = *Qui est à l'appareil ?*

not to speak of.../ not to mention... / to say nothing of... = *sans parler de...*

to speak highly of someone = *dire le plus grand bien de quelqu'un.*

Speak up! = *Plus fort !*

to speak to /to talk to = *parler à.*

I don't know what you're talking about! = *Je ne sais pas de quoi vous parlez !*

to talk down to someone = *traiter quelqu'un de haut.*

to talk someone into something = *persuader quelqu'un de...*

to talk someone out of something = *dissuader quelqu'un de...*

to talk something over = *discuter de quelque chose.*

You're telling me! = *Tu parles !*

I don't wan't to hear any more about it! = *Je ne veux plus en entendre parler !*

Wendy : – C'est totalement cynique. Tu te défonces pour cette boîte...

John : – Oui, mais voilà : c'est lui qui l'a montée. Il s'est défoncé encore plus ! Ça ne l'impressionne pas, ce que je fais. Il trouve cela normal. Et en 2002, on s'en est sorti de justesse ! Il ne l'a pas oublié !

Wendy : – Si tu n'avais pas repensé l'organisation...

John : – Tu sais, il ne changera pas ! Pourtant, il admet que nous formons une bonne équipe. C'est vrai qu'il m'a appris le métier, mais à trente ans, je ne serai plus là !

Wendy : – C'est curieux, il se comporte comme s'il ne voulait pas que tu continues avec lui...

John : – Il y a deux raisons à cela, je crois. La première : tu restes toujours un débutant pour les gens qui t'ont connu dans ton premier job !

La seconde : en supposant que je reste, il ne pourra me payer davantage à trente ans. Et il sait qu'alors cela deviendra un problème entre nous. Après tout, peut-être qu'à sa place je ferais la même chose !

Wendy : – Comment vois-tu la suite des événements ?

John : – Écoute, je vais faire comme tout le monde : lire les petites annonces et contacter les chasseurs de têtes ! Je voudrais continuer dans l'édition si c'était possible, mais travailler dans la presse ne me déplairait pas.

Dans la presse, les rôles sont très définis. On est dans la rédaction, ou dans le commercial, c'est-à-dire à la pêche aux annonceurs, ou encore dans la diffusion. Chacun son job : il y a presque des cloisons étanches entre ces services.

Toutefois, dans la presse, mon bilinguisme ne serait pas mis en valeur ; sauf dans la rédaction peut-être...

Wendy : – Et pourquoi est-ce que tu ne travaillerais pas dans la publicité ?

John : – J'ai peur que ce soit difficile d'y entrer après cinq ans passés sur une autre planète... D'un autre côté, je connais bien le travail de fabrication maintenant et c'est essentiel dans ces métiers graphiques...

Cela dit, la pub a trinqué ces dernières années et ils débauchent encore plus vite qu'ils n'embauchent !

Wendy : – Tu veux que je te dise ce que j'en pense ?

John : – Et comment !

Wendy : – Pierre est diabolique. Il s'entend bien avec toi, c'est vrai, mais je crois que c'est assez superficiel. Pierre s'aime encore plus, et ce qu'il aime en lui, c'est cette société qu'il a créée.

Wendy : How perfectly cynical. You go to such trouble for that company…

John : Sure, but there it is : he started it. He went to even more trouble! He's not impressed by my work. He finds it all natural. And in 2002 we had a narrow escape! He hasn't forgotten!

Wendy : If you hadn't reorganized everything…

John : He's not going to change, you know! Yet he admits we are a good team. It's true he taught me the job, but by the time I'm thirty, I will have left!

Wendy : It's strange, it's almost as if he didn't want you to stay on…

John : There are two reasons for that, I think. The first is that, in your first position, for people who have always known you, you'll always be a beginner.

And the second : supposing I stay, he won't be able to pay me more when I'm thirty. And he knows that it will then become a problem between us. After all, I might do the same thing if I were in his shoes!

Wendy : How do you see the future?

John : Look, I'll do what everybody else does : scan the ads and contact headhunters! I would like to stay in publishing if possible, but I wouldn't mind the press.

That's a world where roles are clearly defined. One is in editing or in sales, i.e. fishing for advertisers, or else in distribution. Everyone does his thing : the departments are almost walled off.

However, in the field of press, the fact I'm bilingual would not be such an asset, except possibly in editing…

Wendy : And what about advertising?

John : I'm afraid it would be tough to come in after five years spent on another planet… on the other hand, I'm now very familiar with production, which is essential when one is dealing with artwork…

However, advertising has been having a bad time lately and they fire faster than they hire!

Wendy : You want my feeling?

John : You bet!

Wendy : Pierre is diabolical. He gets along well with you, that's true, but I think it's all rather superficial. Pierre likes himself a lot more, and what he likes about himself is his company.

Won't you stay for dinner?

To stay at the Carlton = *descendre au Carlton.*

to stay away from = *éviter.*

to stay behind = *être à la traîne.*

to stay for dinner = *rester dîner.*

to stay in = *rester chez soi.*

to stay on = *rester encore.*

to stay out until midnight = *ne pas rentrer avant minuit.*

to stay out of trouble = *éviter les ennuis.*

to stay up late : *veiller tard.*

to stay with friends = *habiter chez des amis.*

Watch out, "Won't you stay for dinner?" = *Restez donc dîner !*

In English, this question is a firm invitation.

Ça te sera, chaque mois, un peu plus pénible de partir, parce que tu es un sentimental !

C'est normal que tu sois attaché à cette maison d'édition : tu y as lancé quantité d'activités... Et le cadre est agréable, confortable... et mal payé ! Aujourd'hui, en y restant, tu as plus à perdre qu'à gagner...

John : – Nous arrivons à peu près à la même conclusion.

Wendy : – Non. Tu te donnes encore un ou deux ans. Donne-toi six mois pour partir !

John : – Wendy, j'ai du travail par-dessus la tête ! Partir en six mois, c'est comme si je prenais un deuxième job ! Les CV, les lettres de motivation faites sur mesure, les photos, les courriers, les rendez-vous ! Je ne peux pas matériellement programmer de partir cette année !

Wendy : – Je te propose de t'aider. C'est plus stimulant de le faire à deux... De toute façon, comme ton avenir est ailleurs, plus tôt tu te remettras dans la course, mieux ce sera !

Quant à moi, ça m'empêchera de m'encroûter et j'aurai l'impression de t'avoir servi à quelque chose !

Il se penche vers elle et l'embrasse...

He's laying it on thick!

Who knows what lies ahead? = *Qui sait ce que nous réserve l'avenir ?*

to lie down = *s'allonger.*

to leave things lying around = *laisser traîner ses affaires.*

the trouble lies in his attitude = *le problème, c'est son attitude.*

to lay it on = *en faire des tonnes.*

the crisis is laid to inflation = *la crise est attribuée à l'inflation.*

the lay public = *les profanes.*

He is laying it on [thick]! = *Il en fait [vraiment] des tonnes !*

30 Gaillot va passer à la télévision : un écueil est levé !

5 juillet

Pierre, John, Lucien Gaillot

Pierre appelle John de sa voiture.

Pierre : – Allô John ! Vous êtes là, tant mieux ! Voilà les nouvelles : Pivot a invité Gaillot à « Bouillon de culture ». Attendez ! Ce n'est pas tout... Il veut lui faire faire une dégustation à l'aveugle, en public, sous les projecteurs.

John : – Fabuleux, c'est la gloire !

Pierre : – C'est la gloire... ou le désastre. Je peux vous dire que, moi, avec le trac, un projecteur dans la figure, 40 degrés sur le plateau et Pivot en face de moi, je ne me souviendrais même pas de mon nom... Gaillot n'est jamais passé à la télévision !

Bernard Pivot ?

Bien que Bernard Pivot ait arrêté aujourd'hui l'émission « Bouillon de culture », nous avons maintenu dans cette nouvelle édition les scènes qui suivent pour leur caractère authentique.

Un passage à la télévision reste toujours actuel !

Every month that goes by will make it even harder for you to leave, because you're so sentimental!

It's quite normal for you to be fond of that publishing company : you started up so many activities there… And the setting is pleasant, comfortable… and poorly paid! You have more to lose than to gain by staying…

John : So we come pretty much to the same conclusion.

Wendy : No. You're giving yourself another year or two. Give yourself six months.

John : Wendy, I've got work coming out of my ears! Leaving in six months would be like taking on an extra job! The resumes, the cover letters, the pictures, the mail, the appointments! I can't feasibly plan to leave this year!

Wendy : I intend to help you. It's more motivating if we do it together… In any case, since your future lies elsewhere, the faster you get back into the race, the better!

As for me, it will keep me from getting stuck in my ways and give me the impression I'm of some use to you!

He gives her a hug…

30 Gaillot is going to be on TV : getting over the hump!

July 5

Pierre, John, Lucien Gaillot

Pierre calls John from his car.

Pierre : Hello, John. You're there, good! Here's the big news : Pivot has invited Gaillot to appear on "Bouillon de Culture". Wait, that's not all! He wants him to do a blind tasting, in public, under the spotlights!

John : Fabulous, he's in[1] for real fame!

Pierre : Real fame… or a complete flop. As for me, I can tell you that with stage fright, a spotlight glaring at me, 100 degrees on the set and Pivot sitting across the table, I wouldn't even remember my own name… Gaillot has never been on a show before!

TRICKS OF THE TRADE

Up to my ears!

To be up to one's ears in work = *être débordé de travail.*

to keep one's ears open = *ouvrir grand les oreilles.*

to play it by ear = *improviser.*

Bouillon de culture ?

Although the « *Bouillon de culture* » show no longer exists, we have kept the following scenes in the new edition for their authentic flavor.

Being on TV is still topical!

1. To be in for something = *pouvoir s'attendre à quelque chose.*

TRICKS OF THE TRADE

Different scales

A substantial sum = *une grosse somme.*

a large firm = *une grosse société.*

extensive damage = *de gros dégâts.*

heavy industry = *la grosse industrie.*

the bulk of the work = *le gros du travail.*

a rough estimate = *une évaluation grossière.*

thin = *maigre, mince.*

It's a very weak pretext = *C'est un prétexte bien mince.*

That's not much of an answer = *Comme réponse, c'est un peu mince.*

thin as a rake = *maigre comme un clou.*

You're skating on thin ice = *Vous êtes sur un terrain glissant.*

How tall are you? = *Combien mesurez-vous ?*

a tall / tale / story = *une histoire à dormir debout.*

That's a tall order = *C'est beaucoup demander.*

(to be continued...)

John : – Je crois que vous noircissez le tableau ! Gaillot est un homme qui reste naturel, authentique, mais c'est aussi un immense savant. Il ne va pas se planter. Je pense même qu'il ne va pas hésiter du tout...

Pierre : – Vous croyez ? Je voulais vous en parler avant d'appeler Gaillot. Je suis au bureau dans une heure. Vous serez là ?

John : – Oui, je vous attends, Pierre !

Une heure plus tard

Pierre : – Quelle histoire !

John : – J'ai appelé Soulier *(le directeur commercial de Samarcande).* Il m'a dit : « On connaîtra le lendemain de l'émission et lundi, au plus tard, les besoins du réseau commercial. Mais attendez-vous à des réassorts d'un tout autre ordre que celui que nous avions envisagé !

Pierre : – Qu'est-ce qu'il entend par « d'un tout autre ordre » ?

John : – Je lui ai posé la question. Il n'a pas voulu s'engager. Il a simplement dit que ça dépendrait de la façon dont Gaillot passerait à l'écran...

Pierre : – C'est commode ! Dans le genre Ponce Pilate, on ne fait pas mieux ! Mais pour nous, si nous devons tirer à 10 000, il faut trouver du papier ! – deux sortes. Mon Dieu, c'est terrible de faire un métier qui n'est pas le sien...

Et le « grand public », c'est la roulette ! Je vais d'abord appeler le professeur pour prendre la température.

Il l'appelle directement.

Professeur Gaillot : – Vous avez la chance avec vous, j'allais partir ! J'ai un emploi du temps épouvantable en ce moment. Comment allez-vous ?

Pierre *(le ton complètement changé, calme, pondéré)* **:** – J'ai une nouvelle importante pour vous... et pour nous. Vous savez que j'avais envoyé un dossier de presse très complet à Bernard Pivot : des épreuves, des illustrations légendées, la table des matières, votre biographie, etc.

Eh bien, il vient de me faire contacter par une de ses assistantes. Vous êtes invité à l'émission « Bouillon de culture », M. le Professeur !

Gaillot : – C'est vrai ? Je connais Bernard Pivot. Je l'ai rencontré il y a quelques semaines en Bourgogne. Il s'est peut-être souvenu de moi. Mais *(inquiet, soudain)* quand est-ce que ce serait ? Je voyage tellement en ce moment !

Pierre : – C'est le vendredi 23 septembre à 22 heures à France Télévision. J'espère, M. le Professeur, que vous serez bien à Paris ce jour-là !

John : I think you're painting it all black : Gaillot is a man who remains natural, authentic, but he's got impressive knowledge. He's not going to goof. I even think he won't have a moment's hesitation…

Pierre : You believe that? I wanted to discuss it with you before calling Gaillot. I'll be back in the office in an hour. Will you be in?

John : Yes, I'll be waiting for you, Pierre!

An hour later

Pierre : What a caboodle!

John : I called Soulier *(Samarcande's sales manager).* He said : "We'll know the network's needs the day after the show, or Monday at the latest. But plan on restocking on quite another scale from what we had planned!"

Pierre : What does he mean by "quite another scale"?

John : I asked him that. He didn't want to commit himself. He just said it would depend on how well Gaillot did during the show…

Pierre : That's a great help! There's a real Pontius Pilate for you! As for us, if we need to print 10,000 copies, we'd better find some paper! - two kinds. God, it's terrible to do a job you're not used to doing…

And the "general public" is a real roulette game! I'm first going to call the Professor to see how things stand.

He dials his number.

Professor Gaillot : That's a piece of luck, I was just going out! My schedule is really heavy these days. How are you?

Pierre *(in a completely different tone, calm, poised)* **:** I've got a big piece of news for you… and for us. You remember I sent a very detailed file to Bernard Pivot : proofs, artwork, captions, the table of contents, your biography, etc.

Well, he just had one of his assistants contact me. You've been invited to appear on "Bouillon de Culture", Professor[1]!

Gaillot : Is that true? I know that Bernard Pivot. I met him a few weeks ago in Burgundy. Maybe he remembered me. But (suddenly worried), when is that to be? I never stop traveling these days!

Pierre : It will be on Friday, September 23, at 10 p.m., on France Television. I certainly hope, Professor, that you'll be in Paris that day!

TRICKS OF THE TRADE

Pas de gaffe !

To goof = *se planter.*
a blunder / mistake / faux pas *(pron. foh-pah) = une gaffe.*

Two kinds of paper?

One for the inside of the book, the other for the cover.

Different scales
(continued)

He's very short : *il est très petit.*

I'm € 100 short = *il me manque 100 €.*

to get the short end of the deal = *sortir perdant de l'affaire.*

UN is short for United Nations = *ONU est l'abréviation de l'Organisation des Nations Unies.*

in short = *en résumé.*

1. An Anglo-Saxon is less formal (compare with « Monsieur le Professeur »).

31 Gaillot va passer à la télévision :
et pourquoi pas en public ?

5 juillet

Pierre, John, Lucien Gaillot

Gaillot : – Attendez, laissez-moi quand même consulter mon agenda ! Oui, eh bien, à une semaine près, j'étais au Japon, voyez-vous... mais cette semaine-là, ça me convient !

Pierre *(riant)* **:** – Vous me donnez des émotions ! D'après ce que j'ai compris – car je n'ai pas eu Pivot directement –, il voudrait organiser sur le lieu même, c'est-à-dire sur le plateau, une dégustation à l'aveugle... qu'en pensez-vous ?

Gaillot *(un peu ahuri)* **:** – Une dégustation, devant tout le monde, ce ne sera pas facile de se concentrer... Vous faites bien de me le dire, il ne faut pas que je mange n'importe quoi avant !

Pierre *(qui ne sait pas encore si cette réponse signifie que Gaillot est* vraiment *d'accord)* **:** – Que pensez-vous de l'idée... et de sa réalisation ?

Gaillot *(riant, avec un fort accent de Bordeaux)* **:** – C'est bien une idée de journaliste ! C'est surtout du Pivot tout craché ! Mais attendez, dites-lui de se mettre en rapport avec moi, parce que je joue ma réputation, moi ! Il faut faire les choses dans les règles...

Pierre : – Que voulez-vous dire par « dans les règles » ?

Gaillot : – Je ne veux pas goûter des vins à des températures anormales. Ils doivent être présentés dans des verres identiques... Enfin, quoi ! S'il veut faire une dégustation, que ce soit dans les règles !

Mais je ne suis pas inquiet, c'est un homme sérieux, qui a du charme, mais sérieux.

Pierre *(insistant exprès)* **:** – Mais une dégustation à l'aveugle devant tant de gens, ça ne vous gêne pas ?

Gaillot : – Oh non, les gens, je pense qu'ils se tairont. Mais il faut que tous les vins soient à la même température – 16 degrés. Ce sont des détails qui comptent. Pourquoi me dites-vous « à l'aveugle » ? Bien sûr qu'elle sera aveugle, sinon ce n'est pas une dégustation à mon niveau, ça n'a pas d'intérêt !

Une dégustation à l'aveugle ?

Lors d'une dégustation à l'aveugle, les dégustateurs ignorent la liste des vins et ne voient pas les étiquettes. Les bouteilles sont donc masquées. Elles portent simplement un numéro. Sur la table : un crachoir individuel, un peu de pain, une feuille de papier.

La dégustation s'effectue dans des verres identiques. Les vins sont à 16°, au maximum à 18°.

La dégustation à l'aveugle est particulièrement difficile car on demande au dégustateur de reconstituer l'état-civil de vins rendus anonymes (cépage, cru...). On ne peut guère tricher car un dégustateur ne peut reconnaître que des vins qui lui sont familiers !

31 Gaillot is going to be on TV : and why not in public?

July 5

Pierre, John, Lucien Gaillot

Gaillot : Wait, let me have a look at my diary anyway! Ah, well, a week later I would have been in Japan, you see... but that week suits me fine!

Pierre *(laughing)* **:** You made me nervous for a minute! From what I understand - since I didn't speak to Pivot in person - he would like to organize on the spot - on the set, rather - a blind tasting... what do you think about that?

Gaillot *(a little taken aback)* **:** A tasting, in front of everybody, it's not going to be easy to concentrate... a good thing you told me, I'll be careful about what I eat beforehand!

Pierre *(who can't figure out whether the answer means Gaillot* really *agrees)* **:** What do you think about the idea... and about doing it?

Gaillot *(laughing, with a strong Bordeaux accent)* **:** A typical journalist's idea! It's just like Pivot! But wait, tell him to contact me, because my reputation is at stake here! Things must be done the proper way...

Pierre : What do you mean by that?

Gaillot : I don't want to taste wines at the wrong temperature. They must be poured in identical glasses... I mean, if he wants a tasting, it has to be done properly!

But I am not worried, he's straight, full of charm but straight.

Pierre *(insisting, on purpose)* **:** But the idea of a blind tasting in front of so many people doesn't bother you?

Gaillot : Oh no, I expect the people will keep quiet. But the wines have to be at the same temperature - 16 degrees - such details are essential. Why are you saying "blind"? Of course it will be blind, otherwise it wouldn't be worthy of me, it would be pointless!

A blind tasting?

During a blind tasting, the tasters do not have the list of wines and do not see the labels, which are hidden on the bottles. These just bear a number. On the table there is an individual spitoon, a little bread and a piece of paper.

Wines are tasted in identical glasses, at a temperature of 16° Celsius - 18° maximum.

A blind tasting is a particularly difficult exercise as the taster must reconstitute the various elements (grape-variety, soil, vintage, cru) in order to figure out exactly what it is. It's very difficult to cheat, as a taster can only recognize wines he is familiar with.

Let me have a try!

To let = *laisser, permettre.*

to let believe = *laisser croire.*

to let go = *lâcher / licencier.*

Let it drop! = *Laisse tomber !*

I'll let you have it for ten dollars = *Je te le laisse à dix dollars.*

Let me have a try! = *Laisse-moi essayer !*

Let's go! = *allons-y !*

Let me tell you = *Laissez-moi vous dire.*

to let someone know = *prévenir, avertir quelqu'un (en général).*

to warn = *prévenir (drame, danger).*

I warned her not to do this = *Je l'avais prévenue qu'il ne fallait pas faire cela.*

to call the police : *avertir la police.*

Pierre *(soulagé)* : – Quand j'en saurai plus, je vous rappellerai. Puis-je vous demander les endroits où je peux vous joindre dans les trois jours qui viennent ?…

Le professeur Gaillot donne trois numéros de téléphone différents et ajoute :

Gaillot : – Je préviens ma secrétaire, mais ne vous inquiétez pas ! Entre personnes qui apprécient le vin, on se comprend tout de suite ! À bientôt, cher ami !

Pierre : – À bientôt, Professeur ! Je rappelle Bernard Pivot, mais ne comptez pas trop le rencontrer avant l'émission ; ce n'est pas son style. Il fait la connaissance des auteurs sur le plateau de l'émission. Jamais avant !

Gaillot : – Ça m'est égal si la dégustation respecte les règles de l'art. Mais, je ne suis pas inquiet. Au revoir !

Pierre *(hilare à John et à Estelle qui s'est jointe à eux)* : – Incroyable ! Le bonhomme a un sang-froid d'enfer. On dirait qu'il a fait ça toute sa vie, passer à la télévision !

John : – Non, mais toute sa vie il a goûté des vins !

Entr'acte

Le personnel de Pierre Saville et Cie est parti en vacances, par roulement, du 15 juillet à la fin du mois d'août.

Chez tous les éditeurs du monde, les quatre derniers mois de l'année sont de bons mois de vente. La France n'échappe pas à ce phénomène. Aussi, juillet et août ont-ils été une période de travail intense, en dépit du sous-effectif… et à cause de lui !

Début septembre, la ruche bourdonne dans l'attente excitée de l'émission du journaliste littéraire le plus populaire des pays francophones.

Pierre *(relieved)* **:** I'll call you back when I know more. May I ask you where I can reach you during the next three days?...

Professor Gaillot gives him three different phone numbers and adds :

Gaillot : I'm letting my secretary know, but don't worry, between amateurs, we're on the same wavelength! Speak to you soon, dear boy!

Pierre : Speak to you soon, Professor! I'll call Bernard Pivot back, but don't think you'll meet him before the show; that's not his style. He meets authors for the first time right on the set. Never beforehand!

Gaillot : I don't care, as long as the tasting is done properly. But I'm not worried. Good-bye!

Pierre *(beaming, to John and Estelle who has joined them)* **:** Incredible! This guy has nerves of steel. One would think he's been appearing on TV all his life!

John : No, but he's certainly been tasting wines all his life!

Intermission

Pierre Saville & Co's staff went off on holiday, in rotation, from July 15 to the end of August.

For publishers around the world the last four months of the year generate good sales, in France as well as elsewhere. Thus July and August demanded a great deal of work despite the fact – or because of it! – that many people are away.

It is now early September, the office is buzzing, awaiting with great excitement the show of the most popular literary journalist of French-speaking countries.

TRICKS OF THE TRADE

Changer de l'argent?

Lorsque vous partez en voyage, vous devez changer de l'argent et vous vous posez alors ces questions-là :

- *Comment lire un tableau de change ?*
- *Quelle différence y a-t-il entre une banque et un bureau de change ?*
- *Où trouver le meilleur taux de change ? Est-ce la même chose pour les billets et les chèques de voyage ?*
- *Dans quels lieux éviter de changer ?*
- *Faut-il changer chez soi, avant de partir, ou en arrivant ?*

Tous ces renseignements – et beaucoup d'autres! – sont présentés en français et en anglais, face à face, dans « L'anglais du tourisme et de l'hôtellerie », *Éd. Alistair.*

32 Le lendemain de l'émission : où trouver le papier ?

Keep your eyes peeled!

I couldn't believe my eyes = *Je n'en croyais pas mes yeux.*

to catch someone's eye = *attirer l'attention de quelqu'un.*

to have one's eyes on... = avoir des vues sur...

to keep an eye on = *surveiller.*

Keep your eyes peeled = *Ouvrez l'œil et le bon !* (to peel = *éplucher*).

to see eye to eye = *être tout à fait d'accord (avec quelqu'un).*

Watch out!

A couple of = *environ deux.*

24 septembre

Pierre, John, Jacques Soulier

Pierre, John et Estelle étaient convenus de se retrouver le samedi matin à 9 heures à la maison d'édition. De là, ils doivent appeler Jacques Soulier, de Samarcande, pour échanger leurs points de vue.

L'excitation est à son comble.

Pierre *(réjoui)* **:** – Vous avez vu, John ! Quel type ce Gaillot, quel sang-froid ! Quelle sûreté de soi et, en même temps, quelle gaieté ! Quand il a été applaudi par les autres participants...

John *(interrompant)* **:** – Je n'en croyais pas mes yeux ! C'était trop beau pour être vrai !

Pierre : – Je vais aller faire un tour dans les librairies cet après-midi pour sentir l'ambiance.

John : – Moi aussi. On s'appellera ce soir pour confronter nos points de vue. Mais c'est l'heure de téléphoner à Samarcande. En bon professionnel, Soulier va nous traduire ses impressions en chiffres !

Pierre appelle. Le haut-parleur est branché. John et Estelle suivent la conversation.

Pierre : – Allô, c'est Jacques Soulier ? Ici Pierre Saville. Alors, Jacques, qu'est-ce que vous en dites ?

Jacques Soulier : – Prodigieux ! Votre auteur est incroyable de naturel. Il s'est montré le patron tout en laissant Pivot diriger les débats... Je pense que les réassorts vont arriver dès lundi, ou je ne connais pas mon métier ! Les e-mails vont se bousculer !

Pierre : – Ça veut dire qu'il faut remettre sur machine dès lundi, j'imagine ?

Soulier : – Oui, dès lundi matin. Mais attendons ce soir pour fixer le tirage. À combien avez-vous tiré l'édition brochée en définitive ?

Pierre : – De 3 000, nous sommes passés à 5 000 dès que j'ai vu que Gaillot était confiant. Il y a, en outre, 500 exemplaires de l'édition reliée que je peux mettre à votre disposition. Si cela vous intéresse...

Soulier : – 500 est un mauvais nombre. Et puis les représentants n'ont pas parlé de l'édition reliée... Je reviens aux brochés. Nous en avons prévendu 2 100.

32 The day after the show :
where can we get paper?

September 24

Pierre, John, Jacques Soulier

Pierre, John and Estelle had agreed to meet on Saturday morning at 9 a.m. at the publishing company. From there, they plan to call Jacques Soulier (Samarcande) to compare notes.

Everybody is overexcited.

Pierre *(delighted)* **:** Did you see that, John! What a character, that Gaillot, what a nerve! He's so sure of himself and yet so lively! When the other participants broke into applause…

John *(interrupting him)* **:** I couldn't believe my eyes! It was too good to be true!

Pierre : I'll make a round of the bookstores this afternoon to get a feeling of the atmosphere.

John : I'll do the same. We'll call each other tonight to compare notes. But it's time to call Samarcande. Being a true professional, Soulier is going to translate his impression into figures!

Pierre calls. The speaker is on, so John and Estelle can follow the conversation.

Pierre : Hello, is this Jacques Soulier? Pierre Saville speaking. So, Jacques, what's your feeling?

Jacques Soulier : Fantastic! Your author was so at ease! Although he let Pivot conduct the proceedings, he had the upper hand… If I know anything about my business, the orders should be in by Monday. E-mails will be just flowing in!

Pierre : That means we must get the printing going on Monday, I guess?

Soulier : Yes, first thing Monday morning. But let's wait to get a definite figure. How many copies of the soft cover edition did you finally print?

Pierre : We went from 3,000 to 5,000 when I saw how sure of himself Gaillot was. I can also let you have 500 copies of the hard cover edition, if you want them…

Soulier : 500 is a bad figure. Also, my reps haven't mentioned the hard cover edition… To come back to the soft covers, we have presold 2,100.

Believe it or not!

To believe = *croire.*

I believe so = *Je crois bien que oui.*

I can hardly believe it! = *J'ai de la peine à le croire.*

Believe it or not! = *Aussi incroyable que cela puisse paraître.*

It's just not believable! = *C'est incroyable !*

Don't wait up for me!

To wait = *attendre.*

Wait and see! = *On verra bien !*

I can't wait to go = *J'ai hâte de partir.*

If you're staying with friends, you may want to say to them : Don't wait up for me! = *Ne m'attendez pas pour vous coucher !*

On peut déjà être sûrs qu'ils ne reviendront pas ! Vous en avez envoyé 200 aux journalistes. Il doit rester, à peu de chose près, 2 700 livres.

Cela permet de faire la soudure pendant une semaine, car je pense que nous aurons 200 à 300 commandes supplémentaires par jour !

Pierre : – Ne quittez pas. Je vais demander à John combien de temps va demander Morin *(l'imprimeur)* pour livrer 3 000 exemplaires supplémentaires.

John : – Huit jours pour tirer et brocher, plus un jour pour livrer, soit neuf jours ouvrables. Mais encore faut-il que nous puissions nous faire livrer les deux sortes de papier dans la journée !

Pierre *(à Soulier)* **:** – Dans neuf jours ouvrables, si nous trouvons du papier lundi.

Soulier : – On ne peut pas gagner deux jours ?

Pierre : – Vous risquez de recevoir des livres maculés ou humides. On ne peut pas comprimer les temps de séchage.

Soulier : – Oui, hélas ! Si vous avez des problèmes pour le papier, je vous donne l'adresse d'un ami. C'est un des pourvoyeurs de l'édition les mieux implantés sur la place. Ça peut vous être utile.

Pierre : – Merci, avec plaisir !

33 Mission impossible :

3 000 livres en couleurs à fabriquer en huit jours !

24 septembre

Jacques Soulier, Pierre, Roger Morin

Soulier *(au téléphone)* **:** – Bon, il s'agit de Georges Daninowski *(il épèle).* Papeteries du Regard.
Téléphone : 05 46 42 21 30.
Fax : 05 46 42 24 32.

Pierre : – Au revoir, à ce soir vers 8 heures.

Soulier : – Attendez ! Donnez-moi votre numéro de portable, pour le cas où j'aurais à vous rappeler.

Pierre le donne, puis raccroche. À John :

Pierre : – J'appelle Morin. Il doit m'attendre. *(Il compose le numéro, Roger Morin lui répond.)*

TRICKS OF THE TRADE

I suppose so!

To be supposed to = *être censé.*

I don't suppose he'll come = *Je ne crois pas qu'il viendra.*

Suppose he comes? = *Et s'il venait ?*

It was to be expected!

When you're fairly certain something is going to happen, use "expect" instead of "wait".

I'm expecting my brother for dinner = *J'attends mon frère pour le dîner.*

I'm expecting a delay = *Je m'attends à un retard.*

It was to be expected = *Il fallait s'y attendre.*

I expect so = *Je pense que oui.*

I'm expecting [a baby] = *Je suis enceinte.*

(to be continued...)

We can be pretty sure they won't be returned! You sent 200 to journalists. There should be about 2,700 books left.

That will enable us to tide over for a week, as I believe 200 to 300 orders will come in every day!

Pierre : Please hold on, I'll ask John how long it will take Morin *(the printer)* to deliver another 3,000 copies...

John : Eight days to print and stitch, plus one day for delivery, that's nine working days. Providing we can have both kinds of paper delivered within the day!

Pierre *(to Soulier)* **:** In nine working days, provided we can get paper on Monday.

Soulier : Couldn't we gain a couple of days?

Pierre : Then you might get smudged or damp books. Drying time cannot be compressed.

Soulier : That's alas true! If you run into problems for the paper, I'll give you the address of a friend. He's one of the best suppliers in the publishing business. He might come in handy.

Pierre : Thanks, that's a great help!

33 Mission impossible : printing 3,000 books in color in 8 days!

September 24

Jacques Soulier, Pierre, Roger Morin

Soulier *(on the phone)* **:** OK, the name is Georges Daninowski *(he gives the spelling)*. Papeteries du Regard.
Phone: 05 46 42 21 30.
Fax: 05 46 42 24 32.

Pierre : Good-bye, see you tonight around 8.

Soulier : Wait! Give me your mobile number in case I need to call you.

Pierre gives it to him, and hangs up. To John :

Pierre : I'm calling Morin. He must be waiting to hear from me. *(He dials the number, Roger Morin answers.)*

TRICKS OF THE TRADE

Wanted on the phone?

To want : *désirer, vouloir.*

Do you want [some] coffee? = *Voulez-vous du café ?*

to be wanted by the police = *être recherché par la police.*

You're wanted on the phone = *On vous demande au téléphone.*

Do you want me to help you? = *Voulez-vous que je vous aide ?*

Watch out!

I'm willing = *Oui, je ne demande pas mieux, je veux bien.*

Eg, "Will you come with me ?" "I'm quite willing!"

It was to be expected! (continued)

I expect to go to Italy for the holidays = *J'envisage d'aller en Italie pour les vacances.*

I expected you to help me = *Je m'attendais à ce que vous m'aidiez.*

What do you expect me to do about it? = *Que voulez-vous que j'y fasse ?*

I expect you are thirsty = *Je pense que vous devez avoir soif.*

TRICKS OF THE TRADE

Marseilles or *Marseille*?

Vous rencontrerez les deux orthographes.

Les gens qui voyagent beaucoup ont tendance à garder l'orthographe française.

De quel ordre...

to double = *doubler.*

to treble = *tripler.*

Half the time he doesn't work = *La moitié du temps, il ne fait rien.*

He wasted two-thirds of the budget = *Il a gaspillé les deux tiers du budget.*

He only used one fifth of it = *Il n'en a utilisé qu'un cinquième.*

Roger Morin : – Alors, comment ça s'est passé ?

Pierre : – Vous n'avez pas vu l'émission ?

Morin : – Non, j'étais « de sortie ». Je dînais chez mes beaux-parents.

Pierre : – Fantastique ! On ne pouvait rêver mieux. Notre auteur a fait un tabac. C'est d'ailleurs la raison de mon appel.

Morin : – Je vois. On remet en route ?

Pierre : – Oui, sûrement.

Morin : – Je n'ai pas de papier ! En tout cas pas dans cette qualité et ce grammage.

Pierre : – C'est ce que je voulais savoir. Je vais appeler notre fournisseur. J'imagine que les bureaux sont fermés un samedi. Auriez-vous le numéro personnel du directeur, par hasard ?

Morin : – Vous avez de la chance M. Saville. Je suis un maniaque des numéros personnels. Ils m'ont dépanné si souvent ! Comment s'appelle-t-il déjà ?

Pierre : – Charles Batini.

Morin : – Je l'ai. Il est à Lyon : le 06 72 67 04 41.

Pierre : – Résumons-nous, M. Morin. Je pense que je vais tirer à 3 000. À partir du moment où nous aurons le papier, est-ce que vous pouvez me faire passer en priorité ?

Morin *(riant)* **:** – Il va bien falloir, M. Saville !

Pierre : – En combien de temps pouvez-vous livrer les 3 000 ?

Morin : – Je vais doubler mes équipes, mais ça va vous coûter plus cher !

Pierre : – Donnez-moi le planning d'abord...

Morin : – Il faut compter huit jours ouvrables dans le meilleur des cas, en travaillant à deux équipes...

Pierre : – Et le prix ?

Morin : – Cela fait 20 % de plus que le devis de retirage. Eh, oui, je vous facture essentiellement des heures supplémentaires, M. Saville !

Pierre fait la grimace.

Pierre : – Est-ce que vous pouvez descendre un peu ?

Morin : – Je ne vois pas comment. Franchement, je ne crois pas. Je vous donnerai la réponse ce soir...

Pierre : – À ce soir donc.

Roger Morin : So, how did things go?

Pierre : You didn't watch the show?

Morin : No, I had an evening out. Dinner with my in-laws.

Pierre : It was fantastic! It went like a dream. Our author brought the house down. Actually, that's why I'm calling you.

Morin : I see. So we set work going again?

Pierre : That's for sure!

Morin : I have no paper! In any case not the right weight.

Pierre : That's what I wanted to know. I'll call our supplier. I suppose the office is closed on Saturday. Would you, by any chance, have the manager's home number?

Morin : You're in luck, Mr. Saville. I'm a great one for home numbers. They've come in handy so often! Can you remind me of his name?

Pierre : Charles Batini.

Morin : I've got it. He's in Lyon : 06 72 67 04 41.

Pierre : To sum things up, Mr. Morin, I think I'm going to print 3,000. As soon as we have the paper, can you give me priority?

Morin *(laughing)* **:** I'm going to have to, Mr. Saville!

Pierre : How much time do you need to deliver the 3,000?

Morin : I'll double my shifts, but it will cost you more!

Pierre : Give me your schedule first…

Morin : It will take eight working days at best, with two teams working…

Pierre : What about the price?

Morin : It will be 20 % more than the price of a reprint. Yes, I'm mainly charging you overtime, Mr. Saville!

Pierre winces.

Pierre : Can't you go down a little?

Morin : I don't see how I could. I really don't think so. I'll give you a final answer tonight.

Pierre : Speak to you tonight, then.

TRICKS OF THE TRADE

… de grandeur

I need twice as much = *J'ai besoin de / Il m'en faut / deux fois plus.*

This vat contains eight times more than that one = *Cette cuve contient huit fois plus que celle-là.*

5 is not divisible by 3 *(pron. i court)* = *5 n'est pas divisible par 3.*

He is double your age : *Il a deux fois ton âge.*

On the double = *dare-dare, illico presto.*

Notice :
de quel ordre de grandeur ? = how much?
de l'ordre de… = in the region of…

Pierre *(à John)* **:** – Il faut qu'on trouve le papier pendant le week-end. Sinon, on perdra trop de temps lundi…

(À lui-même) Merde ! J'ai oublié de demander à Patricia les caractéristiques techniques du papier. *(À Estelle)* Estelle ! Est-ce que vous pouvez appeler Patricia chez elle, ou sinon fouiller dans ses dossiers… Ça doit être indiqué : le format du papier, ou le format des machines.

J'espère qu'elle est encore chez elle, il n'est que 10 heures ! Si vous l'avez, passez-la moi directement !

A few figures...

Mary gets by on $ 1,000 a month = *Marie s'en sort avec 1 000 dollars par mois.*

% is pronounced per cent.

a twenty-franc note : *un billet de 20 F.*

a fifteen-foot ladder : *une échelle de 15 pieds.*

a 30-line memo : *un mémo de 30 lignes.*

En anglais, lorsqu'un adjectif est composé d'un chiffre et d'une unité, cette dernière ne se met pas au pluriel.

34 Pourquoi sommes-nous absents du Québec ?

un accord de diffusion

26 septembre

Pierre, John, Jacques Farget

Pierre *(faisant irruption dans le bureau de John)* **:** – J'ai rencontré hier notre ami Gassin de chez Flammarion. Il m'a dit qu'ils vendent beaucoup de livres sur la gastronomie au Québec. Est-ce que nous vendons nos livres là-bas, quelquefois ?

John : – Jamais. Nous ne sommes pas représentés au Québec.

Pierre : – C'est un peu bête de louper des ventes. Gassin me disait qu'on s'intéresse beaucoup à la cuisine française au Québec.

Voyez si on peut faire quelque chose pour Gaillot. Demandez donc au Cercle de la Librairie une liste des diffuseurs de livres français au Canada. Envoyez un mail à ceux qui vous semblent aptes à nous diffuser…

Quelques jours plus tard, John a sélectionné quatre noms qui lui paraissent répondre aux deux critères retenus :

- *avoir un catalogue en harmonie avec le « Gaillot » ;*
- *posséder une équipe de représentants.*

Dans son tableau de comparaison, il a ajouté deux colonnes financières :

- *l'une sur les conditions d'achat ;*
- *l'autre sur les renseignements d'ordre bancaire laissant préjuger la solvabilité des intéressés.*

À chacun d'eux, il a envoyé un mini-dossier par fax, et un dossier de presse avec le livre par courrier prioritaire.

Il a reçu trois réponses : deux diffuseurs se montrent très intéressés, le troisième a changé d'orientation, le quatrième n'a pas répondu.

Pierre *(to John)* **:** We've got to get hold of the paper over the weekend. Otherwise, we'll waste too much time on Monday…

(To himself) Shit! I forgot to ask Patricia the specifications of the paper. *(To Estelle)* Estelle! Can you call Patricia at home, or else rummage through her desk… It's got to be there : the paper format, or the machine format.

I hope she's still home, it's only 10 a.m.! If you get hold of her, put her through directly to me!

34 Why aren't we in Quebec?

a distribution agreement

September 26

Pierre, John, Jacques Farget

Pierre *(barging into John's office)* **:** Yesterday, I met our friend Gassin from Flammarion. He told me they sell lots of books on gastronomy in Quebec. Do we ever sell our books over there?

John : Never. We have no agent in Quebec.

Pierre : It seems a little silly to be missing potential sales. Gassin was telling me people are very much into French cuisine in Quebec.

See if we can't do something for Gaillot. Why don't you ask the Cercle de la Librairie for a list of distributors of French books in Canada. Send an e-mail to those who seem likely to distribute us…

A few days later, John has selected four names which seem to fit the two chosen criteria :

- *a catalogue suited to Gaillot's book.*
- *a network of reps.*

In his comparative chart, he added two financial columns :

- *one with buying terms*
- *the other with bank data, indicating the solvency of the said companies.*

He sent each one a short fax file, and mailed press releases and the book by first-class mail.

Three of them answered : two distributors sound very interested, the third has changed its former policy, the fourth didn't answer.

TRICKS OF THE TRADE

Don't exceed 50 m.p.h.!

Don't exceed 50 m.p.h.! (fifty miles per hour) = *Ne dépassez pas le 50 !*

He was arrested for doing 100 m.p.h. (a hundred miles per hour) = *On l'a arrêté parce qu'il roulait à 100.*

Aïe !

Say a hundred miles, rather than one hundred!

It doesn't fit…

To fit = *s'accorder avec quelque chose.*

to fit in = *être en harmonie avec.*

to fit out = *équiper.*

to fit up = *aménager.*

It doesn't fit with what she said to him = *Ça ne correspond pas à ce qu'elle lui a dit.*

Don't look back!

To watch = *surveiller.*

Watch it! Watch out! = *Fais attention !*

to watch TV = *regarder la télé.*

To look = *regarder.*

it looks as if ... = *on dirait que...*

to look for = *chercher.*

to look forward to = *attendre avec impatience.*

I'm looking forward to seeing him tomorrow = *Je me réjouis de le voir demain.*

to look into a problem = *examiner un problème.*

Let's see! = *Voyons voir !*

I could see it coming = *Je l'avais prévu.*

See you soon! = *À bientôt !*

As I see it... = *À mon avis...*

Don't look back! = *Ne regarde pas en arrière ! Ne te retourne pas !*

Watch out!

Look at me! = *Regarde-moi [dans les yeux] !*

Watch me [do this]! = *Regarde comment je fais !*

John a ensuite téléphoné à différents éditeurs français qui sont représentés par les deux diffuseurs intéressés. De ces appels, il ressort que l'un des deux a la réputation d'être très dynamique. C'est aussi celui qui demande la remise la plus importante : 52 % contre 48 % pour son concurrent.

John décide de les appeler l'un et l'autre. Après avoir parlé avec le diffuseur qui demande 48 %, il téléphone au plus dynamique des deux, Jacques Farget. On en arrive très vite au prix de vente en dollars canadiens.

John : – À quel prix de vente en dollars canadiens arrivez-vous ?

Jacques Farget : – À 99 dollars.

John : – On ne peut vendre ce livre à 99 dollars. On va se faire fusiller !

Farget : – D'autant plus que nos concurrents américains proposent leurs livres à 45 dollars américains. De toute façon, il ne faut pas vendre ce livre ici à plus de 75 dollars canadiens !

John : – Il faut donc que je vous les vende moins cher. Je n'ai pas le choix. Je vais les déconnecter du prix de vente français. Quel prix dois-je vous faire pour rester en dessous des 75 dollars canadiens ?

Farget : – Je vous le dis tout de suite. J'ai des barèmes. Voilà : il faut que vous me le vendiez 17,30 €.

John : – Évidemment, ce n'est pas beaucoup. Mais, au moins, on reste cohérent avec le marché. Quelle quantité me prendriez-vous à ce prix ?

Farget : – Le marché québécois n'est pas bien grand, contrairement à ce que croient les éditeurs français. J'ai montré le livre à trois clients qui l'ont bien accueilli. À ce prix, je vous en prends 250 pour commencer.

John : – Et dans quels délais réglez-vous ?

Farget : – Je règle à 90 jours fin de mois, mais ici c'est le mois de réception des ouvrages qui compte.

Par avion, avec le dédouanement, il faut compter huit jours entre le moment où le transitaire passe chez vous et la livraison ici.

John : – À nous de faire en sorte que le mois d'expédition et de livraison se confondent. Passez-nous donc vos commandes par fax ou e-mail avant le 20 de chaque mois.

Un dernier mot avant de nous quitter. Pouvez-vous m'envoyer les coordonnées de votre banque ? Payez-vous par virement de banque à banque ?

En tout cas, merci d'éviter les chèques internationaux !

Farget : – Je vous envoie tout cela, ainsi que notre protocole d'accord, qui reprend l'ensemble de nos conditions... et l'adresse et le téléphone de notre transporteur, pour que vous vous mettiez en contact avec lui.

John : – M. Farget, j'ai encore une dernière chose à vous dire. Est-ce que vous regardez l'émission de Bernard Pivot ?

John then called various French publishers who use the two distributors who seem interested. From these calls, he was able to ascertain that one of the two is known to be very dynamic. It's also the one who wants the biggest rebate : 52 % versus 48 % for his competitor.

John decides to call them both. After speaking to the one who wants 48 %, he is now calling the more dynamic of the two, Jacques Farget. They soon get down to[1] *the sales price in Canadian dollars.*

John : What sales price do you come to in Canadian dollars?

Jacques Farget : 99 dollars.

John : We can't sell this book for 99 dollars. They'd kill us!

Farget : All the more so as our American competitors sell their books for 45 American dollars. In any case, this book shouldn't be sold here for more than 75 Canadian dollars!

John : So I must sell it to you for less. I have no choice. I'll disconnect your price from the French sales price. How much must I lower my price in order to remain under 75 Canadian dollars?

Farget : I can tell you right away. I've got price lists and tables : you must sell it to me for € 17.30.

John : That, of course, isn't much. But at least it remains consistent with the market. How many would you take, at that price?

Farget : The Quebec market isn't very big, despite what the French publishers believe. At that price, I'll take 250 for a start.

John : And what are your terms of payment?

Farget : I pay within 90 days of the end of the month of delivery – it's the month of delivery that counts.

Air mail, allowing time for customs clearance, it's about eight days between the time the forwarding agent picks the books up from you and they arrive here.

John : We'll have to manage to make the shipment and delivery month coincide. So, send us your orders by fax or e-mail, on the 20th of each month.

A last word before we're finished. Can you send me your bank references? Do you pay via bank transfer?

In any case, please stay away from international checks!

Farget : I'll send you all that, as well as our draft-agreement, stating all the details… and the address and phone number of our shipper, so you can get in touch with him.

John : One last thing, Mr. Farget. Do you watch Bernard Pivot's show over there?

TRICKS OF THE TRADE

De qui parle-t-on ?

When *« on »* is indeterminate, it is often translated by a passive.

On va encore augmenter le prix des cigarettes ! = The price of cigarettes is going to go up again!

« *On* » can also mean "someone".
On a déposé cette lettre pour vous = Someone left this letter for you.

« *On* » can also be a generalization *(pron. i court)* :
On ne doit pas utiliser cette porte = One mustn't use this door.

« *On* » can mean "other people" :
En Chine, on mange avec des baguettes = In China / they / people / eat with chopsticks.

« *On* » can mean "we", "us" :
On a faim = We are hungry.

1. To get down to = *en venir à*.

Farget : – Bien sûr que oui ! Nous la recevons avec un décalage d'un mois à peu près. Pourquoi ?

John : – Parce que Lucien Gaillot est passé chez Bernard Pivot le 23 septembre. Et les ventes ont bondi de 300 par semaine à 300 par jour !

Farget : – C'est fantastique ! Votre auteur a dû se montrer excellent ! Écoutez, j'ai des amis à la télévision, ici.

Je vais essayer de voir l'émission en avant-première et surtout de me faire confirmer la date de passage de « Bouillon de culture ».

Mais M. Caron, vous attendez la toute dernière minute pour me le dire !

John : – C'est parce que je garde le meilleur pour la fin !

Farget : – Je vous passerai une nouvelle commande dès qu'on m'aura précisé la date. Au revoir M. Caron !

John : – Au revoir M. Farget ! Tenez-moi au courant de la mise en place !

TRICKS OF THE TRADE

Trop prudent, John ?

C'est évidemment à dessein que John n'a pas mentionné « l'effet Pivot » au début de l'entretien. En effet, il voulait comparer des éléments comparables et il a estimé que, démarrer une négociation commerciale en lâchant d'emblée son atout n'était pas la meilleure solution.
Par ailleurs, John craint comme la peste les retours d'invendus et les impayés. Il ne veut pas les susciter. Cette attitude peut se discuter. On pourra la trouver peu commerciale.

35 Une petite annonce bien alléchante

26 septembre

John, Wendy

John : – Wendy, lis ça !

Wendy lit attentivement une annonce découpée dans Livres-Hebdo, *un journal professionnel de l'édition.*

Wendy : – C'est tout à fait pour toi. Ils donnent l'impression de décrire ce que tu sais faire !

John : – Oui, c'est du sur mesure ! En plus, ils ne passent pas par un chasseur de têtes...

Wendy : – C'est compréhensible. Ils savent exactement ce qu'ils cherchent. Ils savent où travaillent leurs candidats potentiels. Ils n'attendent que les lettres, les CV et les photos : aucune raison de payer plus pour les avoir sur leur bureau !

John : – Tu as raison. Eh bien, on va s'y mettre ! Mais d'abord, il faut que je me fasse faire des photos...

Wendy : – Redonne-moi le texte de l'annonce...

Elle la relit avec soin.

Farget : Of course we do! It is aired here about a month later. Why?

John : Because Lucien Gaillot was on Pivot's show here, on September 23. And sales leapt from 300 a week to 300 a day!

Farget : That's great! Your author must have given a very good show! Look, I've got friends working for TV here.

I'll try to get hold of a preview of the show and above all find out what day "Bouillon de Culture" is going to be aired here...

But Mr. Caron, you waited until the very end to tell me this!

John : I like to keep the best for the end!

Farget : I will send out a new order as soon as I have confirmation of the date. Good-bye Mr. Caron!

John : Good-bye Mr. Farget! Let me know how the setting up is going!

35 An enticing ad

September 26

John, Wendy

John : Wendy, read this!

Wendy carefully reads an ad cut out from Livres-Hebdo, *a professional newspaper for publishers.*

Wendy : It's exactly for you. I get the impression they're describing exactly your skills!

John : Yes, it's cut out for me! Furthermore, they're not going through a head-hunter...

Wendy : That's understandable. They know precisely what they're looking for. They know where their potential candidates work. All they expect are letters, resumes and photos : no point in paying more to get them on their desk!

John : You're right. Well, let's get down to it! But first, I have to have some pictures made...

Wendy : Give me that ad again...

She reads it again closely.

TRICKS OF THE TRADE

Un-businesslike?

John obviously didn't mention the "Pivot effect" on purpose. Indeed he wanted to compare what was comparable and believed it was not a good idea to begin the negotiation by showing his trump card. Also John is terrified of returns of unsold books and outstanding accounts. He didn't want to cause them. Such an attitude is disputable. It could be considered un-businesslike...

Au fait...

Pron. « *résumé* » as in French.

Not to be confused with to resume = *reprendre.*

Watch out!

Photos = photos (GB), pictures (US).

Définition du meilleur candidat

Il ne vous a pas échappé que de plus en plus de petites annonces demandent « l'anglais, langue de travail », ou « la maîtrise *de l'anglais » déclarée indispensable, ou le bilinguisme, etc. Quand ce n'est pas la petite annonce elle-même qui est rédigée en anglais...*

En fait, sachez que, lorsqu'une petite annonce reçoit plusieurs centaines de réponses, l'anglais est l'un des critères de sélection pour départager les meilleures candidatures.
A contrario, *l'absence de connaissances en anglais vous écarte de la sélection finale ; quel que soit par ailleurs votre degré de compétence dans le job.*

Vous l'avez compris, vous vous démarquerez des autres candidat(e)s, grâce à l'anglais,
– d'abord en annonçant un niveau élevé en anglais (inutile de tricher, les entretiens d'embauche en anglais sont réalisés par des anglophones...) ;
– ensuite en passant avec succès vos entretiens d'embauche.

DIRECTEUR-ADJOINT DE LA VPC
pour les produits de langue française

L'un des tout premiers groupes mondiaux de presse et d'édition, nous concevons des produits (livres, disques...) répondant parfaitement aux besoins de nos clients.

Notre image, notre savoir-faire et notre expansion dans le monde entier fournissent à vos compétences et à votre ambition des enjeux à leur mesure.

Adjoint au directeur de la vente par correspondance pour les pays de langue française, placé sous l'autorité de ce dernier, vous êtes responsable de la vente par correspondance des livres à caractère encyclopédique.

Vous animez, en interne, une équipe de vingt personnes, et gérez des collaborateurs externes (maquettistes, traducteurs, rédacteurs...).

Vos responsabilités

• Entretenir d'excellentes relations avec les départements éditoriaux français, mais aussi avec les autres départements éditoriaux et commerciaux du groupe, aux États-Unis et dans le monde entier.

• Tenir compte du savoir-faire de notre groupe en matière de VPC pour réaliser des lancements de nouveaux produits à rendement élevé.

• Veiller au respect des plannings, du budget ; à l'image de qualité que véhiculent nos messages.

• Analyser les résultats, les comparer à ceux obtenus par les autres centres de VPC du groupe et en tirer des conclusions pour les actions à venir.

• Avoir le souci constant d'améliorer les rendements des actions promotionnelles dont vous avez la charge.

Votre profil

• De formation supérieure, vous avez déjà une solide expérience de la vente par correspondance. Une grande compétence en informatique vous permet de dominer la gestion des données.

• Âgé(e) d'une trentaine d'années, vous avez à votre actif des réussites, soit dans la création des messages, soit dans le domaine des fichiers (dossier de réalisations à présenter). La connaissance de la fabrication des dépliants et des catalogues constitue un atout.

• Votre maîtrise de l'anglais est excellente. Elle égale celle du français. Vous avez un esprit méthodique, suffisamment ouvert pour prendre en compte les suggestions des créatifs. Vous montrez des capacités d'organisation, de négociation et de décision ainsi qu'une grande aptitude à manager une équipe. Vous gérez des budgets importants.

• Telles sont les caractéristiques qui feront de vous l'homme ou la femme du poste.

• Si cette proposition vous intéresse, prière d'adresser votre dossier (CV, lettre manuscrite, photo) sous la référence 14703 à Swan and Bear Books, Direction des Ressources humaines, 78 bis, boulevard Saint-Michel, 75006 Paris.

DEPUTY DIRECT MAIL MANAGER
for French language products

As one of the world leaders in the field of press and publishing, we conceive products (books, records) that perfectly answer our clients' needs.

Our image, our know-how and our world-wide development will suit your skills and your ambition.

You will assist the direct mail manager for French-speaking countries, report to him and be in charge of mail-order sales of general reference books.

You will be in charge of a team of twenty within the company, as well as of some outside suppliers (graphic designers, translators, editors…).

Your responsibilities

• Liaise with the French editorial departments, as well as with the other editorial and sales departments of the group, in the U.S. and the rest of the world.

• Use our company's direct mail know-how to launch new products.

• Ensure projections and budgets are respected - as well as the quality image reflected by our advertisements.

• Analyse results, compare them with those of our other direct mail departments in order to plan ahead.

• Constantly try to improve the return on the promotions you are in charge of.

Your profile

• Having completed graduate studies, you already have extensive experience of mail-order selling. IT proficiency will enable you to oversee our data base.

• You are in your thirties and have successfully completed work in the field of copywriting or mailing lists (press-book requested). Knowledge of brochure and catalogue production is a plus.

• Your English is as good as your French. You have a methodical mind, and are open to the art department's suggestions. You enjoy organizing, negotiating, making decisions and managing a team. You can handle large budgets.

• These characteristics make you the man or woman we are looking for.

• If you are interested, please send your application (resume, cover letter, photo) to ref. 14703, Swan and Bear Books, HR Department, 78 bis, boulevard Saint-Michel, 75006 Paris.

No point in cheating!

You have surely noticed that more and more ads require a "working knowledge of English" or "fluent English" or "bilingual English", etc. If the ad isn't already in English.

You must indeed realize that when there are several hundred replies to an ad, English is the selection criterion which will enable the company to decide between the best candidates, whereas poor knowledge of English will keep you away from the final selection, no matter how skilled you are.

Thanks to English, you will be ahead of the other candidates
– if you can say your English is excellent (no point in cheating, the interviews in English are made by Anglo-Saxons);
– if you can successfully convince your employer-to-be during the interview.

Watch out!

IT = Information technology.

36 Une lettre de motivation et un C.V. vite envoyés

Dites-nous vos points forts !

La lettre d'accompagnement du CV ne doit jamais être négligée. Elle peut conforter le choix de l'employeur, en cas d'hésitation. Elle est, parfois, le document qu'il lit avec le plus d'attention.

En tout cas, lorsque les candidats sont difficiles à départager, ceux qui font l'impasse sur cette partie essentielle de leur envoi affaiblissent leurs chances de succès. Il serait donc absurde de votre part de passer beaucoup de temps à présenter le meilleur CV possible, tout en l'accompagnant d'une lettre bâclée en quelques minutes, alors que son rôle est aussi de vous vendre !

En définitive, en matière de sélection des candidats, on rencontre toutes les écoles et... pas mal de manies ! Si certains DRH disent ne pas lire la lettre, par manque de temps, et aller directement au CV, d'autres ne lisent qu'elle, assurant qu'une très bonne lettre ne peut émaner que d'un(e) bon(ne) candidat(e) !

27 septembre

Madame, Monsieur,

J'ai lu avec un très grand intérêt votre annonce parue dans Livres-Hebdo du 23 septembre 2005.

Comme plusieurs de mes compétences particulières rejoignent celles que vous recherchez pour ce poste de directeur-adjoint de la VPC, je vous adresse mon curriculum vitae en espérant que celui-ci retiendra votre attention.

- Titulaire du MBA en marketing de l'université de Columbia, je suis aujourd'hui directeur des Éditions Saville et Cie, maison d'édition spécialisée dans les livres professionnels illustrés, dont la majeure partie du chiffre d'affaires se réalise par la VPC.
- Depuis cinq ans, mon poste inclut la responsabilité de la production des campagnes de VPC. Nous produisons environ 25 messages différents par an.
- J'ai mené à bien la réorganisation complète de la société, afin de nous appuyer davantage sur des collaborations extérieures et d'améliorer de près de 50 % la rentabilité du budget de 400.000 € investi dans la VPC.

De père français et de mère américaine (États-Unis), ayant effectué mes études secondaires à Lausanne et mes études supérieures aux États-Unis, je suis évidemment bilingue français/ anglais.

Ma connaissance du métier d'éditeur et de celui de la VPC ainsi que les résultats que j'ai obtenus dans ce dernier domaine me laissent penser que je peux vous apporter les qualifications que vous attendez d'un directeur-adjoint de la VPC.

Je souhaite vivement avoir le plaisir de vous rencontrer, et je vous prie de croire, Madame, Monsieur, à l'expression de ma considération très distinguée.

John Caron

36 A resume and a cover letter promptly sent

September 27

Dear Sirs,

I read with great interest your advertisement published in Livres-Hebdo on September 23, 2005.

As several of my particular skills seem to meet your requirements for the position of Deputy manager of direct mail, I am enclosing my CV for your review and consideration.

- I have a Columbia University MBA (marketing) and am at the present time manager of Saville & Co., a publishing firm specialized in illustrated books for professionals,which are mainly sold through direct mail.

- For the past five years, my position has included managing the production of direct mail campaigns. We produce some 25 different mailings a year.
- I have achieved a complete reorganization of the company, in order to rely more on free-lancers and improve by almost 50% the profitability of the € 400,000 budget invested in direct mail.

My father is French and my mother American, and I went to high school in Lausanne before completing my graduate studies in the United States, so that I am obviously bilingual in English/French.

My knowledge of the publishing business as well as of direct mail, and the results obtained in this last field let me hope I can provide the qualifications you expect of the Deputy manager of your mail order department.

I hope we will have the opportunity to meet shortly to discuss your requirements in further detail.

Thank you for your consideration, and I look forward to your reply.

Yours sincerely,

John Caron

Competent in those fields?

Never underestimate the importance of the cover letter. It can convince a hesitant employer. It can also be the document he reads most closely. In any case, one thing is certain: when it is difficult to choose between candidates, those who have overlooked an essential element of the "package" have less chance of succeeding.
It would be silly to spend lots of time drafting the best possible resume, while sending it with a hastily written cover letter, which is supposed to sell you every bit as much as the resume!
Candidates are selected according to a variety of criteria... and funny habits too! If some human relations managers pretend not to read cover letters, having only time for resumes, others only read the cover letter, convinced that if it is very good, so is the candidate!

Ce qu'est une bonne lettre de motivation

La lettre d'accompagnement ne doit pas être le résumé du CV. Elle doit insister sur vos points forts.
Si vous répondez à une annonce comme le fait John, notez par ordre d'importance décroissante les desiderata *figurant dans l'annonce.*
Votre lettre devra montrer avec force et simplicité, exemples à l'appui, que vous êtes compétent(e) dans les mêmes domaines.

A tip!

In France, *N.P.A.I. = N'habite pas l'adresse indiquée.*

Curriculum vitae

JOHN CARON

né le 29 septembre 1976 à New York
38, rue Saint-Sulpice — Tél. personnel : 01 46 42 12 18
75006 Paris — (répondeur)

ÉTUDES

1993	Titulaire de la Maturité suisse et du Baccalauréat français (mention Bien).
1993-96	Marist College, Poughkeepsie, New York B.A. in Business Management and Marketing.
1996-98	Master of Business Administration de Columbia University, New York.

STAGES

juillet-août 1995	*Princeton Industrial Press* (participation à l'activité quotidienne. Secrétariat et frappe de textes).
juillet-août 1996	*Haar Kosmetik und Parfümerie GmbH (L'Oréal),* Düsseldorf (tournée de représentation et prise de commandes).
juillet-août 1997	*L'Usine Nouvelle,* Paris. Stage au département Marketing direct : préparation de la campagne de rentrée : contrôle des devis, des travaux, relecture et suivi des phases de l'opération (200 000 envois).

EXPÉRIENCE PROFESSIONNELLE

janvier 2005 à aujourd'hui	Directeur des éditions Pierre Saville & Cie.
janvier 2002-décembre 04	Directeur-adjoint des éditions Pierre Saville & Cie.
février 2001-décembre 01	Chef de produit aux éditions Pierre Saville & Cie.
janvier 2000-décembre 00	*Time Magazine,* Londres. Adjoint au directeur de la diffusion. Préparation des dossiers permettant au directeur d'arbitrer entre plusieurs projets : budget de chacun d'eux, estimation de leur rentabilité, matériel publicitaire prévu, tests de différents fichiers. J'ai étudié particulièrement les relations avec la Poste (conditions à remplir pour bénéficier de tarifs postaux particuliers, routage, diminution des N.P.A.I., etc.).

Resume

JOHN CARON

born September 29, 1976 in New York
38, rue Saint-Sulpice — Home phone : 01 46 42 12 18
75006 Paris — (answering machine)

EDUCATION

1993 Swiss Maturité and French Baccalauréat *(magna cum laude).*

1993-96 Marist College, Poughkeepsie, New York
B.A. in Business Management and marketing.

1996-98 Columbia University, New York
Master of Business Administration.

INTERNSHIPS

July-August 1995 *Princeton Industrial Press* (day-to-day office activities. Secretarial work).

July-August 1996 *Haar Kosmetik und Parfümerie GmbH (L'Oréal),* Düsseldorf, sales representation. Taking orders.

July-August 1997 *L'Usine Nouvelle,* Paris. Direct mail department : preparing the September campaign : controlling invoices, jobs, proof-reading and follow-up of the various stages (200,000 mailings).

PROFESSIONAL EXPERIENCE

Jan. 2005-to date Manager of Pierre Saville & Co.

Jan. 2002- Dec. 04 Deputy-manager of Pierre Saville & Co.

Feb. 2001-Dec. 01 Product manager for Pierre Saville & Co.

Jan 2000-Dec. 00 *Time Magazine,* London. Assistant to the distribution manager. Preparing files allowing to choose between several projects : budget, estimated return, advertising material, tests on different lists.

I particularly studied the relationship with the Post Office (conditions required for better rates, dispatching, lowering the amount of wrong addresses).

TRICKS OF THE TRADE

Point out your strengths!

The cover letter must not sum up your resume. It must point out your strengths.
If you answer an ad in the same way that John does, list the most important requirement in the ad first.
Your letter must show in a subtle yet obvious manner, giving examples, that you are competent in those fields.

Watch out!

Stage = training course (GB), training period (GB), internship (US).

Stage pédagogique = teaching practise.

Aïe !

Jusqu'à aujourd'hui = to date.

Never : to today, avoid : until today.

Voilà ce que j'ai fait !

La présentation d'un CV dans l'ordre chronologique inverse a l'avantage d'indiquer à l'employeur le niveau auquel vous vous situez au moment où il vous lit.
Dans cette présentation, vous donnerez le dernier emploi occupé et le nom de votre employeur ; puis l'avant-dernier, etc.
La présentation chronologique traditionnelle ou inversement chronologique se lit vite et bien. Elle fait donc apparaître les « trous » de votre CV.

Mais vous n'avez peut-être pas envie d'insister sur votre dernier job. D'où l'importance de donner un coup de projecteur sur votre savoir-faire en rédigeant une formule mixte de CV qui permettra de souligner vos points forts tout comme vos réussites tangibles.
John a jugé cette formule parfaitement adaptée à son cas.

PROFIL

Pendant un an, je me suis initié à la vente par correspondance d'ouvrages à caractère professionnel achetés par des entreprises. Puis j'ai dirigé la maison d'édition, éditant et vendant ces livres. J'ai réduit sensiblement les coûts de production pour maintenir la marge brute pendant la période qui a suivi les attentats terroristes du 11 septembre 2001, où les ventes étaient difficiles.

J'ai lancé, animé et contrôlé chaque année vingt-cinq actions de VPC (au total, une centaine).

Dans la partie éditoriale : J'ai fait travailler des auteurs – tous de grands professionnels dans leur domaine de compétence – pour que les livres soient adaptés aux besoins de nos acheteurs.

Dans la partie commerciale : Pleinement responsable de mes investissements, j'ai contrôlé le rendement des sommes investies et cherché sans cesse à l'améliorer. La rentabilité de la VPC est passée de 2,10 % (2001) à 3,4 % (2005) pour un prix moyen d'ouvrage de 78 €.

J'ai obtenu ces gains de productivité en m'appuyant sur les connaissances techniques des spécialistes, tant dans la gestion des fichiers que de la rédaction de messages et de leur fabrication, jusqu'à acquérir une partie de leur savoir-faire.

LANGUES

Bilingue anglais / français
Allemand très courant (première langue dans mes études secondaires)
Notions d'espagnol (Amérique du Sud)

ACTIVITÉS DIVERSES

Tennis : champion universitaire des États-Unis (année 1995/96)

Amateur d'échecs

Voyage de quatre mois dans plusieurs pays d'Amérique du Sud et d'Amérique centrale (juillet-novembre 1999) (Mexique, Guatemala, Pérou, Bolivie, Argentine).

SUMMARY OF SKILLS AND EXPERIENCE

For one year I learnt about mail-order selling of professional books bought by companies. I then managed the company, publishing and selling these books. I greatly reduced production costs in order to maintain the gross margin after the 9/11/01 terrorist attacks, when sales were difficult.

Each year I launched and supervised twenty-five mailings (a total of about one hundred).

In the editorial field : I supervised authors' work - all great professionals in their field - to ensure books fit the needs of our readers.

In the commercial field : Entirely responsible for my investments, I controlled the return of sums invested and endeavoured to improve it constantly. The mail-order return went from 2.1% (2000) to 3.4% (2005) for an average € 78 retail price book.

I increased productivity by relying on the specialists' technical skills, in the use of mailing lists, copywriting and production, and also acquired some of their know-how.

LANGUAGES

English/French : bilingual
German : fluent
Some Spanish

OTHER

Tennis : U.S.University champion (1995/96).

Chess

Travel, namely four months in various South and Central American countries (July/Nov.1999) (Mexico, Guatemala, Peru, Bolivia, Argentina).

TRICKS OF THE TRADE

John's CV : the efficiency of the combined format

The advantage of a reverse chronological format CV is that your employer immediately knows what level you have reached.
In this format you state the last position held first, and the name of your present employer ; then the one before that, etc.
It has become the traditional format, it can be easily and quickly read. However it shows the "gaps" in your employment history.
Moreover, your last job may not be the one you wish to emphasize. This is why it is important to highlight your skills, through a "combined format" which enables you to underline briefly your strengths as well as your accomplishments. This is how John chose to sell himself.

What your employer-to-be wants to know

Achievements are always the best guarantee for your employer-to-be. Don't hesitate to give details and figures illustrating them!

37 L'entretien avec le directeur du département : savoir se vendre

14 octobre

John, William Thomas

John a reçu une réponse de Swan and Bear Books le priant de prendre contact avec William Thomas. Ce dernier est directeur de la vente par correspondance pour les pays de langue française.
John et William Thomas sont convenus d'un rendez-vous le vendredi 14 octobre.

John se présente à William Thomas, qui est venu l'accueillir.

John : – John Caron.

William Thomas : – William Thomas.

Vous n'avez pas eu trop de mal à nous trouver, M. Caron ?

John : – Aucun mal, vos explications étaient très claires.

Ils se dirigent vers le bureau de William Thomas, s'assoient et, après deux minutes de conversation, l'entretien commence :

William : – Pourquoi souhaitez-vous quitter la société où vous êtes, M. Caron ?

John : – Cette société est très dynamique. J'y ai appris tout ce que je sais en édition. J'y ai de larges responsabilités puisque je rends compte directement à son président.

J'y suis très heureux et nous obtenons d'excellents résultats, mais cela fait quatre ans que j'y travaille, je vais bientôt avoir trente ans, et je souhaite désormais élargir mon expérience.

Quand j'ai lu votre annonce dans *Livres-Hebdo* et *Le Monde,* j'ai pensé que mes aptitudes pouvaient être utiles à votre société...

William : – Et vous avez eu raison, puisque nous avons souhaité vous rencontrer... Dites-moi, que faites-vous précisément chez Saville ? Pouvez-vous me décrire votre poste en me donnant quelques détails ?

John : – Saville est une maison d'édition spécialisée dans les livres pour les entreprises vendus principalement en VPC et par quantités, à des entreprises ou des fédérations.

Ne faisons pas comme d'habitude !

En général, lorsqu'une entreprise procède elle-même à un recrutement sans passer par un chasseur de têtes, la première sélection est opérée par le directeur des Ressources humaines, et les premiers entretiens aussi.

Pour cette candidature, l'ordre a été inversé, (il n'y a pas de règle absolue dans ce domaine) car les deux collaborateurs de « SABB » en ont décidé ainsi, à la demande de W. Thomas.

37 An interview with the department manager :

how to sell yourself

October 14

John, William Thomas

John has received an answer from Swan and Bear Books, asking him to get in touch with William Thomas, who manages the direct mail department for French speaking countries.
John and William Thomas have agreed on an appointment on Friday, October 14.

John introduces himself to William Thomas, who has come out to greet him.

John : John Caron.

William Thomas : William Thomas.
You didn't have too much trouble finding us, Mr. Caron?

John : None at all, your instructions were perfectly clear.

They walk over to William Thomas' office and sit down. After two minutes of small talk, the actual interview begins.

William : Why do you want to leave your present position, Mr. Caron?

John : The company I'm working for is just booming. I learnt everything I know about publishing there. I have extensive responsibilities, since I report directly to the President.

I am very happy and our performance has been most satisfactory. But I've been working there for four years. I'll soon be thirty, and I would like to broaden my field of experience.

When I saw your ad in *Livres-Hebdo* and *Le Monde,* I thought my abilities might be an asset for your company…

William : And you were right, since we asked to see you. Tell me exactly what you did at Saville's. Can you describe your job in some detail?

John : Saville is a publishing house which specializes in business books, mainly sold through mail-order, and, in large quantities, to companies and federations.

Who does what?

When a company hires someone directly without going through a head hunter, the Director of Human Resources makes the first selection and the first interviews.
In this case, the order was inverted (there is no general rule in this field) following the two colleagues' decision, upon W. Thomas' request.

TRICKS OF THE TRADE

Like, love, enjoy!

To like = *aimer bien.*

I like your dress, the new boss…

To love = *aimer, adorer.*

I love my husband, chocolates.

I'd love to = *j'aimerais beaucoup.*

To enjoy = *aimer bien quelque chose ou faire quelque chose.*

You'll enjoy this play = *Cette pièce vous plaira.*

I enjoy drinking Bordeaux = *J'aime bien boire du bordeaux.*

Bonne journée !

In shops or upon leaving you, Americans often say "Enjoy !" meaning "Have a nice day !"

Nous vendons aussi, par l'intermédiaire d'un diffuseur, à un réseau de libraires spécialisés. C'est une société de quatorze personnes dont le CA est de l'ordre de 4.600.000 €.

William : – Bruts ou nets ?

John : – Nets, une fois les remises déduites, donc. L'entreprise fait largement appel aux compétences extérieures (maquettiste, correcteurs, etc.). Son président, Pierre Saville, se réserve les contacts avec les présidents et directeurs généraux des entreprises dont nous cherchons à obtenir la clientèle.

Il me délègue tout ce qui a trait à la production du programme éditorial et du matériel de VPC, sous réserve de respecter un cahier des charges et un budget qu'il a approuvés.

Je partage mon temps, à parts à peu près égales, entre l'édition des livres et celle du matériel de promotion que je rédige moi-même.

William : – Vos activités sont larges et c'est sûrement formateur. Est-ce que vous vous rendez compte, M. Caron, que, dans une entreprise aussi importante que la nôtre, il est tout à fait impossible de s'occuper à la fois d'édition et de questions publicitaires ou commerciales ?

John : – Bien sûr ! Le fait que j'aie répondu à votre annonce montre que je l'ai compris. Si vous aviez proposé un poste éditorial, je n'aurais pas répondu parce que, dans ce domaine, je n'ai pas la formation ni probablement les dons requis pour devenir un grand éditeur.

En revanche, je souhaite me spécialiser encore davantage dans les rouages de la vente par correspondance. C'est dans cette voie que je désire continuer ma carrière.

Travailler dans un groupe d'édition tel que le vôtre comblerait le Franco-Américain que je suis !

William : – À votre sortie de Columbia, vouliez-vous déjà travailler dans l'édition ?

John : – Je voulais choisir un produit ou un secteur dans lequel je me sentirais bien. C'était le cas avec l'édition.

Cela l'aurait été aussi avec la presse ou la publicité. J'ai toujours eu des atomes crochus avec la chose imprimée…

Ce qui m'a plu – et me plaît encore – chez Saville, c'est l'animation d'une équipe composée de collaborateurs internes ou extérieurs qualifiés qui attendent de moi que j'organise bien le travail.

William : – Pourriez-vous me montrer quelques-unes des campagnes que vous avez menées à bien ?

John sort un dossier de son attaché-case et le tend à W. Thomas. Ce dernier lui pose des questions précises sur la cible de la campagne, les moyens mis à sa disposition, les fichiers, les rendements…

We also sell, through a distributor, to a network of specialized bookstores. The company employs fourteen people and its turnover is somewhere around € 4,600,000.

William : Gross or net?

John : Net, that means after all discounts. The company uses a lot of free-lancers (layouts, proof-reading, etc.). Its President, Pierre Saville, takes care of contacts with chairmen and CEOs of the companies we wish to become clients of.

He relies on me for everything that has to do with producing editorial programs and mail-order paraphernalia, provided I remain within the specifications and budget he has approved.

I devote an equal amount of time to publishing the books and producing the promotional material, which I personally write.

William : Your activities are widespread, and certainly instructive. Do you realize, Mr. Caron, that in a company as big as ours, it is quite impossible to deal both in publishing and in commercial or advertising fields?

John : Of course! The fact I answered your ad means I'd understood that! If you had offered an editorial position, I wouldn't have answered it, because in that field I lack experience and probably also the gifts required of a great editor.

On the other hand, I would like to become even more involved in the intricacies of mail-order selling. That's the road I would like my career to follow.

Working for a publishing group such as yours would be wonderful for a Franco-American like me!

William : When you finished Columbia, had you already planned to work in publishing?

John : I wanted to choose a product or sector I would feel comfortable with. Such was the case with publishing.

It would also have been true of journalism or advertising. I've always had a thing for the printed word...

What I liked then, I still do today. At Saville's, I enjoy managing a team of qualified colleagues, inside or outside the company, who rely on me to organize the work.

William : Could you show me a few of the successful campaigns you worked on?

John gets a file out of his briefcase and hands it to Mr. Thomas. The latter asks him pointed questions on the targets of the campaigns, the means given to him, mailing lists, returns...

Aïe !

20 million francs; and never : 20 millions francs !

English made simple!

Paraphernalia = *bazar, attirail, tout ce qui va avec.*

Despite the complicated spelling, this word is very often used in spoken English.

Is he the publisher or the editor?

The French language makes no difference between the publisher *(la société qui édite = l'éditeur)* and the editor who works on the manuscript *(l'éditeur).*

editor = *rédacteur (dans la presse), éditeur (dans l'édition).*

Keep it in mind!

Do you mind if I bring my dog? = *Puis-je amener mon chien ?*

Mind the stairs! = *Attention à l'escalier.*

I wouldn't mind having some lunch = *J'aimerais bien déjeuner.*

to be out of one's mind = *avoir perdu la tête.*

If the phone rings again, I'll go out of my mind = *Si le téléphone sonne encore, je vais devenir fou !*

to change one's mind = *changer d'avis.*

(to be continued...)

John répond sobrement tout en donnant des chiffres arrondis et en commentant les résultats obtenus lors d'une campagne.

William *(changeant de sujet)* **:** – J'ai vu dans votre CV que vous aviez été champion universitaire des États-Unis en tennis. C'est tout à fait impressionnant !

John *(riant)* **:** – Oui ! Moi-même, à l'époque, ça m'avait impressionné ! C'était il y a huit ans, une année où j'avais bien joué... Après, je n'ai plus jamais joué autant et j'ai bien décliné !

William : – Enfin... c'est un titre magique. Vous n'avez jamais été tenté de faire une carrière professionnelle ?

John : – On me l'a proposé. Mais cela ne me tentait pas du tout. Les cadences infernales du tennis et la ronde, également infernale, des fuseaux horaires ne me paraissaient pas une fin en soi...

38 L'entretien : la description du poste
ou savoir écouter

14 octobre

John, William Thomas

William : – M. Caron, si vous le voulez bien, je vais maintenant vous parler de la société et du poste que nous proposons. Et nous allons ensemble examiner si ce poste peut vous convenir... et inversement !

John : – Je vous en remercie.

William : – Nous sommes une société américaine leader dans son domaine. Son domaine c'est la vente par correspondance au grand public, de livres, d'albums, de disques.

Mais nous ne fonctionnons pas comme un club de livres qui offre chaque mois des nouveautés à ses clients par l'intermédiaire d'un bulletin.

Or, ces « nouveautés » sont en réalité des livres déjà bien connus : un prix Goncourt décerné neuf mois plus tôt, par exemple.

Notre méthode est différente. Nous créons pour notre public – qui a une confiance absolue en nous – un produit spécifique et unique ! Il n'a jamais été réalisé par nous auparavant. Il ne le sera plus, en tout cas, pas avant longtemps !

John answers quietly, giving rounded figures and commenting on the results of various campaigns.

William *(changing the subject)* **:** I saw in your resume that you had been the U.S. university tennis champ. That's quite impressive!

John *(laughing)* **:** Yes! I even impressed myself at the time! That was eight years ago, a year I was playing really well... I never played as much after that, and since then, I've really gone downhill!

William : Well... it's quite an achievement. You never considered becoming professional?

John : I did get an offer. But I wasn't at all tempted. The demented schedule of tennis, and the just as demented dance of time differences didn't seem to make it worth the while...

38 The interview : job description
or how to listen

October 14

John, William Thomas

William : Mr. Caron, if you wish, I shall now tell you about our company and the position we are offering. And we'll see together whether the position suits you... and vice versa!

John : Thank you.

William : We are the leading American company in our field, which is mail-order selling of books, albums and records to the general public.

But we don't operate in the same way as book clubs that offer new titles to their customers every month via a newsletter.

For these "new titles" are in fact already well-known books : a prix Goncourt that was awarded nine months earlier, for instance[1]!

Our system is different. We create for our audience – which has absolute faith in us – a specific and unique product! Something we have never offered before. And won't again. Or won't for a long time in any case!

TRICKS OF THE TRADE

Keep it in mind!
continued

To come to mind = *venir à l'esprit.*

What do you have in mind? = *À quoi pensez-vous [précisément] ?*

Keep / Bear / in mind that... = *Souvenez-vous que...*

to make up one's mind = *décider, se décider.*

It has slipped my mind = *Ça m'est sorti de la tête.*

to my mind = *à mon avis.*

with this in mind = *dans cette perspective.*

I'll give him a piece of my mind ! = *Je vais lui dire ce que j'en pense ! (et je n'en pense pas de bien !)*

1. The *« prix Goncourt »* is a famous French literary prize.

John : – Pardonnez-moi de vous interrompre. Est-ce que vous permettez que je prenne des notes ?

William : – Mais bien entendu ! Où en étais-je ? Nous adaptons un titre à ses divers marchés, mais le principe d'édition reste le même d'un pays ou d'un continent à l'autre.

Ce principe, c'est éditer un livre qui peut intéresser tous les foyers, sans exclusive.

Ainsi, nous avons produit cette année un *Atlas des oiseaux d'Europe,* alors que nous avons abandonné l'idée de faire un *Atlas des voiliers,* parce que trop de lecteurs habitent loin de la mer…

Nous travaillons en respectant une règle : nous prétestons et testons tous nos produits, et nous retestons en France et dans tous les pays d'Europe les produits issus d'un succès américain.

Des deux côtés de l'Atlantique, les intérêts ne sont pas les mêmes… Nous n'avons jamais regretté nos tests !

Don't forget!

Où en étais-je ? = Where was I?

John : – C'est une belle mécanique !

William *(de plus en plus enthousiaste)* **:** – Oui, c'est tout à fait ça ! Il y a donc des équipes éditoriales qui façonnent et fabriquent un livre, ou un album qui, toutes langues confondues, peut être vendu à trois millions de personnes…

William est interrompu par le téléphone. « Je le rappellerai tout à l'heure. »

Il reprend :

J'en viens maintenant à ce poste. Nous recherchons l'adjoint au directeur en charge de la VPC des livres de langue française… c'est-à-dire mon adjoint.

Je sais aujourd'hui que, dans trois ans, je serai affecté à un autre poste, dans un autre pays.

J'ai donc trois ans pour former mon successeur : ce poste d'adjoint doit devenir dans trois ans celui de directeur responsable de la VPC.

A tip!

Directeur = director (GB), manager (US).

Administrateur = director (in both countries).

Managing director = *directeur général.*

John : – N'y a-t-il pas une limite d'âge pour remplir cette fonction ?

William : – Dans trois ans, vous aurez trente-deux/trente-trois ans. Vous travaillerez depuis huit ans, environ. Nous confions des responsabilités importantes à des personnes de cet âge, surtout si nous connaissons déjà bien leurs aptitudes…

John : Sorry for interrupting, but do you mind if I take notes?

William : Of course not! Where was I? We adapt a title to its various markets, but the publishing principle remains the same from one country to another.

This principle is to publish a book which can be of interest to absolutely everybody, excluding nobody.

Thus, we produced this year an *Atlas of European birds,* whereas we gave up the idea of an *Atlas of sailboats,* because too many readers live far from the sea...

We work following a strict rule : we pre-test[1] and test all our products, and we test again, in France and in all the European countries, the products which were successful in the States.

On both sides of the Atlantic, interests are not the same... we have never regretted our tests!

John : Pretty well oiled machinery!

William *(warming up)* **:** Yes, that's exactly it! So there are editorial teams who design and produce a book, or an album, which, if you put all the languages together, can be sold to three million people...

William is interrupted by the phone. "I'll call him back later."

He pursues :

Now, let's get down to the position. We are looking for the assistant to the manager in charge of French mail-order books... in other words my assistant.

I have just been told that in three years I will be given another position, in another country.

So I have three years to break my successor in. In three years, this assistant's job will lead to that of manager of the direct mail department.

John : Isn't there a minimum age for filling that position?

William : In three years, you'll be thirty-two/thirty-three. You will have about eight years' experience. We do entrust people that age with vast responsibilities, especially if we are already well aware of their abilities...

A tip!

Deputy manager = *directeur-adjoint.*

assistant to the manager = *adjoint au directeur.*

1. A pre-test is a preliminary survey by mail.

39 L'entretien : je suis l'homme du poste !

Jugez par vous-même !

Dans les grandes entreprises anglo-saxonnes, on ne badine pas avec la discipline ; ce que les Français ne soupçonnent pas toujours.
W. Thomas le rappelle à John car il craint que l'autonomie qui lui a été accordée chez Saville le prédispose à ne pas respecter les procédures d'un groupe international.
C'est à John de le convaincre du contraire. Il semble s'être préparé à cette question...

14 octobre

John, William Thomas

William : – J'en termine. Ce poste doit être confié à un Américain ou à un Anglais, car notre conseil d'administration est encore en majeure partie américain.

Ce peut être un homme ou une femme, cela nous est indifférent, mais ce doit être une personnalité exceptionnelle, car nous voulons en faire, en trois ans, un des cinq meilleurs spécialistes mondiaux – et reconnu comme tel par ses pairs !

Le poste que nous proposons aujourd'hui est un poste où l'on est contrôlé et jugé... Mais on y est aussi encadré et soutenu ! Bref, nous sommes un grand groupe ; nous savons ce que nous faisons et ce que nous voulons...

(Puis changeant de ton, brusquement, et prenant une attitude de commandement :)

M. Caron, notre société a une discipline de fer. Chacun y travaille beaucoup mais de façon détendue.

Il faut pourtant savoir que les procédures doivent être respectées. Il se peut que ce style de fonctionnement soit très différent de celui que vous connaissez...

John : – J'ai beaucoup réfléchi à cela... au fait que la grande VPC, celle des catalogues, des clubs, ou d'un système de création comme le vôtre, implique d'énormes investissements et une connaissance fine de la statistique... pour ne prendre de risques que dans des limites établies d'avance.

J'imagine bien que le compte rendu de ses propres activités et le respect de toutes les procédures maison font partie du contrat !

William : – La grande difficulté dans ce métier, c'est d'améliorer. Il ne s'agit pas de réinventer !

John : – Pour ma part, j'ai très envie de travailler chez vous et, si je puis dire, avec vous. Il n'y a que dans les grandes sociétés comme la vôtre, où l'on traite de gros volumes d'affaires, qu'on apprend toutes les finesses d'un métier...

39 The interview : I'm the man for the job!

October 14

John, William Thomas

William : And finally, this position must be given to an Englishman or an American, because our board is still mostly American.

It may be a man or a woman, we are open to either, but it must be someone with an exceptional personality, because we want him or her to become, within the next three years, one of the five best specialists in the world - and considered as such by his or her peers!

The position we are offering today is a position where one is supervised and judged... but also backed and supported! In short, we are a large group; we know what we are doing and what we want...

(A sudden change of tone, becoming more commanding :)

Mr. Caron, our company keeps very strict discipline. Everybody works hard but in a relaxed atmosphere.

However, procedures must be respected. This kind of set-up may be very different from what you have experienced...

John : I've given this a great deal of thought... I mean, to the fact that major direct mail companies, those who have catalogues, clubs, or who create products as you do, make enormous investments and require fine knowledge of statistics... in order to keep risks within a predefined framework.

I quite understand that accounting for one's own activities and respecting company rules are part of the deal!

William : The hardest, in this game, is improving things. There's nothing to re-invent!

John : As far as I'm concerned, I would be very pleased to work for your company and, if I may say so, with you. It's only in companies as large as yours, where a vast amount of business is done, that one can learn all the subtleties of the trade...

Discipline is no joke!

In large US/British companies, discipline is no joke! – something the French do not always understand.
W. Thomas underlines this here, because he fears that the great amount of freedom John has had at Saville might induce him not to respect the necessary procedures in an international group.
It's John's job to convince him that such is not the case. He actually seems to have expected this question.

Enfin, je crois comprendre ce que vous entendez par discipline. Ça ne m'effraie pas. Je suis un homme d'organisation, de rigueur.

William : – M. Caron, Réfléchissez à tout cela. *(Il se lève ; John en fait donc autant.)* J'ai été très heureux de vous rencontrer.

Voulez-vous avoir l'obligeance d'appeler dès demain notre directeur du personnel – il s'agit de Mme Louise Baxter – pour prendre rendez-vous avec elle. J'aimerais qu'elle vous rencontre. C'est elle qui gardera le contact avec vous. Bonne chance !

William Thomas raccompagne John jusqu'à l'ascenseur. Ils se saluent. William revient à son bureau, ferme la porte et compose un numéro de téléphone.

William : – Allô, Louise ? Vous savez combien j'ai horreur de faire votre métier ; j'ai l'impression que c'est moi qui passe l'entretien… mais, enfin ! j'essaie de tenir mon rôle convenablement, sans être certain de réussir !

Bon. Louise, je viens de voir le second de nos quatre candidats[1]. Il me plaît beaucoup. Il est américain par sa mère et de père français. Il me semble qu'il a pris ce qu'il y a de mieux dans les deux pays.

Du point de vue professionnel, il a commencé il y a quatre ans chez Saville. Une maison d'édition très dynamique. Petite boîte de quinze personnes. Chacun y fait tout ! J'ai commencé comme ça… ce n'est pas plus mal ; ça permet de savoir ce que les autres font.

Il m'a apporté un dossier des campagnes auxquelles il a participé. C'est solide. Ils n'ont pas d'argent, bien sûr, mais c'est professionnel, ça a de la qualité. Ce Pierre Saville a une réputation, d'ailleurs…

Je lui ai demandé de vous appeler. J'aimerais bien avoir votre avis sur lui… parce que, moi, vous savez, je suis influençable, je raconte ma vie… Je serais un détestable directeur du personnel !

À propos, je n'ai pas parlé d'argent. Je vous laisse le faire ! Bon week-end !

Louise Baxter, à part elle :

Louise : – C'est un gros malin, William ! Quand il veut quelqu'un ou quelque chose, il sait y mettre la manière !

À chacun son job !

Dans les entreprises, les gens sont incroyablement sensibles à leurs prérogatives. C'est pourquoi W. Thomas prend soin de « rendre compte » à L. Baxter de son entretien, de sorte que John ne devienne pas, malgré lui, « le candidat de William » entrant en compétition avec ceux de Louise !

1. *Des quatre candidats que nous avons retenus ensemble.*

Also, I believe I understand what you call discipline. That doesn't scare me. I enjoy accuracy and organization.

William : Mr. Caron, take some time to think about all of this. *(He gets up, so does John.)* I was very pleased to meet you.

Will you be kind enough to call our Personnel Manager tomorrow - Mrs. Louise Baxter - to make an appointment with her. I would like her to meet you. She will keep you informed. Good luck!

William walks John to the elevator. They shake hands. William comes back to his office, closes the door and dials a phone number.

William : Hello, Louise? You know how I hate to do your job; I feel I'm the one who's being interviewed... Well, anyway! I try to do my best, I'm not sure it's a success!

So, Louise, I've just seen the second of the four applicants we selected. I like him a lot. His mother is American and his father French. It seems he's taken the best of both countries.

From a professional point of view, he started at Saville four years ago. It's a very dynamic publishing house. Small, fifteen people. Everybody does a bit of everything! That's how I started... it's not a bad thing, you get a chance to learn what the others do.

He showed me a file of the campaigns he worked on. It's solid stuff. They have no money, of course, but they're professional, the quality is there. Pierre Saville actually has quite a reputation...

I asked him to call you. I'd like to have your opinion of him... You know how easily influenced I am, I end up doing all the talking... I'd be a very poor head of personnel!

By the way, we didn't talk about money. I'll leave that to you! Have a nice weekend!

Louise Baxter, to herself :

Louise : Smart guy, William! When he wants someone or something, he knows how to get around you!

TRICKS OF THE TRADE

A smart guy, William!

In fact, William is the one who asked to see John. He is now pretending not to know how to conduct an interview, because he's afraid he might have hurt Louise's feelings by taking over what is her job.
Indeed, people are very sensitive about their prerogatives within the company. This is why William Thomas is careful to "report" to Louise Baxter after the interview, so that John doesn't become, in spite of himself, William's candidate, competing with Louise's.

A lapse of memory?

William has forgotten that the interview having taken place on a Friday, John would have to wait until Monday before he could call Louise Baxter.

40 L'entretien avec la directrice des ressources humaines

20 octobre

John Caron, Louise Baxter

John *(après les présentations)* **:** – Merci de me recevoir.

Louise : – Asseyez-vous, je vous prie. J'ai lu votre curriculum vitae et, par ailleurs, M. Thomas m'a parlé de vous.

M. Thomas est plus à même que moi de vous décrire le poste pour lequel nous recrutons et de juger de votre aptitude à la remplir au mieux.

Voulez-vous que nous examinions ensemble la carrière qui peut être la vôtre dans notre société ? À ce sujet, je crois que vous venez d'une petite structure.

N'avez-vous pas peur des contraintes et des pesanteurs d'une grande entreprise ?

John : – Je viens d'une petite structure et cela m'a donné la chance de travailler avec Pierre Saville, un grand professionnel. Il m'a appris en grande partie ce que je connais de ce métier.

De plus, la politique de la maison est de travailler avec de bons spécialistes dans tous les domaines. Ils sont des pédagogues efficaces pour qui sait les écouter.

Dans une petite société, on apprend l'essentiel : que l'existence même de l'entreprise dépend des solutions que l'on apporte aux difficultés qu'elle rencontre.

Je ne suis pas sûr qu'il y ait moins de contraintes et de pesanteur dans ces petites structures que dans une grande !

Aujourd'hui, j'ai la certitude qu'en travaillant dans un groupe tel que le vôtre, je me spécialiserai davantage. Là où la VPC est l'activité principale, il y a bien sûr une politique de groupe et une discipline à suivre. Cela me paraît normal.

Louise : – Vous travaillez directement avec M. Saville. Vous êtes donc très proche de lui. Avez-vous une idée de ce qu'il pense de vous ?

John : – Pierre Saville agit non seulement en patron, mais aussi en personne qui a monté et développé sa propre société. C'est dire qu'il pousse très loin l'exigence. Il trouve souvent qu'on n'en a jamais fait assez et qu'on aurait pu obtenir un peu plus.

A bit of savoir-faire!

N.B. : "Savoir-faire" means *« savoir-vivre »* in French.

savoir-faire = know how.

The French tend to shake hands around the office every morning. The Anglo-Saxons shake hands very formally the first time they are introduced, but are most surprised to see French people shaking hands constantly in an informal manner.
If you work in a French company, be ready to extend your hand, every morning, if you're a man; and to exchange kisses if you're a woman! Otherwise you'll be considered a snob, or hurt people's feelings.

40 The interview with the head of personnel

October 20

John Caron, Louise Baxter

John *(after everybody has been introduced)* **:** Thank you for seeing me.

Louise : Please sit down, Mr. Caron. I've read your resume, and Mr. Thomas also told me about you.

Mr. Thomas is in a better position than I am to describe the post we have an opening for, and to decide whether you'll be the right person or not.

Would you like us to study together what your future can be in our company? I believe you're presently working for a small company.

Aren't you afraid of the constraints and obligations a large company implies?

John : I do work for a small company, in which I was lucky enough to team up with Pierre Saville, who's a true professional. He taught me most of what I know about the trade.

Moreover, the company's policy is to use the best specialists in every field. They're excellent teachers, if you're eager to learn.

In a small company, one learns the essentials : that the company's very life depends upon the solution found to the problems that arise.

I'm not sure there are less constraints and obligations in those small companies!

Today, I'm positive that by working for a company such as yours, I'll become more qualified. When direct mail is the main activity, it's natural to have a company policy and house rules.

Louise : You work directly with Mr. Saville, so you're very close to him. Do you know what his opinion of you is?

John : Pierre acts not only as a boss, but as a man who set up and developed his own company. Which means he's very demanding. He tends to find we never get enough done, and could have done better.

It was a close call!

Close = *proche.*

a close friend = *un ami proche.*

The office is very close = *Le bureau est tout à côté.*

It was a close call! = *Je m'en suis sorti de justesse !*

a close election = *une élection serrée.*

It was a close guess = *Je n'étais pas loin ! [en disant ça].*

He came close to being fired = *Il a failli se faire virer.*

≠ to close = *fermer.*

Mais il est « fair-play » et dit volontiers que l'équipe que nous formons est efficace. Je prends cet éloge adressé au binôme comme un compliment personnel !

Je crois aussi que Pierre Saville a confiance en moi. Il délègue largement. Je ne pense pas qu'il aurait poussé aussi loin la délégation s'il avait eu des réticences professionnelles à mon égard.

Cela dit, Pierre Saville se préoccupe de sa société avant de penser à ses collaborateurs. En cela, il est un chef d'entreprise tel que l'époque les façonne.

Louise : – M. Caron, comment réagissez-vous lorsqu'on vous critique ?

John : – Depuis longtemps, j'ai appris à vivre avec la critique. Pas seulement celle de mes collaborateurs ou de ma hiérarchie, mais aussi celle du public. La vente par correspondance est une école d'humilité.

Si le public n'apprécie pas ce que vous proposez, il n'achète pas. Cette critique-là est silencieuse. Elle n'en est pas moins destructrice !

Quant à la critique qui provient de ceux qui vous entourent, elle est un miroir : elle nous en apprend beaucoup sur nous, sur ceux dont elle provient, sur notre façon de travailler.

Je l'accueille sans plaisir, mais elle me permet de m'améliorer, ce qui la rend supportable, et, somme toute, nécessaire. En fait, je crois qu'elle me stimule !

Pas facile de répondre !

Ici, Louise Baxter joue un rôle classique dans les entretiens d'embauche, même si tout le monde ne pratique pas ce genre de sport : elle cherche à « déstabiliser » le candidat pour savoir comment celui-ci réagit à chaud face à l'imprévu.

Ses questions ne sont pas méchantes mais directes et sans lien apparent entre elles (puisque leur dénominateur commun est de démonter le candidat !).

41 L'entretien : le jeu du chat et de la souris

20 octobre

Louise Baxter, John Caron

Louise : – Quel est votre mode de commandement, votre style ? Quel chef êtes-vous ?

John : – Je m'efforce d'être un chef écoutant les avis des uns et des autres et en en tenant compte lorsqu'ils me paraissent fondés.

Mon style de commandement vise à être précis. Je travaille beaucoup par écrit pour éviter les malentendus (mémos, rappels, notes de confirmation, etc.).

Je ne crois pas avoir de difficulté à entrer en relation avec ceux qui m'entourent, ni à exercer mon autorité quand c'est nécessaire.

But he plays fair and readily admits we're an efficient team. Although this comment covers both of us, I take it as a personal compliment!

I also believe Pierre Saville trusts me. He delegates a lot of work to me, and I don't think he'd do it as much if he didn't think I was professionally competent.

On the other hand, Pierre worries about his company more than about his staff. In that sense, he's one of today's typical managers.

Louise : Mr. Caron, how do you react to criticism?

John : I learnt to take criticism long ago. Not only from colleagues or management. But also from customers. Mail-order selling teaches humility.

If people don't like what you are offering, they don't buy. That's silent criticism. It hurts just as much!

As for criticism from those around you, it's a mirror : it teaches you a lot about yourself, about those it comes from, about the way you work.

I don't enjoy it, but it helps me improve, which makes it bearable, and, all in all, necessary. In fact, I think it stimulates me!

41 The interview : playing cat and mouse

October 20

Louise Baxter, John Caron

Louise : How do you work with other people? What's your style? What kind of manager are you?

John : I try to manage my team while listening to what people have to say, and to make the most of their comments whenever it seems reasonable.

I like a very precise framework. I put a lot of things down in writing to avoid misunderstandings : memos, reminders, confirmation notes, and so on.

I don't think I have any problem in relating to those around me, or in exercising authority when necessary.

TRICKS OF THE TRADE

Being pushed to the limit?

Here Louise Baxter is playing a role which is classical in hiring - even if everyone doesn't do this : she is trying to unsettle the candidate to find out how he reacts point blank to the unexpected.
Her questions are not vicious, but direct and apparently unrelated (since their common denominator is precisely to unsettle the candidate!).

Mais, dans ce domaine, les choses sont plus simples dans une petite entreprise que dans une grande, et j'ai encore beaucoup à apprendre !

Le genre de chef que je suis ? Probablement aussi un chef impatient ! Mais c'est un pléonasme !

Louise sourit pour la première fois depuis le début de l'entretien.

Louise : – Comment procédez-vous avec les gens que vous ne pouvez pas supporter ?

John : – Dans la vie civile, je m'efforce de les éviter, comme nous le faisons tous. Dans la vie professionnelle, c'est presque toujours impossible.

Il existe des clients odieux. Mon tempérament américain me souffle qu'ils sont clients avant d'être odieux et que, à ce titre, je dois les traiter avec les égards dus au chiffre d'affaires qu'ils font avec nous !

Être soi-même !

Toutes ces questions sont des classiques pour qui pratique les entretiens d'embauche.
Vous noterez que John, tout en restant dans la ligne des réponses qui conviennent, ne manque pas d'ajouter sa touche personnelle. Il est clair qu'il croit à ce qu'il dit. C'est essentiel.

À l'intérieur d'une entreprise, le niveau hiérarchique de l'être impossible à supporter me paraît un problème essentiel. J'ai eu la chance de ne jamais dépendre hiérarchiquement d'une personne avec laquelle je n'avais aucune affinité… Si… un professeur, il y a quelques années.

Je crois que, les affaires étant un système de consensus, si par malchance, le lien hiérarchique avec cette personne est direct, on ne peut que quitter la société.

Si la personne à éviter est un collègue ou quelqu'un qui dépend de vous, il me semble que la marge de manœuvre est plus grande.

En tout cas, je ne vois pas de solution toute faite ! De toute manière, cela reste exceptionnel, Dieu merci !

Louise : – Savez-vous que votre prochain supérieur hiérarchique sera probablement une femme ? Cela risque-t-il d'être une préoccupation pour vous ?

John : – Vous savez, je fais partie d'une génération pour qui l'école a toujours été mixte. C'est désormais un fait de société que les femmes exercent les mêmes fonctions que les hommes.

Je sais bien qu'il y a encore des sociétés où l'on refuse d'admettre ce phénomène. J'imagine que, dans une société comme la vôtre, la compétence professionnelle est la clé de voûte du système. Et c'est elle seule qui importe !

Louise : – Faites-vous confiance ?

John : – Je délègue autant que je le peux, mais je contrôle tout.

Quand on connaît les gens avec lesquels on travaille, ils deviennent en quelque sorte « étalonnés » : on connaît la qualité du travail qu'ils vont produire.

But, in this field, things are easier in a small company than in a big one, and I still have a lot to learn!

What kind of manager am I? Probably an impatient one! But that's pleonastic!

Louise smiles for the first time since the beginning of the interview.

Louise : How do you react with people you can't get along with?

John : In everyday life, I try to stay away from them, as we all do. In business, that's almost always impossible.

Some customers are very unpleasant. But my American side reminds me they are customers above all, even if unpleasant, and that I therefore must treat them with the respect due to the money they bring in!

Inside a company, I do find it's a major problem to work for someone you can't stand. I have been lucky enough never to work with someone I really couldn't relate to… Well, once… a teacher, a few years ago.

I think that in business, if you're unlucky enough to work directly under that kind of person, you've just got to leave the company.

But if the said person is a colleague or someone who works for you, you've got a little more leeway.

In any case, I don't have any readymade solution! And it does remain an exceptional situation, thank God!

Louise : Do you realize your next boss may well be a woman? Would that bother you?

John : You know, my generation was always coed. It's now a fact that women hold the same positions as men.

I know there are still companies where people refuse to accept this fact. But I expect that in a company like yours, competence comes first. And it's all that counts!

Louise : Do you tend to trust people?

John : I try to delegate as much work as possible, but I oversee everything.

When you know the people you are working with, you can almost "scale" them : you know the quality of the work they'll produce.

TRICKS OF THE TRADE

Be yourself!

All these questions are classics of an interview.
Note that while John sticks to the point, he adds his personal touch each time. He clearly believes in what he is saying, which is essential.

Mais – et cela nous ramène au chef dont nous parlions tout à l'heure – le chef doit se mettre à la place du client. Le chef doit déceler l'imperfection, la faille ; se promener là où on ne l'attend pas, à l'heure où on ne l'attend pas…

Louise : – Par exemple ?

John : – Eh bien, je suis allé vérifier sur place le nombre de camions qu'on avait utilisés pour un chargement chez un magasinier. Pour éviter qu'on nous facture deux heures d'immobilisation de deux quinze-tonnes, alors qu'il y avait une heure de travail pour un huit-tonnes !

Louise : – Quelles qualités recherchez-vous chez vos collaborateurs ?

John : – J'apprécie que leurs compétences soient complémentaires, et qu'ils soient travailleurs. Et je m'efforce de faire régner une bonne ambiance pour que les heurts momentanés ne prennent pas de l'importance. En fait… j'aime qu'ils aiment leur travail.

42 Rémunération : qui bluffe qui ?

Louise, John

Louise : – Je voudrais maintenant en revenir au poste lui-même pour vous parler de l'aspect financier.

Nous proposons une rémunération de 72 000 €[1] bruts annuels[2].

John : – Bon. C'est moins que ce que je gagne en ce moment, en tenant compte de la voiture de fonction[3].

Louise : – À combien évaluez-vous la voiture de fonction[4] ?

John : – À un peu plus de 6 400 € par an.

Un silence. Louise ne relance pas.

John : – Compte tenu de ce que je sais faire et de ma possibilité d'adaptation rapide, je souhaiterais commencer à 77 150 €, à condition de passer à 82 300 € lorsque la période d'essai sera révolue et que le contrat deviendra effectif…

Louise : – Non, nous ne raisonnons pas comme cela ! Peut-être pouvons-nous améliorer un peu 72 000 €, mais certainement pas faire un bond de 10 300 €, ce qui nous mettrait en porte à faux vis-à-vis de notre structure salariale[5].

TRICKS OF THE TRADE

1. Aux USA et en Angleterre, la notion du 13e mois n'existe pas. Le salaire est calculé sur un salaire de base (base salary) + un bonus.

2. En tant que directeur des Relations humaines, Louise a une marge de négociation de 10 % en plus ou en moins pour tenir compte de la personnalité du candidat. Donc sa fourchette de négociation est 64 800/79 200 €. Elle a choisi de démarrer à 72 000, compte tenu de la personnalité de John. Mais elle ne peut plus augmenter beaucoup…

3. John bluffe deux fois. D'abord, il gagne 66 950 € (5 150 × 13). Ensuite, si le bureau met à sa disposition une voiture, il ne dispose pas d'une voiture de fonction…

4. Louise veut vérifier s'il sait exactement ce que représente une voiture de fonction. Mais, avec le nouveau calcul de l'avantage en nature, ladite voiture perd de son intérêt financier pour le salarié. Aucun des deux n'insiste.

5. John sait donc qu'il a obtenu 5 150 € de mieux, soit 7,7 % de son ancien salaire. Il va essayer d'améliorer ce score.

6. John a poussé le bouchon très loin. La réaction va être immédiate. Louise rappelle qu'on ne bouleverse pas une politique salariale dans un groupe. Elle insiste sur le point faible du candidat : son âge, par rapport aux responsabilités qui lui seront confiées. Toutefois, elle a bien arrondi les angles : « Peut-être pouvons-nous améliorer… » ce qui signifie : « On fera un effort si cela est nécessaire. » En revanche, refus catégorique pour l'augmentation trois ou six mois après l'arrivée dans le poste.

But - and that brings us back to the manager we were describing earlier - the manager must get into the customer's shoes. The manager must trace the imperfection, the fault, turn up unexpectedly...

Louise : For instance?

John : Well, I went over to check how many trucks had been used for loading by a warehouse man. To avoid being invoiced two hours use of two fifteen-ton trucks, when only one eight-ton truck was needed for one hour!

Louise : What qualities do you require of people working with you?

John : I like their abilities to complement each other, and I like them to be hard-working. I try to maintain a pleasant atmosphere so that small clashes don't become major. In fact... I like them to enjoy their work.

42 Salary : who's bluffing whom?

Louise, John

Louise : I would now like to go back to the position in itself, to discuss the financial aspect.

We are offering a gross yearly salary[1] of € 72,000[2].

John : All right. That's less than what I am making right now, considering I have a company car[3].

Louise : How much do you consider the use of a company car is worth[4]?

John : A little over € 6,400 a year.

Silence. Louise does not pursue.

John : Given my potential and the fact I can adapt very quickly, I would like to start at € 77,150, providing this goes up to € 82,300 once the trial period is over and the contract becomes effective...

Louise : No, I'm afraid that's not our reasoning! We might be able to improve the € 72,000 a little, but certainly not consider a € 10,300 leap, as this would conflict with our wage policy[5].

TRICKS OF THE TRADE

1. In France, salaries are traditionally based on a thirteen month year.

2. As head of personnel, Louise has a 10 % negociation margin both ways, depending on the applicant's personality. The negociation bracket is therefore €64,800/79,200. Given John's personality, she chose to start at 72,000, but she won't be able to go up very much...

3. A double bluff on John's part : first of all he's making €66,950 (5,150 × 13 months). And even if he can use a company car or rent a car for travelling, he does not actually have full use of a company car.

4. Louise wants to check if he knows exactly what a company car is worth. But, with the new calculation of fringe benefits, the said car loses some of its financial attractiveness for the employee. Neither of them insists.

5. John has already obtained €5,150, i.e. 7,7 % more than his present salary (66,950 to 72,000). He's now trying to improve his score.

6. John has gone a little overboard. The reaction will be immediate. Louise reminds him that one cannot overthrow the wage policy of a company. She stresses the applicant's weak point : his age in consideration of the responsibilities which will be entrusted to him. However, she has left things open : "We might improve...", which means : "We will make an effort, if necessary." On the other hand, it's an absolute refusal to consider a raise 3 or 6 months after he's started on the job.

7. Louise rappelle opportunément qu'elle sait ce que la compagnie apporte au candidat. En effet, SABB est une des meilleures écoles du monde en matière de VPC et une référence prestigieuse.

8. Louise sent qu'elle a l'avantage. Elle cherche à conclure.

9. John ne se laisse pas impressionner. Il se joue gagnant, c'est la réponse du berger à la bergère. Il en profite pour glisser qu'il explore d'autres pistes. Nous savons que c'est faux, mais Louise l'ignore. Il ne quémande pas. Au contraire, il insiste en disant indirectement que cela lui prendra peut-être un peu plus de trois semaines de rendre une réponse. Bref, il reprend le dessus. Enfin, la réponse qui va lui être faite à la question « Devrai-je rencontrer quelqu'un d'autre ? » doit lui permettre de connaître la suite que la société compte donner à sa candidature. Bien joué !

10. Réponse neutre, mais encourageante à deux titres. Si l'impression faite par le candidat avait été mauvaise, la réponse aurait été évasive : « Nous n'avons pas encore rencontré tous les candidats... » et le président n'aurait pas été mentionné. Elle ne l'est pas.

D'autre part, après un entretien destiné à déstabiliser le candidat et à le faire réagir – on l'a très bien vu ! –, celui avec le président de l'entreprise sera probablement plus direct et détendu. John s'accommodera mieux de ce style !

D'autre part, de toutes les candidatures que nous avons reçues, vous êtes le plus jeune candidat, ce qui accentuerait encore la disparité. *(Regardant son CV)* Vous aurez trente ans dans un an...

John : – Certes, mais la responsabilité reste la même et, d'après la description que m'a faite M. Thomas, elle est étendue[6]...

Louise *(l'interrompant)* **:** – Elle sera étendue. Aujourd'hui, il s'agit de travailler en collaboration étroite avec M. Thomas et de compléter vos connaissances à ses côtés[7].

La responsabilité n'est pas encore celle de son poste. Elle est celle des travaux qu'il jugera utile de vous confier. Aujourd'hui, c'est donc un poste à 72 000 € annuels, sans voiture de fonction.

Comme vous l'a indiqué M. Thomas, il doit évoluer vers celui de directeur de la VPC, à un autre salaire, bien entendu.

Je pense que nous aurons pris notre décision dans trois semaines[8]. Dans la mesure où votre candidature serait retenue, puis-je considérer que vous acceptez cette proposition ? Bien entendu, ce salaire suit l'évolution du coût de la vie...

John : – Je ne peux vous répondre moi-même avant trois semaines. J'ai pris des rendez-vous avec d'autres entreprises et je n'ai pas encore rencontré toutes les personnes que je dois voir[9].

Par ailleurs, mes déplacements professionnels compliquent un peu l'organisation de ces rendez-vous.

À ce propos, devrais-je rencontrer quelqu'un d'autre en dehors de M. Thomas et de vous-même si ma candidature est retenue ?

Louise : – C'est notre président qui prend la décision finale, après avoir reçu les candidats que nous lui présentons. Si votre candidature est retenue, vous aurez donc à le rencontrer[10].

John : – J'ai bien noté que votre proposition est 72 000 € bruts, sous réserve d'une amélioration qui n'est qu'éventuelle aujourd'hui. Nous avons donc trois semaines pour conclure, et il se peut que je rencontre votre président.

Louise : – C'est bien cela. Laissez-moi vérifier que j'ai bien toutes vos coordonnées. Car c'est ma secrétaire qui se mettra en rapport avec vous pour organiser ce rendez-vous, le cas échéant.

Si elle ne peut vous joindre, elle laissera mon nom et mon numéro de téléphone, pour des raisons de discrétion.

Louise s'est levée et fait un grand sourire à John.

John : – Il ne me reste qu'à vous remercier de m'avoir reçu si longuement. Je me tiens à votre disposition.

Louise le raccompagne à l'ascenseur.

Also, you are the youngest of all the applicants for the job, and that would create a further imbalance. *(Looking at his CV)* You'll be thirty next year[6]...

John : Sure, but the responsibilities remain the same, and from Mr. Thomas' description, they are extensive...

Louise *(interrupting)* **:** They will be extensive. For the time being, they consist of a close collaboration with Mr. Thomas, and improving your knowledge with his help[7].

The responsibilities are not yet those of his job. They cover the work he finds suitable to assign to you. At this point, the job therefore means a € 72,000 yearly salary, without a company car.

As Mr. Thomas told you, it will of course move on to that of Director of the direct-mail department, with a different salary.

I expect we will have reached our decision in three weeks[8]. Should you be appointed, may I consider that you accept this proposal? The salary would follow the cost of living...

John : I also need another three weeks before I can give you an answer. I have appointments with other companies, and I haven't yet met all the people I must see[9].

Also, my travelling somewhat complicates the organization of these appointments.

Which leads me to ask you if there is someone other than Mr. Thomas and yourself I will have to see if my application is considered?

Louise : Our President makes the final decision, after seeing the applicants we introduce to him. Should your application be considered, you would then have to meet him[10].

John : I have made a note that your proposal is a € 72,000 gross salary, subject to an improvement, which at this point is only a possibility. We therefore have three weeks to decide, and I might meet your President.

Louise : Exactly. Let me check I have all your details. For, if need be, my secretary will be the one to contact you, to set up an appointment.

If she can't reach you, she'll leave my name and phone number, so things remain confidential.

Louise has got up and gives John a big smile.

John : Well, I'd like to thank you for devoting so much time to me. I remain at your disposal.

Louise walks him to the elevator.

TRICKS OF THE TRADE

7. Louise smartly reminds him of what the company is bringing him. SABB is indeed the best direct-mail school and a prestigious reference.

8. Louise knows she has the upper hand. She's trying to end the discussion.

9. John is not put off. He's playing a winning game. It's tit for tat. He throws in that he has other leads. We know this is not true, but Louise doesn't. He's not begging, quite the opposite, he insists by saying indirectly that he will need 3 weeks before he can give an answer. In other words, he's got the upper hand again. Also, he's going to get an answer to the question "Should I see someone else?", which will give him an idea of how seriously the company is considering his application. Good show!

10. The answer is neutral, but encouraging for two reasons : had the applicant made a bad impression, the answer would have been evasive : "We haven't seen all the applicants yet..." and the President would not have been mentioned. Such is not the case. Also, after an interview tending to unsettle the applicant and make him react - as we saw! -, the one with the President will probably be more straightforward and more relaxed, and John will be more comfortable!

43 Panique, le comptable s'en va !

28 novembre

Pierre, John

Pierre : – John, nous sommes dans la merde !

John : – Que se passe-t-il ?

Pierre : – David m'a remis sa démission !

John : – Comment ça ? Pour quelles raisons ?

Pierre : – Pour tout un tas d'excellentes raisons qui le regardent, mais ça ne fait pas du tout nos affaires !

John : – On tenait vraiment là un type rapide, compétent, efficace…

Pierre : – … mais trouvant qu'il perdait son temps ici, si j'ai bien compris ce qu'il m'a dit ! Eh oui, nous ne sommes pas une multinationale ! C'est là son problème.

John : – Tout dépend de ce qu'il considère être son métier. David n'était-il pas « surdimensionné pour le poste », comme on dit ! Tout vient peut-être de là ? Mais pourquoi l'a-t-il pris il y a deux ans, alors ?

Pierre : – Il en avait assez des grosses sociétés aux décisions lentes et aux rouages internes complexes. Elles empêchent les gens comme lui de s'exprimer.

Il s'est dit qu'ici il n'aurait pas tous ces freins… mais il a eu les difficultés d'une petite société (nous faisons à peine 4.500.000 € de CA !) et un patron qui ne cherche pas à grandir absolument…

Deux ans plus tard, il n'en voit que les inconvénients pour sa carrière et son CV… d'autant qu'on lui a peut-être proposé plus alléchant !

De mon côté, en l'embauchant, je me suis débarrassé du problème comptable… jusqu'à ce que je le retrouve !

John : – Il y a deux ans, les affaires allaient mal partout et il n'a pas craché sur le poste.

Aujourd'hui, ça repart de plusieurs côtés et il se trouve soudain à l'étroit ici…

During? For? While?

All three mean *« pendant »*.

"During" applies to an activity which is set in time :
"We saw her during the week-end".

While = during the time when = *pendant que.*

They rang while we were on the beach = *Ils ont appelé pendant que nous étions sur la plage.*

Away?

Don't confuse :

He is away for 3 weeks = *Il est parti pour 3 semaines (et n'est pas encore revenu).*

He was away for 3 weeks = *Il est parti 3 semaines = Il a été absent 3 semaines et il vient de revenir.*

43 Help! the accountant is leaving!

November 28

Pierre, John

Pierre : John, we're in deep shit!

John : What's happened?

Pierre : David has just handed in his resignation!

John : What do you mean? Why on earth?

Pierre : For a whole lot of very good reasons which are his business, but that's no good to us!

John : He was such a quick-minded, competent, efficient guy…

Pierre : … but who found he was wasting his time here, if I understood properly! Sure, we're not a multinational! That's his problem!

John : All depends what he considers his job to be. Wasn't David "overqualified" as they say? It may all come from there! But then why did he take the position two years ago?

Pierre : He'd had enough of large companies, slow to decide, with intricate inner works. They keep people like him from having their say.

He thought that he wouldn't be held back that way here… but he ran into all the problems of a small company (our turnover is just short of €4,500,000) and with a boss who doesn't above all want to expand…

Two years later, he can only see the drawbacks for his career and C.V.… also he might have been offered something more alluring!

As far as I'm concerned, when I hired him, I got rid of the accounting problem… until it boomeranged!

John : Two years ago, business was in trouble everywhere, and he wasn't about to turn his nose up at the job.

Today, things are starting up again in many ways and he suddenly feels cramped here…

TRICKS OF THE TRADE

Don't you see each other any more?

This means « *l'un l'autre* » or « *les uns les autres* » with an idea of some interaction.

They smiled to each other = *Ils se sont souri.*

We don't see each other any more = *Nous ne nous voyons plus.*

Each other can be replaced by one another = We don't see one another.

Aïe !

Never say :
"We don't see us any more"!

Be efficient!

Efficient = *efficace, dans le sens de capable, compétent* : an efficient secretary.

Effective = *efficace dans le sens de valable, utile.*

Experience is more effective than lots of advice = *L'expérience est plus utile qu'une avalanche de conseils.*

The law becomes effective on January 1st = *La loi entre en vigueur le 1er janvier (elle sera valable à partir de...).*

Pierre : – Quoi qu'il en soit, voilà sa lettre. Son préavis est de trois mois, donc fin février, il sera parti.

Je me charge de trouver un autre comptable, mais passez donc un peu de temps avec lui et obligez-le à rédiger son testament, si je puis dire !

Car David a beaucoup d'expérience. Il est intelligent – content de lui mais intelligent – et il connaît bien la maison. Il a sûrement des directives à donner. À nous d'en profiter !

John : – Entendu.

Plus tard, dans le bureau de David.

John : – David, j'apprends que vous partez. Quel choc !

David : – N'exagérons rien, John. C'est la vie ! Je crois que j'ai fait du bon travail ici, avec vous principalement, mais je ne pouvais pas rester trop longtemps... La boîte est saine – enfin... je devrais dire « était » saine.

Je ne dirai pas qu'il n'y a rien à faire, car il y a justement mille détails à vérifier... mais à mon niveau ça roule ! Je pouvais rester ici jusqu'à ma retraite, mais ce n'était pas mon ambition.

John : – À titre personnel, je vous regretterai, David, et j'espère que nous resterons en contact. Pour ce qui est du travail et compte tenu du contexte – le gros besoin de trésorerie du fait de l'investissement en fabrication –, j'aimerais bien voir les choses d'encore un peu plus près avec vous... ne serait-ce que pour passer les consignes proprement à votre successeur, si vous n'êtes plus là pour le faire...

David : – Ce sera bien volontiers, John, d'autant plus que j'ai démarré un certain nombre de procédures et mis au point quelques techniques simples – en trésorerie notamment – qu'il serait dommage d'abandonner.

Et puis, vous savez que je suis un homme de synthèse (c'est un paradoxe pour un comptable !). Ça nous donnera l'occasion de critiquer, si nécessaire, les choix que nous avons faits à l'époque...

John : – À condition de ne pas me noyer sous les écritures comptables !

David *(un peu vexé)* **:** – Je vous parlais de synthèse... les écritures, les déclarations, Mme Rochefort s'en charge, et fort bien !

Non, au moment où ça va secouer, ce n'est pas inutile de jeter un coup d'œil aux équilibres que nous avons essayé de respecter... jusqu'à présent !

Voulez-vous que nous bloquions deux heures, jeudi après-midi pour en parler ? Cela me laissera le temps de rédiger un mémo.

Pierre : Whatever, here's his letter. He's got to give us three months' notice, so he'll be gone by the end of February.

I'll take care of finding a new accountant, but do spend a little time with him and force him to "make his will", so to speak!

Because David has a lot of experience. He's intelligent - self-satisfied, but intelligent - and he knows the company well. He surely has recommendations to make. We'd better make the most of them!

John : Sure.

A little later, in David's office.

John : David, I hear you're leaving us, what a blow!

David : Let's not overdo it, John. That's life! I think I've done a good job here, mainly with you, but I couldn't stay forever… The company is healthy, well, at least "was" healthy.

I won't say there's no work to do, because there are precisely a thousand details to check… but at my level, things are quite in order! I could have stayed here until I retired, but such was not my ambition…

John : Personally, I'll miss you, David, and I hope we keep in touch. And from a business point of view, and given the circumstances - our great cash requirements due to the investment in production - I would like to have a closer look at things with you… if only to give your successor the proper instructions, if you're no longer there to do that…

David : I will be very pleased to help, John, especially since I got a number of procedures going and set up some more flexible routines - namely in the field of cash management - which it would be a pity to give up.

And you know how I like to sum things up (which sounds paradoxical for an accountant!) and, if necessary, we can have another look at the options we chose…

John : As long as you don't drown me in book-entries, David!

David *(a little hurt)* **:** I was talking about an overall review… Mrs. Rochefort takes care of the entries, statements and returns, and she does a very good job!

No, when things get difficult, it's useful to have another look at the ratios we have done our best to respect… so far!

Shall we set a couple of hours aside to discuss this on Thursday afternoon? That will give me time to write a memo.

TRICKS OF THE TRADE

Try to work it out!

To work : *travailler.*

You must work at it hard! = *Il faut y mettre du vôtre !*

I am very busy, but I'll try to work it / in. / into my schedule. = *Je suis très occupé, mais je m'arrangerai pour le faire (entre deux).*

If you want a raise, you'll have to work on him! = *Si vous voulez une augmentation, il faudra le travailler au corps !*

The plan didn't work out = *Le projet n'a pas marché.*

Can you work it out? = *Pouvez-vous trouver la solution ?*

He's worked up a wonderful project = *Il a inventé un merveilleux projet.*

He's all worked up about… = *Il se met dans tous ses états à propos de…*

This kind of behavior doesn't work with me = *Ce genre de comportement ne marche pas avec moi.*

(sans transition)

J'ai annoncé mon départ à ma troupe... c'est officiel maintenant, et ça vaut mieux ainsi.

John : – Parfait, à jeudi donc !

John quitte préoccupé le bureau de David.

Il me file les jetons... À croire que l'opération Gaillot est un grand malheur pour la société !... Je vais revoir nos hypothèses de ventes... elles étaient réalistes et on peut les défendre devant un banquier, quand même !...

44 La crise de trésorerie : qui est coupable ?

1er décembre

John, David

John : – Vous étiez bien pessimiste, lundi dernier !

David : – Oui, et je le suis toujours. Nous nous sommes lancés dans un vaste programme de fabrication. Déjà, avant Gaillot, nous avions plusieurs livres à financer : sept au total !

Aujourd'hui, les nombreuses rééditions du Gaillot assèchent notre trésorerie. Le crédit que nous consent la banque nous coûte des agios... et il est déjà insuffisant !

Les ventes du réseau grand public sont réglées beaucoup trop tard et c'est bien notre découvert bancaire qui nous permet de payer l'augmentation du stock.

Mais le découvert n'augmentera pas indéfiniment ! Nous allons bientôt nous trouver à sec !

John : – Vous exagérez, David ! Gaillot fait un tabac et vous présentez son succès comme une... catastrophe !

Que vouliez-vous que nous fassions ? Nous devions évidemment demander un crédit-relais. C'est vrai que les commandes ne cessent d'augmenter – et donc les coûts de fabrication – et qu'il va falloir le renégocier à la hausse ! Mais je ne crois pas que ce soit un mal pour la société !

TRICKS OF THE TRADE

In which field are you investing?

"Investment" is *« investissement » (au sing. et au pl.)* but also *« placement », « mise de fonds », « capital », « actionnariat »...*

Additional investment = *investissement supplémentaire.*

average period of investment = *durée moyenne d'investissement.*

capital investment = *investissement de capitaux* (and not *un investissement capital* !).

We channeled investment into industry = *Nous avons dirigé les investissements vers l'industrie.*

"An eligible investment" is *« un placement avantageux ».*

an equity investment = *un placement en actions.*

(to be continued...)

(abruptly)

I told my guys I was leaving… So it's official now, it's better that way.

John : Perfect. See you Thursday, then!

John is thoughtful as he leaves David's office.

He gives me the jitters… One would think the Gaillot deal is a great misfortune for the company!… I'll have another look at my sales forecasts… they were realistic, and I'm ready to face a banker with them, after all!

44 A cash-flow crisis : whose fault?

December 1

John, David

John : You were pretty pessimistic last Monday!

David : Yes, and I still am. We have launched a vast production operation. Before Gaillot, we already had several books to finance : seven in all!

Today, Gaillot's numerous reprints are drying up our cash-flow, the credit facilities which the bank grants us cost us commissions… and are already insufficient!

The invoices of the general public network are paid much too late, and it's only our overdraft that allows us to pay for the stock increases.

But the overdraft can't keep going up forever! We'll soon be penniless!

John : You're going a bit far, David! Gaillot is a terrific success and you're describing this as… a disaster!

What could we do? We just had to ask for a stand-by credit. It's true that orders keep increasing - and thus production - and we'll have to renegociate for more! But I don't think this is a setback for the company!

TRICKS OF THE TRADE

In which field are you investing?
continued

Do not mix up :

a financial investment = *un placement en valeurs mobilières* [i.e., *actions, obligations*], and the financing of investment = *le financement des investissements.*

An "investment fund" is a *« fonds commun de placement »* ;

the "return on investment" is the *« rentabilité de l'investissement »* ;

a "scheduled investment" is an *« investissement projeté »* and, of course, a "safe investment" is an *« investissement sûr »*.

TRICKS OF THE TRADE

A little put off?

To put = *mettre.*

How can I put it? = *Comment dire ?*

Let me put it another way = *Je vais vous le dire autrement.*

to put an idea across = *faire comprendre une idée.*

to put something aside = *mettre quelque chose de côté.*

to put something away = *ranger quelque chose.*

to put something back = *remettre quelque chose à sa place.*

You can put his bad mood down to stress = *Sa mauvaise humeur est à mettre sur le compte du stress.*

I'll put it down in writing = *Je vais l'écrire.*

to put the lights off = *éteindre les lumières.*

to put the meeting off : *repousser la réunion.*

I was a little put off = *J'ai été un peu refroidi, rebuté.*

(to be continued...)

David : – John, écoutez-moi ! La situation est explosive ! Jusqu'à présent la société autofinançait ses investissements. Aujourd'hui, nous n'avons pas le fonds de roulement nécessaire pour le faire.

Chaque semaine, la trésorerie s'enfonce un peu plus dans le rouge... et nous ne savons pas précisément jusqu'où nous allons descendre, puisque nous payons des fabrications mais que nous ne sommes pas certains de vendre tout ce que nous aurons fabriqué...

Croyez-moi, John, le métier du banquier est de minimiser les risques qu'il prend avec ses clients. En plus je suis très ennuyé de partir en pleine crise, alors que je suis le seul à en percevoir la gravité !

John : – Mais pourquoi voulez-vous que Langlois nous laisse tomber ? L'affaire est saine et le livre qui vous préoccupe a du succès... un succès fou ! Rien de tout cela ne ressemble à un échec !

David : – Langlois, ou un autre, n'a pas le droit de franchir un certain seuil de découvert. Il peut exiger que nous le réduisions, ce dont nous sommes bien incapables !

Il peut refuser de couvrir l'échéance, ou prendre en contrepartie une garantie (un nantissement sur le fonds, une hypothèque sur un immeuble...) sur une propriété de Pierre Saville ou sur l'entreprise.

S'il prenait une garantie en contrepartie de son engagement, croyez bien qu'il pourrait revendre le bien, car son métier n'est pas de faire de l'édition...

45 La crise de trésorerie : que devons-nous faire ?

1er décembre

John, David

David et John sont descendus prendre un café. Ils remontent quelques minutes plus tard.

David : – Quand je suis arrivé ici, il y a deux ans, j'ai joué à l'archéologue ! J'ai recensé les très grosses ventes aux entreprises depuis l'origine de la société.

Par exemple, en 1995, Saville a vendu 5 000 exemplaires du *Guide de l'hydraulique* à Hydraulec-France. Une seule facture pour 5 000 exemplaires. Il y avait parfois sept à huit affaires de ce type par an !

David : John, listen to me! The situation is very serious! Up to now the company self-financed its investments. Today, we don't have the necessary cash-flow to do this.

Every week we get a little deeper in the red... and we don't know exactly how far we're going to go, since we pay for production, but aren't sure we'll sell it all...

Believe me, John, a banker's job is to minimize the risks he takes with his customers. Furthermore I'm very sorry to be leaving in the middle of a crisis, when I'm the only one to see how serious it is!

John : But why should Langlois let us down? The company is healthy and the book that's worrying you is a success... a tremendous success! None of this looks like a failure!

David : Be it Langlois, or someone else, he is not allowed to go over a certain overdraft level. He may well demand that we lower it, which we would be quite unable to do!

He can refuse to meet the liabilities or ask for collateral against them (a pledge on the business, a mortgage on a building...) on one of Pierre Saville's properties, or on the company.

Should he ask for collateral against his commitment, you can be sure he could sell the goods, because publishing is not his field...

45 A cash-flow crisis : what needs to be done?

December 1

John, David

David and John go out to get a cup of coffee. They return shortly.

David : When I started here, two years ago, I did a bit of archeology. I studied the larger sales to other companies, going right back to day one.

For instance, in 1995, Saville sold 5,000 copies of the *Hydraulics Handbook* to Hydraulec-France. Just one invoice for 5,000 copies. There were sometimes seven or eight deals of this kind a year!

TRICKS OF THE TRADE

A little put off?
continued

to put on (lights, TV) = *allumer.*

to put on 5 kilos = *grossir de 5 kg.*

to put out (lights) = *éteindre.*

to put out an article = *faire paraître un article.*

Please put me through to Mr. Saville! = *Passez-moi M. Saville, s'il vous plaît !*

to put a team together = *former une équipe.*

He was the one who put up the money = *C'est lui qui a fait la mise de fonds.*

I won't put up with it! = *Je ne supporterai pas ça !*

Don't forget!

Please put off the meeting for half an hour! = *Soyez gentil de repousser la réunion d'une demi-heure !*

John : – Et toutes apportées par Pierre. C'est comme ça que l'affaire a démarré.

David *(continuant)* **:** – J'ai mis en face de ces factures de ventes les budgets de fabrication correspondants, toujours année par année. Tout était archivé, il suffisait de reprendre les dossiers.

Eh bien, au début de Saville, le chiffre des affaires exceptionnelles couvrait l'ensemble du budget de fabrication alors que les clients exceptionnels n'avaient acheté qu'une partie du stock. Les livres qui restaient à vendre étaient tout bénéfice pour la société !

John : – Exactement ! Donc, au moment où l'on sortait notre « produit nouveau », la trésorerie ne plongeait pas puisque nous possédions un confortable préfinancement !

Ça s'est passé comme ça jusqu'aux attentats du 11 septembre, c'est à ce moment-là que je suis arrivé !

David : – À partir du 11 septembre, les commanditaires ont disparu. À croire qu'ils étaient morts dans les tours du World Trade Center ! Plus d'affaires de ce genre, hélas !... Nos chiffres se sont réduits considérablement. Vous souvenez-vous de ce qu'a fait la société ?

John : – Nous avons fait appel aux concours bancaires pour la première fois : et Dieu sait si Pierre n'a pas aimé ça !

David : – À juste titre !

John : – Et puis nous nous sommes réorganisés. Nous avons viré trois personnes et donné le travail à l'extérieur.

David : – Bref, nous n'avons pas diminué les frais de fabrication mais les frais internes de personnel ont chuté et, en définitive, les livres ont coûté moins cher à produire.

Par ailleurs, nous avons maintenu nos prix de vente, et nos marges n'ont pas trop souffert.

John : – Où voulez-vous en venir ?

David : – À ceci : aujourd'hui, nous avons signé de nouveaux contrats, mais les livres ne sont pas terminés et on ne verra pas la couleur des financements exceptionnels avant huit ou neuf mois. D'accord ?

John : – D'accord !

David : – Mais en ce moment nous vendons. Beaucoup. Des livres qui coûtent encore cher à fabriquer puisque, par peur des invendus – peur légitime ! – nous les sortons en petites séries de 2 000 ou 3 000 exemplaires. Mais nous les vendons deux fois moins cher !

John : – C'est exact. Le « Gaillot » est vendu 44 € [1]. Si l'on enlève la taxe, il reste à peu près 41,7 €, et après la remise versée au diffuseur, il nous reste 18,5 € pour éponger les autres frais.

You let him go?

French-speaking people are often mistaken when they are told : "We let him go". This does not mean that a person was allowed to go because he or she found another job, but on the contrary that he or she was fired (sacked)!

1. *Et non pas 35 €, prix de vente qui n'aurait pas laissé une marge suffisante à la société.*

John : And all brought in by Pierre. That's how he got the business going!

David *(pursuing)* **:** Around these sales, I entered the production budgets, again year by year. Everything was filed away and all I had to do was dig the files up.

Well, when Saville started, the figures for "exceptional deals" equalled those of the production budget, whereas the exceptional clients had only bought part of the stock. The rest of the books still to be sold were pure profit.

John : Exactly! So, when we launched our "new product" on the market, it didn't deplete the cash-flow since we had already comfortably financed it!

It worked like that until the September 11 terrorist attacks, that's when I was hired!

David : After 9/11, sponsors disappeared. As if they had perished in the Twin Towers! No more deals such as those, alas… our figures were way down. Do you remember what the company did?

John : For the first time, we asked the bank to back us; and God knows Pierre didn't like it!

David : And I don't blame him!

John : And then we got things reorganized. We sacked three people and used free-lancers.

David : In short, we didn't lower our production costs, but the personnel costs went down and, in the end, the books were cheaper to produce.

On the other hand, we maintained our selling prices, and our margins did not suffer too much.

John : What are you leading up to?

David : This : today, we have signed new contracts, but the books aren't finished and we won't see the color of this exceptional financing before eight or nine months. You agree?

John : I do!

David : But right now, we are selling. A lot. Books that are expensive to produce since, being afraid of unsold goods - a legitimate fear! - we print small series of 2,000 to 3,000 copies. But we sell them for half the price!

John : That's quite true. The "Gaillot" is sold for € 44[1]. If we knock off tax, that leaves us roughly € 41.7, and after the distributor's discount, we only have € 18.5 left to cover the other costs.

TRICKS OF THE TRADE

Don't lead me on!

(À prononcer lide et à ne pas confondre avec lead *[pron. laide] = le plomb !)*

to lead = *mener.*

Please lead me to him = *Conduisez-moi jusqu'à lui, s'il vous plaît.*

Their team is leading 2 to 1 = *Leur équipe mène 2 à 1.*

to lead a political party : *être à la tête d'un parti politique.*

to lead someone on : *donner de faux espoirs à quelqu'un.*

this leads me to think that… = *cela m'amène à penser que…*

His spendings led him to ruin = *Ses dépenses l'on mené à la ruine.*

What are you leading up to? = *À quoi voulez-vous en venir ?*

1. And not € 35, sales price which would not have left the company a sufficient margin.

Alors que, si nous vendons à une entreprise par quantité, le prix de vente annoncé est de 72 €. Une fois la taxe enlevée, cela donne environ 68 €.

La remise par quantité est de 50 à 55 %, et il nous reste alors plus de 36 € pour éponger les autres frais.

46 Le comptable passe les consignes

David, John

David : – Maintenant, voyons la marge brute générée par un livre qui laisse 18,5 € et un autre qui laisse 36 €, car, en définitive, c'est cela qu'il faut comparer.

2 000 exemplaires nous coûtaient 11 € l'unité. Vendus 36 € chacun, il nous restait 25 €. Soit 50 000 € pour 2 000 exemplaires.

Le reste du tirage allait principalement à la VPC.

Notre investissement de 22 000 € rapportait 50 000 € de marge brute.

Aujourd'hui, du fait des petits tirages, chaque retirage nous coûte encore 8 € l'exemplaire.
La marge brute à l'unité est de 18,5 € – 8 € = 10,5 € contre 25 €.

Donc, pour obtenir la même marge brute globale, il faut vendre deux fois et demie plus de livres.

John *(même ton de professeur)* **:** – Absolument. Mais avant de les vendre, il faut les fabriquer. Et ceux-là ne sont pas préfinancés. C'est là que vous vouliez en venir, David ?

Ils coûtent donc 2 000 × 8 € × 2,5, soit 40 000 € HT.

David : – Oui. Si l'on compare les deux canaux de vente : dans le premier, pour obtenir 50 000 € de marge brute, on investit 22 000 €. Sans risque, puisque les livres sont déjà payés.

Dans le second : toujours pour obtenir 50 000 €, il faut investir 40 000 €.

Mais, en fait, les invendus des libraires amputent le chiffre d'affaires théorique, et les frais financiers érodent le futur bénéfice !

Check him out!

To check = *vérifier, contrôler (plus usité que* to verify).

Check the door is closed! = *Vérifiez que la porte est fermée !*

You'd better check this with the boss! = *Vous feriez mieux de voir cela avec le patron !*

I'll check him out = *Je vais prendre des renseignements sur lui.*

to check / in / out of / a hotel = *s'enregistrer / régler la note.*

to control = *contrôler, avoir le contrôle de.*

He controls a big company = *Il dirige une grosse société.*

Who's in control? = *Qui est le responsable ?*

The situation is / under / out of / control = *La situation est / en main / hors de contrôle.*

Whereas if we sell in big quantities to a company, the selling price is € 72. If we knock off tax, that leaves us roughly € 68.

The wholesale rebate is 50 to 55 %, which means we have more than € 36 left to cover the other costs.

46 The accountant passes on the orders

David, John

David : Now let's have a look at the gross margin, generated by a book that leaves us with € 18.5, and one that leaves us with € 36, because, in the end, that's what must be compared.

2,000 copies used to cost € 11. Sold for € 36 a copy, we were left with € 25 per copy, that's € 50,000.

The rest of the print run was sold mainly through direct mail.

Our € 22,000 investment brought in € 50,000 gross margin.

Today, because we print in smaller quantities, each reprint costs us € 8 a copy.

The gross margin per unit is € 18.5 - € 8 = € 10.5 before tax, versus € 25.

So that, in order to obtain the same global gross margin, we must sell two and a half times more books.

John *(in the same patronizing tone)* **:** Sure. But before we sell them, we must produce them. And these books have not been financed beforehand. Is that what you were leading up to, David?

They therefore cost 2,000 × € 8 × 2.5, i.e. € 40,000 before tax.

David : Yes. If you compare the two systems, in the first case, to bring in € 50,000 gross margin, you invest € 22,000. Taking no risks, since these books have already been paid for.

In the second case, again to bring in € 50,000, you've got to invest € 40,000.

But in fact the unsold copies in bookstores deplete the theoretical turnover, and finance charges reduce the profit to come!

TRICKS OF THE TRADE

What about that?

What about that? = *Qu'en pensez-vous ?*

just like that = *comme ça.*

that's it! = *c'est ça !*

One more page and that's it! = *Encore une page et ça y est !*

that's why = *c'est pourquoi.*

Where's the paper that you brought? = *Où est le papier que vous avez apporté ?*

Does it hurt that much? = *Ça fait si mal que ça ?*

It isn't that good! = *Ce n'est pas si bon que ça !*

He said that he would come = *Il a dit qu'il viendrait.*

Is that so?

So = *tellement.*

I'm so sorry = *Je suis vraiment désolé(e).*

so far = *jusqu'ici.*

so to speak = *pour ainsi dire.*

It isn't so = *Ce n'est pas vrai.*

I think so = *Je crois bien.*

Is that so? = *Pas possible !*

Let's run over the report again!

to run = *courir.*

Let's run for it! = *Vite, tirons-nous !*

to run a business = *diriger une affaire.*

to run for an election = *se présenter aux élections.*

The bus runs until 10 p.m. = *Le bus marche jusqu'à 22 heures.*

They ran the story on the front page = *L'histoire a fait la une.*

This movie has been running for 2 weeks = *Ce film est à l'affiche depuis 2 semaines.*

Make sure the color doesn't run = *Faites attention que cela ne déteigne pas.*

(to be continued...)

John *(agacé)* **:** – David, vous oubliez l'essentiel : nous n'avons pas le choix. Vous raisonnez comme si nous commettions l'erreur de ne pas voir où était notre intérêt.

Mais nous ne sommes plus en 1999 ! En 2005, si nous n'avions pas les ventes de Samarcande, nous ferions à peine notre chiffre de l'année dernière ! Vous êtes en train de prouver que la rentabilité des affaires était très supérieure il y a six ans ! Eh bien, soit !

David : – Cette analyse ne restera pas théorique, si elle vous aide à agir ! Les invendus ne sont pas une fatalité, si vous vérifiez de près dans quels réseaux partent vos livres.

Méfiez-vous des réseaux grand public, ce sont eux qui font les retours les plus lourds... jusqu'à 50 % de l'envoi initial !

Vous devez aller en discuter avec Soulier, John !

Savez-vous qu'un réseau qui vous prend vos livres par 10 ou 15 exemplaires peut en « retourner » moins de 10 %.

S'il prend 50 exemplaires en quatre fois, vous aurez 5 livres invendus.

Un réseau grand public vous prendra 50 livres en une fois... et vous en renverra 25 !

John : – Je crois connaître votre devise, David. C'est : « Il ne faut jamais faire confiance ! »

David : – Vous pouvez en ajouter une autre : « Les intérêts de nos partenaires ne sont pas forcément les nôtres... et vice versa ! »

Entre Pierre Saville.

47 Encore des économies !

Pierre, David, John

Pierre *(très détendu)* **:** – Bonjour David, bonjour John. Voilà les dernières nouvelles : Riverside insiste pour avoir le « Gaillot ».

Nous en sommes à 8,5 $ l'exemplaire pour 5 000 exemplaires, et je ne crois pas que nous obtiendrons davantage. Je préfère me battre sur le terrain de la lettre de crédit confirmé.

David : – Je pense que vous avez raison, Pierre. Si la lettre de crédit n'est pas acceptée, il ne faut rien leur vendre !

John *(annoyed)* **:** David, you're forgetting the main thing : we don't have a choice. You're reasoning as if we were making the mistake of not seeing where our best interest lies.

But we are no longer in 1999! In 2005, if we didn't have the Samarcande sales, we'd hardly reach last year's turnover! You're trying to prove that the business paid more six years ago! Well, fine!

David : This analysis won't remain theoretical if it helps you to react! Unsold goods are not inevitable, provided you keep a close eye on the networks distributing your books!

Beware of general public networks, those are the ones that generate the largest number of returns… up to 50% of the initial shipment!

You must go and discuss this with Soulier, John!

Do you know that a network that takes 10 or 15 copies of your book can have a return rate of less than 10%?

If they take 50 copies in four goes, you'll have 5 unsold books.

A general public network will take 50 books at once… and return 25!

John : I think I've guessed your motto, David. It's : "Never trust anybody!"

David : You can add this one to it : "Your partners' interests are not necessarily yours… and vice versa!"

Pierre Saville walks into the room.

47 More savings!

Pierre, David, John

Pierre *(very relaxed)* **:** Hi, David, hi John! Here's the latest news : Riverside insists on having the "Gaillot".

We have reached $8.5 per copy for 5,000 copies, and I think that's the best we'll get. I'd rather fight about the irrevocable letter of credit.

David : I think you're right, Pierre. If the letter of credit is not agreed upon, we mustn't sell them anything!

TRICKS OF THE TRADE

Let's run over the report again!
continued

To run across an old photograph = *tomber sur une vieille photo.*

I ran into him last night = *Je / suis tombé sur lui / l'ai rencontré / par hasard hier soir.*

to run out of paper = *manquer de papier.*

I'll run over to the store = *Je vais faire un saut au magasin.*

to run up against a problem = *rencontrer un problème.*

Let's run over the report again! = *Revoyons encore le rapport !*

Aïe !

Never say : "He directs a business."

John et moi, nous étions en train d'étudier les possibilités d'améliorer la trésorerie. Justement, il y en a une dont j'allais lui parler. Mais je suis content de le faire devant vous.

Pierre : – Allez-y, David !

David : – À votre place, je ne recruterais pas un autre chef comptable…

Pierre : – Vous n'êtes pas sérieux, David ?

David : – Attendez ! Bien sûr, la fonction doit être assumée ! Mais vous avez Mme Rochefort qui est parfaitement capable aujourd'hui de gérer la trésorerie. Pour vérifier la comptabilité, pourquoi ne pas prendre un cabinet comptable extérieur ?

Sa prestation porterait sur environ douze à seize semaines par an, et vous économiseriez au moins 15 000 €.

Or, aujourd'hui, vous devez faire un chiffre d'affaires de 300 000 € pour dégager un bénéfice après impôt de 15 000 €…

Pierre : – Vous êtes sûr de vos chiffres ?

David : – Tout à fait. Je suis arrivé à cette conclusion et elle est à l'origine de mon départ.

De plus, votre rythme de travail – un rendez-vous fixe par mois et des coups de fil ou des conversations quand vous le jugez nécessaire – s'accommodera bien du style de travail d'un cabinet.

Avec Internet, on peut correspondre si facilement ! Et puis, les relations de client à fournisseur sont parmi les plus saines qui existent !

Quoi qu'il en soit, je vais vous faire une étude des tâches à réaliser ici et de celles à confier à un cabinet comptable… ou à un chef comptable !

Pierre : – C'est peut-être une excellente idée. Faites vite ! Quand pouvez-vous me donner ce papier ?

David : – Laissez-moi trois jours. Pouvons-nous en parler mardi ?

Pierre : – Et vous en avez beaucoup dans votre sac, des idées de ce genre ?

John : – Moi j'en ai encore une, bien qu'elle ne soit pas tout à fait mûre.

Pierre : – On peut l'aider à mûrir ensemble ! Nous vous écoutons, John !

John : – Voilà : pour la VPC, dont nous avons réduit l'activité, nous finissons par être trop nombreux. Liz a une forte personnalité. Hélène, son assistante, fait un peu double emploi avec elle.

Nous avons appris à travailler avec nos deux maquettistes extérieurs, qui sont très équipés.

Aujourd'hui, on a plutôt besoin d'un « premier poste » pour aider Liz. Elle formerait un jeune sur place.

TRICKS OF THE TRADE

What's your turn over?

Turn over means *rotation, mouvement, renouvellement.*

labour turnover = *fluctuation de personnel, rotation du personnel.*

turnover of goods = *écoulement des marchandises.*

turnover of stocks or inventory turnover (US) = *rotation des stocks.*

Le « chiffre d'affaires » se traduit par l'idée de « mouvement ».

What's your turnover? = *Quel est votre chiffre d'affaires ?*

chiffre d'affaires hors taxes = turnover net of taxes, or turnover excluding taxes.

Was he made redundant ?

Redundant = *redondant, superflu, en surnombre.*

to be made redundant = *être mis au chômage.*

John and I were just studying possible cash-flow improvements. And there was precisely one I was going to suggest. But I'm delighted to do it while you're here.

Pierre : Go ahead, David!

David : If I were you, I wouldn't hire a new chief accountant...

Pierre : You can't be serious, David?

David : Just a minute! Of course the work must be done! But you've got Mrs. Rochefort who is today very capable at the cash management aspects. To check the monthly accounts, why not use an accounting firm?

You'd have them working for twelve to sixteen weeks a year, and would thus save at least € 15,000 a year.

Whereas today you need a €300,000 turnover to bring in a €15,000 profit after tax...

Pierre : Are you sure of those figures?

David : Quite sure. That's the conclusion I've reached, and that's what prompted my leaving the company.

Moreover, the way it would work - a set meeting every month and phone calls or a quick conversation whenever necessary - would fit in perfectly with an accounting firm's methods.

With the Internet, it's so easy to keep in touch! And the customer-supplier relationship is one of the healthiest of all!

Anyway, I'm going to study what should be done here and what should be done by an accounting firm... or a chief accountant!

Pierre : This may well be a brilliant idea. Get going right away! When will you be able to give me more info?

David : Give me three days. Can we discuss it on Tuesday?

Pierre : Do you have a lot more ideas like that in store?

John : I've got another one, although I haven't quite thought it out yet.

Pierre : We can think it out together! We're listening, John!

John : Here it is : since we're doing less mail-order selling, there are too many of us here. Liz has a strong personality. Hélène, her assistant, is a bit redundant.

We are used to working with our two free-lance graphic designers, who are well-equipped.

Today we only really need a beginner to help Liz out. She could train a young person on the spot.

TRICKS OF THE TRADE

Think about it!

To think = *penser, croire.*

I thought so = *C'est bien ce que je pensais.*

He's thinking of moving = *Il songe à déménager.*

I can't think of where I put my glasses = *Je n'arrive pas à me rappeler où j'ai mis mes lunettes.*

This is the plan I thought up = *Voici le plan que j'ai imaginé.*

I'll think it over = *J'y réfléchirai.*

I wouldn't think of doing that = *L'idée ne me viendrait jamais de faire cela.*

I don't think much of him = *Je ne le tiens pas en grande estime.*

I think highly of him = *Je pense le plus grand bien de lui.*

Think about it! = *Réfléchissez-y !*

Pierre : – Que faisait Hélène avant de venir chez nous ?

John : – Son métier d'origine, c'est la diffusion en librairie. En fait, le contact avec les détaillants – les libraires – lui manque. C'est elle qui le dit. Elle trouve que nous ne leur téléphonons pas assez !

Pierre : – Vous laissez entendre, qu'elle n'a pas le profil du poste ?

John : – Hélène, c'est quelqu'un qui a la bosse du commerce. Elle a besoin du contact avec la clientèle. Ce n'est pas une intellectuelle. Ici, elle sera toujours barrée par Liz. Elle n'a pas le profil du poste. C'est vrai.

Pierre : – Vous devriez parler d'elle à Soulier. Samarcande est en plein développement en ce moment. Ils viennent de prendre deux nouveaux clients, et des gros !

C'est peut-être, pour elle, le moment de changer… ce n'est jamais bon de travailler à contre-emploi !

(À David)

Est-ce que vous pourriez regarder les avantages dont on bénéficie quand on embauche un jeune pour un premier job ? C'est compliqué et ça change tout le temps…

Décidément, nous allons beaucoup nous voir la semaine prochaine ! Bon, j'ai un rendez-vous ; je vous quitte.

John *(à David)* : – L'après-midi a été fructueuse. Le programme d'économie porte sur 15 000 € et 22 500, soit 37 500 €…

David : – C'est ce qui s'appelle « s'adapter aux circonstances » ! Mais ne perdez pas de vue nos ventes en librairie, John !

Wendy avait vu juste !

Pierre n'a jamais parlé à John d'un changement de statut dans la société. Il ne lui a pas proposé de devenir associé, par exemple en acquérant des parts et en devenant, petit à petit, propriétaire d'une partie du capital.
Les événements donnent donc raison à John… et à Wendy. D'autant plus que son salaire fait un bond substantiel et qu'il peut espérer que sa carrière ne s'arrêtera pas là ; sans parler de l'expérience qu'il va acquérir chez SABB.
Pourtant, il est probable qu'il n'y sera pas « chouchouté » comme il l'était chez Saville !

48 Le pot d'adieu de John

Pierre, John, Estelle et tout le personnel

Après son rendez-vous avec le président de Swan and Bear Books, John a eu le plaisir de recevoir sa lettre d'engagement le 15 décembre 2005. Il a été engagé au salaire de 75 000 € par an.

Après en avoir discuté, Pierre et John sont tombés d'accord sur la date de départ effective de John : le 28 février 2006.

Pierre : What was Hélène doing before she came here?

John : She was originally trained for distribution in bookstores. In fact, she misses being in touch with the retailers - the bookstores. She says so herself. She thinks we don't call them up often enough!

Pierre : You're implying she's not suited for her position?

John : Hélène is a sales genius. She needs to be in touch with customers. She's not an intellectual. Here, she'll always be blocked by Liz. She's not suited for the job. It's true.

Pierre : You should talk to Soulier about her. Samarcande is booming right now. They've just taken on two new clients, and big ones too!

It might be the right time for her to move on... It's never a good thing to be ill-suited for a job!

(To David)

Could you look into the benefits granted for employing a young person for the first time? It's a complicated matter and the legislation keeps changing...

We are definitely going to see a lot of each other next week! Now, I have an appointment; I must go.

John *(to David)* **:** That was a productive afternoon. The planned savings amount to € 15,000 plus 22,500, a total of € 37,500...

David : That's what's called "making the best of circumstances"! But keep in mind our bookstore sales, John!

48 John's farewell party

Pierre, John, Estelle and the entire staff

After his appointment with the President of Swan and Bear Books, John had the pleasure of receiving a formal letter of appointment on December 15, 2005. He was being given a € 75,000 yearly salary.

After discussing the situation, Pierre and John agreed that John would leave on February 28, 2006.

TRICKS OF THE TRADE

Wendy was quite right!

Pierre never suggested to John that his status in the company might change. He never offered to make him a partner, for instance, through the purchase of shares, and let him gradually become the owner of a portion of the capital.
Events prove John was right... as was Wendy. Even more so as his salary greatly increases, and he can hope this is far from the end of his career; not taking into account the experience he will acquire at SABB.
Yet it is likely that he won't have as easy a time there as he had at Saville!

Pierre Saville a passé plusieurs semaines à chercher le remplaçant de John. Il a reçu plusieurs candidats et candidates, rue de l'Odéon.

Nous sommes le jeudi 28 février à 12 h 30.

Le bureau de John a été transformé en un grand buffet à l'occasion du pot d'adieu qu'il donne. Tout le monde est ému et chacun masque son émotion par des plaisanteries. Quand chacun a un verre plein à la main, Pierre prend la parole.

Pierre : – John, vous aviez un groupe et, de celui-ci, vous avez fait une équipe. Et pas n'importe laquelle ! Vous avez donné à tous un esprit combatif qui est la marque des plus grands !

Vous avez aussi apporté à cette société son équilibre, parce que vous êtes méthodique et que vous vous efforcez de tout prévoir. Ces deux qualités vous ont gagné l'estime et le respect de tous !

Je voudrais dire aussi que je ne suis pas trop inquiet pour votre avenir. Je crois que vous allez vous épanouir et mener une grande carrière chez des gens qui ont horreur de l'échec et font donc tout pour le prévenir.

Vous aurez aussi des moyens colossaux à votre disposition, mais tout ce que vous avez appris ici vous servira.

En définitive, les principes qui conduisent à la qualité et aux budgets respectés restent les mêmes, quelle que soit l'échelle d'une opération…

Il est dans l'ordre des choses que vous nous quittiez. Un jour ou l'autre, vous vous seriez trouvé à l'étroit ici.

Je suis certain que votre successeur enrichira Saville de ses idées, comme vous le faites tous chaque jour.

Tout le monde applaudit. John s'avance et parle à son tour.

John : – Inutile de vous dire que je suis très ému. On ne quitte pas facilement une entreprise aussi attachante que Saville & Cie… Je dois beaucoup à vous tous.

Chacun, à votre manière, vous m'avez montré comment s'exerçait l'un des plus beaux métiers qui soit.

En premier lieu, Pierre m'a appris non seulement qu'il fallait être exigeant, mais où il fallait être exigeant.

Cette année, nous avons vécu ensemble l'aventure « Gaillot » et, autour de Pierre, j'ai vu une équipe qui donnait le meilleur d'elle-même.

Laissez-moi vous souhaiter encore beaucoup de succès comme celui-là !

Je vais entrer dans une société qui est connue dans le monde entier… ce qui m'évite de la présenter !

A tip!

Fringe benefits = *avantages en nature.*

Keep together!

Get your things together! = *Ramassez vos affaires !*

Keep together! = *Restez ensemble !*

Together with yesterday's sales, we made 1,000 F = *Avec les ventes d'hier (et celles d'aujourd'hui), nous avons gagné 1000 F.*

both together : *les deux ensemble.*

Pierre Saville has spent several months looking for someone to replace John. He has interviewed several male and female applicants, rue de l'Odéon.

We are now Thursday, February 28, 12:30

John's office has been turned into a large buffet for his farewell party. Everyone is joking, trying not to be emotional. When everybody is holding a full glass, Pierre rises to speak.

Pierre : John, you were given colleagues and you turned them into a team. And not just any team! You gave them all the fighting spirit which is the characteristic of true winners!

You also gave the company its balance, because you are methodical, and try to foresee everything. These two qualities have won you everybody's respect!

I would also like to tell you that I'm hardly worried about your future. I think you'll blossom and pursue an impressive career in a company that cannot stand failure, and therefore does its best to prevent it.

You will be given colossal means, but everything you learnt here will be useful.

All in all, the principles which breed quality and enable you to remain within a budget are always the same, whatever the size of the company…

It's logical for you to be leaving us. One day or another, you would have felt cramped here.

I'm positive your successor will provide Saville with new ideas, as you all constantly do.

A round of applause. John comes forward.

John : It goes without saying that I am very moved. One doesn't readily leave such a likable company as Saville & Co… I owe you all a lot.

Each of you, in your own way, has shown me how to practice one of the greatest professions of all.

First of all, Pierre taught me not only that one has to be demanding, but in what areas one has to be demanding.

This year we lived the "Gaillot" adventure together, and, around Pierre, I discovered a high performance team.

Let me wish you many more ventures as successful as this one!

I'm about to start working for a world-famous company… which you all know only too well!

TRICKS OF THE TRADE

At your own risk!

Own = *propre.*

her own house = *sa propre maison.*

at your own risk = *à vos risques et périls.*

You are on your own = *C'est sous votre responsabilité.*

She does her own cooking = *elle fait la cuisine elle-même.*

to stand on one's own two feet = *voler de ses propres ailes.*

To own : *posséder, être propriétaire.*

Who owns this car? = *À qui appartient cette voiture ?*

to own up = *avouer.*

Aïe !

Avoid using "to possess" instead of "to own".

To be possessed means "physically possessed" by a man or the devil.

What possessed you? = *Qu'est-ce qui t'a pris ?*

TRICKS OF THE TRADE

I'll miss you Estelle!

Watch out! : *« Vous me manquez »* = I miss you.

How are you feeling?

To feel sorry for someone = *plaindre quelqu'un.*

How does it feel? = *Quel effet cela fait-il ?*

To feel up to doing something : *se sentir en forme pour faire quelque chose.*

How did you feel when he said that? = *Qu'avez-vous ressenti lorsqu'il a dit cela ?*

I feel that I'm right : *Je pense que j'ai raison.*

Je vais y faire de la VPC à grande échelle. J'espère qu'entre l'organisation américaine et la créativité française, je vais trouver ma place. Mais je sais déjà que je n'oublierai pas les quatre, presque cinq ans passés au milieu de vous. Je lève mon verre à la réussite des éditions Saville ! *(Applaudissements)*

Pierre *(reprend la parole)* **:** – Vous ne m'en voudrez pas de profiter de cette petite fête pour annoncer l'arrivée de votre successeur. C'est une jeune femme qui s'appelle Margaret O'Neill.

Pour ne pas manquer à la tradition, elle est aussi internationale que nous le sommes tous ici, puisque son père est américain et sa mère danoise. Mais elle a passé une grande partie de sa vie en France.

Elle est d'ailleurs sortie d'HEC en juin dernier. Je suis sûr que vous lui ferez bon accueil.

Un mouvement a lieu dans le fond du bureau. C'est Estelle qui s'approche de John, un petit paquet à la main.

Estelle : – Je suis le porte-parole de tout le monde ici, John, pour vous dire que nous sommes tristes et que vous allez nous manquer.

Finalement, on s'était habitué à vos changements de rythme... et quelquefois d'humeur. *(Rires et airs entendus dans la pièce)* Pour que vous n'oubliiez ni vos avions, ni vos billets, ni vos taxis, et surtout pas vos rendez-vous, nous avons pensé que ce petit cadeau pouvait vous être utile.

John ouvre le paquet devant tout le monde et découvre une montre d'un modèle sobre et raffiné. Il cache mal sa surprise.

John *(en riant)* **:** – Vous voulez que je pense à vous à chaque instant ! Eh bien, vous avez gagné ! Je vous remercie tous !

Il a du mal à partir. On doit presque le pousser dehors.

I'm going into large-scale mail-order selling. I hope that, given their American sense of organization and their French creativity, I'll be happy there. But I already know I'll never forget the four, almost five years spent with you. I raise my glass to Saville's success! *(Applause)*

Pierre *(then stands to speak)* **:** You won't mind if I take advantage of this opportunity to announce your successor's arrival : she's a young woman by the name of Margaret O'Neill.

To keep the tradition going, she's as international as we all are here, since her father is American and her mother Danish. But she's spent most of her life in France.

She actually graduated from HEC last June. I'm sure you'll give her a warm welcome.

There is some commotion at the back of the crowd. Estelle is trying to move up closer to John; she's holding a small package.

Estelle : In everybody's name here, I'd like to tell you, John, how sorry we are you're leaving and how much we are going to miss you.

We had finally got used to your various timings… and to your occasional mood changes. *(Laughter and knowing glances are exchanged around the room)* So that you forget neither your planes nor your tickets, nor your taxis, and - heaven forbid! - your appointments, we thought this little gift might come in handy.

John opens the package in front of everybody and unwraps a distinctive and elegant wristwatch. He has trouble hiding his surprise.

John *(laughing)* **:** You want me to remember you every minute! Well done! Thanks to all of you!

He has a hard time leaving and must almost be ushered out the door.

TRICKS OF THE TRADE

Your turn Margaret!

To turn forty = *avoir 40 ans.*

to turn against someone = *se retourner contre quelqu'un.*

to turn away = *se détourner.*

to turn back = *rebrousser chemin.*

to turn down an offer = *refuser une offre.*

to turn off = *éteindre.*

to turn on = *allumer.*

to turn out to be = *se révéler, être.*

to turn up = *apparaître.*

to turn something over to someone = *transmettre quelque chose à quelqu'un.*

Table des "Tricks of the trade"

- Attention, danger !
- Gaillot is no big fish…
- Look out, John!

Scène 11

- Can you figure it out?
- Don't delay it!
- Are you 3 weeks ahead of time?
- You can rely on this!
- Don't paint it black!
- Stay in his good books!

Scène 12

- Will you be my guest?
- Please join us!
- More invitations!
- Get to the point!
- Try this!

Scène 13

- What is done and what is made!
- A nose?
- What is done and what is made! (continued)
- Speak for yourself!
- I can't afford it!
- Alone and lonely

Scène 14

- Fight for it!
- Pierre n'est pas dupe !
- Habile !
- As cool as a cucumber!
- With the American publisher…
- Mail order is good for your wallet!

Scène 15

- How did it go?
- Her shoes… or yours?
- Bit, bite, beat?
- A good match for him!
- Quel est le bénéfice ?
- A profit!

Scène 16

- Question de point de vue !
- It depends how you look at it!
- A little or a few?
- Get the competition going!
- Have you quite understood?
- That may well be true!

Scène 17

- I can hardly hear you!
- À vous de jouer !
- Who's doing the catering?
- A good bet?
- Formal or informal?

Scène 18

- Mrs, Miss, Ms or Mr?
- Lots of!
- How about it!
- Internship or training period?
- Don't get upset!
- Are you through?

Scène 19

- Are you for it or against it?
- Come, come!
- May I introduce myself?
- Cut it out!
- Come, come! (continued)
- Late again?

Scène 20

- Can you make it?
- Can you make it? (continued)
- Take it…

… or leave it!

- Bonnes vacances !
- Ce n'est pas la mer à boire !

Scène 21

- Can you manage it?
- The management
- Du toc !
- Ingénieur ?

Les 1 000 mots anglais qui vous ouvriront bien des portes

Ces mots ont souvent d'autres sens. Nous indiquons ici celui qui est le plus souvent utilisé dans le cadre professionnel.

A

Abilities : compétences

Accept (to) a call : accepter (de payer) un appel en PCV

Acceptance : acceptation

Access (to gain — to) : accéder à

According to : selon

Account (to take sthg into) : prendre (quelque chose) en compte

Accountancy : comptabilité

Accountant : comptable

Acknowledgement : accusé de réception

Acquaintance : connaissance

Act (to) as : agir en qualité de

Act (to) for : représenter, agir pour le compte de

Actual : proprement dit

Acumen : sens des affaires, pespicacité

Additional : supplémentaire
— charge : supplément

Addressee : destinataire

Adjourn (to) : ajourner, reporter, lever la séance

Advance : avance, retrait en liquide
— notice : préavis

Advise (to) : conseiller

Afford : (pouvoir) s'offrir

After date (A/D) (30 days A/D) : à 30 jours de la date de création de l'effet

After sight (A/S) (30 days A/S) : à 30 jours de présentation de l'effet

Agenda : ordre du jour

Agree on (to) : tomber d'accord sur

Agreement : accord

Ahead of schedule : avant la date prévue

Air consignment note : lettre de transport aérien (LTA), récépissé de transport aérien

Air way bill : lettre de transport aérien (LTA)

All-in : global

All risks insurance : police d'assurance tous risques

Alleged : allégué, prétendu

Allotment : attribution, répartition (d'actions)

Amazed : stupéfait

Amendment : modification

Annual report : rapport annuel

Answering machine : répondeur

Appeal (to) to : plaire à

Appliance : appareil (électrique)

Apply for (to) : faire une demande, se présenter à un poste

Appoint (to) : engager, nommer

Appointment : rendez-vous (professionnel)

Appraisal : estimation

Apprentice : apprenti

Apprenticeship : apprentissage

Approval (on) : à l'essai

Area code : indicatif (US) ; code postal (GB)

Arrange for (to) : faire le nécessaire pour que

Assembly line : chaîne de montage

Assent : acquiescement, accord

Assessment : estimation

Asset : atout

Assets : actif(s)

Assignable : transférable

Associate : partenaire (GB)

Assuming [that]: en supposant que

Astray (to go —) : s'égarer

Attend (to) : assister à

Attorney : avocat (US)

Audit (to) : vérifier, apurer

Authorized capital : capital social

Available : disponible, libre

Average : 1. (n.) moyenne ; 2. (adj.) moyen ; 3. (n.) avarie.

B

Back (to) : avaliser

Back (up) (to) : 1. soutenir ; 2. garantir

Backlog : retard

Badge : macaron, badge

Balance : 1. répartition ; 2. solde
— sheet : bilan

Banker's draft : traite bancaire
Bank
  — statement : relevé bancaire
  — transfer : virement bancaire
Bankrupt : en faillite
  to go — : faire faillite
Bargain (to) : marchander
Barter (to) : troquer
Batch : lot
Bearer : porteur
Beep : bip sonore
Behalf (on) of : au nom de
Benefit : avantage
Bid : enchère, offre
Bill : addition (GB) ; facture (US)
  — of exchange : lettre de change, traite
  — of lading : connaissement
  — of sale : contrat de vente
  — payable : effet à payer
  — payable at this office : domiciliation
  — receivable : effet à recevoir
Billboard : grande affiche, 4 × 3
Billion : milliard (US)
Blank : en blanc
Blanket insurance : assurance tous risques
Board (of directors) : conseil (d'administration)
Bond : obligation
Bonded goods : marchandises entreposées sous douane
Bonded warehouse : entrepôt de douane
Bonus : prime
Book (to) : réserver
Book-keeping : comptabilité
Booking : réservation
Boost (to) : 1. accroître, pousser ; 2. relancer
Bottleneck : goulet d'étranglement
Bottom line : résultat final, dernière ligne d'un bilan
Bound to : obligé de
Box (to) : mettre en caisse
Branch : succursale
Breakdown : panne
Brief (to) : mettre au courant
Broaden (to) : 1. élargir ; 2. approfondir
Brochure : brochure
Broker : courtier en assurances
Bulk (in —) : 1. en vrac ; 2. en gros
Bulky : encombrant
Burglary : vol, cambriolage
Busy : occupé
By-product : sous-produit

C

C.A.D. (cash against documents) : règlement à présentation des documents
Call back (to) : rappeler (au téléphone)
Call off (to) : annuler, arrêter
Call on (to) : faire appel (à)
Call up (to) : appeler (*au téléphone*)
Can : bidon
Cancel (to) : annuler
Cancellation : annulation
Canteen : cantine
Capital goods : moyens de production, biens d'équipement
Capture (to) : emporter, saisir, enlever (un marché)
Car rental: location de voiture
Career : carrière
Cargo : cargaison, chargement
Carriage : port
Carrier : transporteur
Carry out (to) : effectuer
Cash : liquide, espèces, comptant
  — flow : trésorerie
  — on delivery (COD) : envoi contre remboursement
Catch (to) : saisir *(un mot dans la conversation)*
Catch up with (to) : rattraper
Catering : restauration
Celebrate (to) : fêter
Certification : certification
Chair (to) : présider
Chairperson : président (de séance)
Chart : diagramme, courbe
Chartered accountant : expert comptable
Cheat (to) : frauder
Check (to) : vérifier
Check-in time : heure limite d'enregistrement *(avion)*
Check out (to) : régler sa note *(hôtel)*
Civil engineeing : travaux publics
Civil service : fonction publique
Claim : déclaration de sinistre (to put in a —)
Clarify (to) : déterminer avec précision
Classify (to) : classer
Clean draft : effet libre
Cleaning product : produit d'entretien
Clear (to) : dédouaner, passer en douane
Clearance : dédouanement
  — sales : liquidation *(en magasin)*
Clearing : compensation
  — house : chambre de compensation
Clerical staff : personnel administratif, de bureau
Clerk : employé de bureau (GB), vendeur (US)
Clock in/out (to) : pointer
Closed-circuit TV : télévision en circuit fermé
Code : indicatif
Coin : pièce de monnaie
Cold calling : démarchage par téléphone
Collect (to) : rassembler, recouvrer
Collection : encaissement
Come back (to) (to a point) : revenir (sur un point)

Come into force (to) : entrer en vigueur
Command : maîtrise
Commission (to) : commander
Commodities : denrées, marchandises
Company : société
— car : voiture de fonction
Compensate (to) : indemniser, dédommager
Compensation : indemnité, dédommagement,
Compete (to) : faire concurrence à
Competitive prices : prix concurrentiels
Competitor : concurrent
Compile (to) : rédiger
Complain (to) : adresser une réclamation
Complaint : réclamation (to make a —)
Complete (to) : achever, terminer
Complimentary tickets : billets gratuits, invitations
Comply with (to) : se conformer à
Component : composant
Comprehensive : complet
— policy : assurance tous risques
Compulsory : obligatoire
Conference facility : salle de conférence *(dans un hôtel)*
Congestion : encombrement
Connect (to) : brancher, relier, joindre
Consignee : destinataire, consignataire
Consignment : envoi, expédition, arrivage
— note : feuille d'expédition
Consignor : expéditeur
Consumer demand : la demande *(par opposition à l'offre)*
Consumption : consommation
Container : conteneur
Contribution : cotisation
Convention : congrès
Copy : exemplaire
Cordless : sans fil
Core departments : services généraux
Corporate : d'entreprise
— name : raison sociale
Corporation : groupe (*industriel et financier*)
Counterfoil : talon de chèque, souche
Counterpart : homologue
Courier (by —) : livraison express
Cover : couverture, garantie
under separate — : sous pli séparé
— letter (US) : lettre d'accompagnement
Covering letter (GB) : lettre d'envoi, d'accompagnement
Crate : caisse
Credit note : avoir
Credit terms : facilités de crédit
Criteria : critères (*sing: criterion*)
Crossed line : ligne (*téléphonique*) brouillée
Crowded : bondé
Crumble down (to) : s'effondrer
Crushproof : indéformable
Currency : monnaie, devise
Customer base : fichier clients
Customs : douane
Cutback : réduction
Cut down (to) : réduire
Cut off (to) : couper

D

Damage : dommage(s), avarie, dégâts, préjudice
Damages : dommages-intérêts
Day-to-day : de routine
Deadline : date limite
Debenture : obligation
Debt : dette, créance
bad — : créance douteuse
Decrease (to) : réduire, diminuer
Deed : acte, contrat
Deeds : titre de propriété
Deem (to) : estimer
Default : manquement
in — : non payé à la date prévue
Defer (to) : ajourner, différer
Delayed : retardé, différé
Delete (to) : biffer, supprimer, rayer
Delivery : livraison
— date : échéance, date de livraison
— note : bon de livraison
— order : bon de livraison
Demand (to) : exiger
— draft : effet à vue
Demo : 1. démonstration ; 2. manif
Deposit : acompte, arrhes (to pay a —)
Depreciation : amortissement
Deputy : adjoint
Desk-top computer : ordinateur de bureau
Details (to take — of s.o.) : prendre les coordonnées de quelqu'un
Device : dispositif, appareil
Dial (to) : composer (*un numéro*)
Dial : cadran
Diary : agenda
Dimensions : dimensions
Directory : annuaire
Discharge : déchargement
Discount : remise, escompte (to offer a —)
Dismiss (to) : licencier, congédier
Dismissal : licenciement
Dispatch (to) : expédier, envoyer
Display (on —) : exposé, en présentation
Display material : matériel d'exposition
Dispute : litige

Divert (to) : renvoyer (*des appels sur un autre poste*)
Dividend : dividende
Dock in (to) : se mettre à quai
Documentary credit : crédit documentaire
Domestic : national, régime intérieur
Double room : chambre pour deux
Down-payment : acompte, versement
Draft : 1. brouillon ; 2. traite
— contract : projet de contrat
Drawback : inconvénient
Drawee : tiré d'une traite
Drawer : tireur d'une traite
Drop : baisse
Drum : fût
Due date : échéance
Duration : durée

E

Eager : impatient
Eg (*exempli gratia*) : par exemple (*s'emploie à l'écrit*)
Earmark (to) : affecter, destiner, assigner
Earnings : 1. gains ; 2. bénéfices
Ecofriendly : qui respecte l'environnement, écologique
Economic : économique (qui a trait à l'économie)
Economical : bon marché
Efficiency : rendement
Efficient : efficace
Electronic mail (E-mail) : messagerie électronique
Emergency : urgence
End-user : utilisateur final
Endorse (to) : endosser, avaliser
Engaged : occupé *(ligne téléphonique)*
Engineer : technicien
Enquire about (to) : demander des renseignements sur
Entail (to) : comporter, entraîner, impliquer
Entertainment : distractions, spectacle
Entitled to : qui a droit à
Equipment : matériel
Equity share : action ordinaire
Equivalent : contre-valeur
Essentials : points essentiels
Estate : propriété
Estimate : estimation, calcul, devis
Event : manifestation
Evidence : preuve
Ex-warehouse : départ entrepôt
Ex-works : départ usine
Exchange bid : offre publique d'échange, OPE
Exchange rate : taux de change
Exhibition : exposition
Exhibitor : exposant
Exit : sortie *(d'autoroute)*
Expected : prévu
Expenditure : dépense
Expense (at our —) : à nos frais
Expiry date : date limite
Extension : 1. poste *(téléphonique)* ; 2. prorogation

F

Facility : 1. équipement, installation, infrastructure ; 2. prestation
Factoring : affacturage
Failure : échec
Family men : pères de famille
Fault : défaillance
— part : pièce défaillante
Feature : caractéristique, particularité
Feedback : information en retour
Fee : 1. honoraires (plur.) ; 2. cotisation, droit d'entrée (sing.)
Fiddle (to) : frauder, « tripatouiller »
Figure : chiffre
File (to) : classer
File : dossier
to have on — : avoir dans ses dossiers
Fill in (to) : compléter
Final : définitif, sans appel
Financial terms : conditions de paiement
Financial year : exercice annuel
Findings : résultats, conclusions
Fine : amende
Fire (to) : renvoyer
Fire brigade : pompiers
Fire resistant : à l'épreuve du feu
Fit (to) : correspondre
Fix (to) : arranger
Fixed assets : actif immobilisé
Flat back : camion plateforme
Flexible : 1. souple (d'emploi) ; 2.variable
Flexitime : horaire variable
Floor price : prix plancher
Floppy disk : disquette
Flowchart : organigramme
Folder : dépliant, chemise
Follow-up : suivi
Force majeure : force majeure
Forecast (to) : prévoir
Forgery : contrefaçon
Forecast : prévision
Foreign currency : devise étrangère
Foreman : contremaître, chef d'équipe
Foresee (to) : prévoir
Forgery : contrefaçon
Forklift truck : chariot élévateur
Fortnight : deux semaines
Forwarding agent : transitaire
Frame : cadre, infrastructure
Frank (to) : affranchir
Frantic : hors de soi
Free
— of charge : gratuit
— trade : libre échange
Freight : fret
— department : service de fret
— forwarder : transitaire
— prepaid : port payé

Fringe benefits : avantages sociaux ou en nature
Frozen food : produits surgelés
Fulfil (to) : accomplir, remplir
Full payment : paiement intégral

G

Gap : trou, déficit
General delivery (US) : poste restante
Get back (to) to : rappeler, contacter à nouveau
Get off (to) : descendre
Go by (to) : s'écouler *(en parlant du temps)*
Goal : objectif
Goods : biens, marchandises
Go through (to) : traverser
Grade : classe, échelon, rang, catégorie
Graduate : titulaire d'une licence universitaire
Grateful : reconnaissant
Gross : brut
Growth : croissance
Guest : invité

H

Half year : semestre
Handbook : manuel d'instructions
Handling : manutention
— charge : frais de dossier
Hands-on : sur le tas
Hand over (to) : remettre, délivrer
Handset : combiné téléphonique
Hang up (to) : raccrocher au téléphone (US)
Hard currency : devise forte
Hard disk : disque dur
Head office : siège social
Highlight (to) : souligner
Highly sophisticated : perfectionné
Hire (to) : embaucher, engager
— purchase : achat à crédit
Hit : touché, atteint (cible)
Hold (on —) : en attente (to put a call on hold)
Hold-up : retard, empêchement, arrêt
Hold facility : mise en attente *(d'un appel téléphonique)*
Holding : valeur, titre, avoir en portefeuille
Hook (to take off the —) : décrocher [le téléphone]
Host company : société invitant
How long ? : combien de temps ?

I

Implement (to) : mettre en application, en œuvre
Imply (to) : laisser entendre
Imports : importation
Improve (to) : améliorer
Incentive : stimulant
Income : revenu
— tax : impôt sur le revenu
Incur (to) : contracter
Inducement : encouragement
Industrial estate : zone industrielle
Inflate (to) : gonfler
Information : renseignements
Innovative : novateur
Insolvent : insolvable
Install (to) : installer *(une machine)*
Installation : mise en place
Instalment : acompte
Instant coffee : café soluble
Insurance : assurance
— certificate : attestation d'assurance
Interest rate : taux d'intérêt
Interference : parasites
Internship : stage en entreprise (US)
Introduce (to) oneself : se présenter
Inventory : inventaire
Investor : investisseur
Invitation to tender : appel d'offres
Invoice : facture
Invoiced : facturé
Involve (to) : comporter
Irreplaceable : irremplaçable
Issue (to) : publier, émettre
Item : article
Itemize (to) : détailler

J

Job-sharing : partage de poste
Jobber : grossiste en Bourse
Join (to) : assembler
Jump (to) : monter en flèche

K

Keep to (to) : s'en tenir à
Keep up with (to) : rester, se tenir au courant
Key : touche
— account : gros client, gros compte
Keyboard : clavier
Kite : traite de cavalerie

L

Labelled : étiqueté
Labour : main-d'œuvre
Lack (to) : manquer
Land (to) : débarquer
Lapse of memory : trou de mémoire
Last (to) : durer
Last minute : de dernière minute
Latest : dernier en date
Launch (to) : lancer, présenter au public
Launch : lancement
Lawsuit : procès
Lawyer : avocat
Leading edge technology : technologie de pointe
Leaflet : dépliant
Leak : 1. fuite (a gas —) ; 2. indiscrétion
Leave : congé

Left out : omis
Legal tender (to be) : avoir cours légal
Let alone : encore moins
Letterhead : en-tête
Levy on (to) : prélever sur
Liabilities : passif
Liability : responsabiblité (*financière*)
Liable to : susceptible de, passible de
Liaise (to) : assurer la liaison
License : patente
Lifespan : espérance de vie
Likely : vraisemblable, possible
Link : liaison
Liquid : disponible (*argent*)
Liquidation : dépôt de bilan, faillite
Literature : documentation
Load (to) : charger (GB)
Load : chargement (GB)
Loan : 1. emprunt ; 2. prêt
Long-range : long terme
Long-time buyer : acheteur fidèle
Look forward to (to) : se faire un plaisir à l'idée de, se réjouir à l'idée de
Look up (to) : chercher un numéro
Loose : en vrac
Lorry : camion (GB)
Lump sum : prime de départ

M

Machinery : machines
Mail (US) : courrier
Maintain (to) : entretenir
Major : important, majeur
Make out (to) : libeller, faire *(un chèque)*
Make up (to) : compenser, compléter
Manage (to) : 1. diriger ; 2. organiser ; 3. parvenir
Managing director : directeur général
Manpower : main-d'œuvre
Manufacture (to) : fabriquer
Map : plan
Margin : marge
Marital status : situation de famille
Market (to) : commercialiser
Maturity : échéance
Meeting : rendez-vous, réunion
Memo pad : bloc-notes
Merge (to) : fusionner
Merger : fusion
Middleman : contremaître
Minimum fee : tarif/taxe minimum
Minor : mineur, simple, petit
Minutes : procès-verbal, compte rendu (to take the — of a meeting)
Misinform (to) : mal renseigner
Misinterpret (to) : mal interpréter
Missing : manquant
Misunderstanding : malentendu
Modem : modem, liaison téléphone/ordinateur
Moonlighting : travail au noir
Mortgage : 1. emprunt-logement ; 2. hypothèque
Mouse : souris

N

Negligence : faute professionnelle, négligence grave
Network : réseau
Notify (to) : aviser, signaler

O

Obliged (to be —) : être forcé
Obsolete (to become) : devenir périmé
Occur (to) : arriver, avoir lieu
Offset (to) : compenser
Off sick : en congé de maladie
Off the books : au noir
Off the hook : décroché *(téléphone)*
Offense : infraction
One-off : isolé, qui ne va pas se reproduire
One-shot : isolé
One-to-one : tête-à-tête
Operate (to) : faire fonctionner
Operating system : système d'exploitation
Operator : 1. opérateur (operator call) ; 2. standardiste
Opinion (in my —) : à mon avis
Order : commande
— book : carnet de commandes
— form : bon de commande
Ordinary share : actions ordinaire
Otherwise : sinon, autrement
Outgoing call : appel (*téléphonique*) vers l'extérieur
Outlay : investissement
Outlet : point de vente, débouché
Outline (to) : donner les grandes lignes
Outlook : 1. perspective ; 2 conception, point de vue
Out of order : en dérangement
Output : production
Outspace (to) : distancer, dépasser
Oustanding : impayé, arriéré, en souffrance
— payment : montant restant à payer
Over (to be just —) : dépasser légèrement
Overall : général, global
Overcharge (to) : demander un prix excessif, surfacturer
Overdraft : découvert
Overdrawn (OD): à découvert
Overdue : en retard, impayé, arriéré
Overhead costs : frais généraux
Overhead projector (OHP) : rétroprojecteur
Oversight : oubli
Overtime : heures supplémentaires
Overview : vue d'ensemble
Own (to) : posséder

P

Pace : rythme, allure
Pack (to) : emballer
Packaging : conditionnement
Packing : emballage
 — list : liste de colisage
Palletise (to) : pallettiser
Pamphlet : dépliant, brochure
Paperwork : paperasserie, écritures, travail administratif
Parent compagny : société-mère
Parking lot : parking
Part-time : à temps partiel
Partner : associé (US)
Party : réception
Pass : laissez-passer
Patent (to) : breveter
Patent : brevet
Pattern : modèle, schéma
Pay back (to) : rembourser, restituer
Pay up (to) : régler, s'acquitter, payer intégralement
Payable on : règlement à
Payee : bénéficiaire
Peak (to) : atteindre un sommet
Pending : pendant, en attente
Pension : retraite (*somme reçue*)
 — fund : assurance vieillesse
 — scheme : caisse de retraite
Percentage terms (in —) : en pourcentages
Perks : avantages en nature
Phonebooth : cabine téléphonique
Pick up (to) : 1. décrocher (le récepteur)
 2. enlever (to pick someone up : prendre quelqu'un en voiture)
 3. reprendre, se redresser
Pie chart : « camembert » (en infographie)
Pilferage : larcin, chapardage
Pipeline (in the —) : à l'étude, en cours, prévu
Place (to) : passer (*une commande*)
Plant : usine
Plastic film : pellicule plastique
Play back (to) : écouter *(des messages sur un répondeur)*
Pledge : gage, nantissement
Plough back (to) : réinvestir
Plummet (to) : tomber en chute libre
Point : question, problème
 to make a — : faire une remarque
 — of sale : lieu de vente
 — advertising : PLV
 — of view : point de vue
 to see a — : comprendre un point de vue
Point out (to) : faire remarquer, souligner
Policy : politique, police d'assurances
Position : poste, emploi
Possible (to make it —) : permettre
Post : 1. poste, emploi ; 2. courrier (GB)
Poste restante (GB) : poste restante
Poster : (*petite*) affiche
Postpone (to) : différer
Preference share : action privilégiée (*Bourse*)
Premium : supérieur (adj.) ; prime (n.f.)
Press release : communiqué de presse
Prevail (to) : prévaloir, être en vigueur
Price increase : hausse des prix
Price list : tarifs
Pricing : fixation du prix
 — policy : politique des prix
Prime rate : taux préférentiel
Printed matter : imprimés
Proceedings: délibérations
Proceeds : montant, somme recueillie
Process : processus
Product manager : chef de produit
Productivity : rentabilité
Profit : bénéfices
 — margin : marge bénéficiaire
 — sharing : intéressement, participation aux bénéfices
Profitable : rentable, financièrement intéressant
Proforma (invoice) : (facture) pro forma
Projected : prévu
Promote (to) : promouvoir
Proposal : proposition
Pros and cons : le pour et le contre
Prospect : 1. cible publicitaire, client potentiel, prospect ; 2. perspective (*d'avenir*)
Provide (to) : fournir
Provided that : à condition que
Provisional(ly) : provisoire(ment)
Proxy (by —) : par procuration
Public liability (insurance) : (assurance de) responsabilité civile
Purchase : achat
Put back (to) : retarder
Put forward (to) : proposer, avancer *(un nom, …)*
Put right (to) : arranger *(quelque chose)*
Put up (to) monter, installer *(un stand)*

Q

Quarter : trimestre
Quarterly : trimestriel
Query (to) : demander des explications (to — an invoice)
Quotation : prix, cours
Quote : devis

R

Raise (to) : soulever (*une question*)
 — a loan : émettre un emprunt
Range : 1. gamme, choix, éventail ; 2. portée, rayon d'action
Rate of exchange : taux de change
Raw materials: matières premières
Reach (to) : atteindre

Real estate : l'immobilier
Rebate : remise
Receipt : 1. réception ; 2. récépissé, reçu, quittance
Receiver : récepteur
Receptionist : hôtesse d'accueil, réceptionniste d'hôtel
Recipient : 1. destinataire ; 2. réceptionnaire
Reckon (to) : calculer
Recover (to) : recouvrer, reprendre
Red-tape : paperasserie
Redundancies : licenciements économiques, «dégraissages»
Redundant (to be made —) : (être) licencié économique
Refer (to) : se référer, faire référence à
Referee : répondant, référence
Refund : remboursement
Registered : recommandé (*courrier*)
Regulations : réglementation
Reliability : fiabilité
Reliable : fiable
Relieve (to) : alléger
Relinquish (to) : abandonner
Reluctantly : à contre-cœur
Reminder : rappel
Remittance : versement
Remote control : télécommande
Rent : loyer
Rep : représentant de commerce
Repayment : remboursement
Replacements : articles de remplacement
Report : rapport
Request : demande
Require (to) : avoir besoin de
Requirement : besoin
Research : recherche
Reserves : réserves
Resident : habitant
Resign (to) : démissionner
Resignation : démission
Resume : curriculum vitae (US)
Retained earnings : bénéfices non distribués
Retire (to) : prendre sa retraite
Return : 1. rendement ; 2 . aller-retour
— load : fret de retour
— mail (by —) (US) : par retour du courrier
— of post (by —) (GB) : par retour du courrier
Revalue (to) : réévaler
Review (to) : (ré)examiner
Revolving credit : crédit renouvelable
Rid (to get — of) : se débarrasser de
Rider : avenant
Ring off (to) : raccrocher (GB)
Ring up (to) : appeler au téléphone (GB)
Rise : augmentation
Rival : concurrent
Routine : usages
Row : dispute
Ruined : gâché, abîmé
Rummage (to) : fouiller *(dans les affaires de quelqu'un)*
Run (to) : 1; diriger, gérer ; 2. faire fonctionner (*une machine*)

S

Safety instructions : consignes de sécurité
Sake (for one's —) : dans l'intérêt (*de quelqu'un*)
Salary package : salaire plus avantages
Salary requirements : prétentions de salaire
Sales : ventes
— figures : chiffres de ventes
— force : force de vente
— manager : directeur commercial
Salesman : vendeur
Salvage (to) : récupérer
Sample : échantillon
Saturated : saturé
Save (to) : économiser
Schedule : planning, horaire
Scheduled services : vols réguliers
Scheme : plan
Scrap (to) : mettre au rebut
Sealed : scellé
Secondhand : d'occasion
Second mortgage : hypothèque
Security : 1. sécurité, confidentialité ; 2. valeur, titre
See to (to) : s'occuper de
Self-employed : travailleur indépendant
Sell out (to) : vendre la totalité du stock
Series : série
Service engineer : dépanneur, technicien réparateur
Set : jeu
Set back (to) : retarder
Set up (to) : créer
Setback : contretemps, échec
Settle (to) : 1. régler, décider de, trancher ; 2. solder (*un compte*)
Settle for (to) : régler *(la note)*
Settle on (to) : tomber d'accord sur
Settlement date : date d'échéance
Shareholder : actionnaire
Shelves : rayons
Ship (to) : charger, expédier
Shipment : chargement
Shop (to talk —) : parler travail, boutique, boulot
Shop steward : délégué syndical (GB)
Shortage : manque, pénurie
Shortlisted : retenu *(dans un premier temps avant décision finale)*
Show : spectacle, émission de télévision
Show s.o. around (to) : faire visiter à quelqu'un
Shrewd : finaud, avisé, malin
Shuttle : navette

Sick leave : congé maladie
Sight draft : effet à vue
Simultaneous translation : traduction simultanée
Single (journey) : (trajet) aller simple
Site : chantier, implantation
Skyrocket (to) : flamber (*prix*)
Slot : fente, créneau
Slowdown : ralentissement
Slump : récession, marasme, dépression
Smuggle (to) : passer en contrebande
Socket : prise de courant
Sole : exclusif
— and excluvise right : droit exclusif
Solicitor : avocat (GB)
Sophisticated : perfectionné
Sort out (to) : 1. classer, trier ; 2. régler une question
Spare parts : pièces détachées
Specific : particulier
Specification : caractéristiques techniques
Spending : dépenses
— capacity : pouvoir d'achat
Split delivery : livraison fractionnée
Spoiled : gâché, endommagé
Sponsorship : mécénat, parrainage
Spread : répartition
Spread (to) : étendre, étaler, se propager
Stack (to) : empiler
Staff : personnel
— representative : délégué du personnel
Stage : étape, stade, phase
Stand : stand
Standardised : normalisé
Standing charge : abonnement
Standing order : prélèvement bancaire
Staple : agrafe
Start-up costs : frais de démarrage
Statement : état, relevé de compte
Static : stationnaire
Stationery : papeterie, articles de bureau
Status : statut, état-civil
Statutory : prévu par la loi
Steady : régulier
Step up (to) : accélérer, augmenter
Stick to (to) : s'en tenir à
Stock
— control : 1. gestion des stocks ; 2. inventaire
— exchange : Bourse
— level : niveau des stocks
— market : bourse, marché financier
— position : état des stocks
Stockholder : actionnaire
Stockowner : actionnaire
in — : en magasin, en rayon
Stocks turnover : rotation des stocks
Storage : entreposage, magasinage
Streamline (to) : rationaliser
Strength : point fort
Strike (to go on —) : se mettre en grève
Strip down (to) : démonter *(un stand)*
Stub : souche, talon (de chèque)
Study : étude
Stunt : tour, coup, combine
Subject to : sous réserve de
Submit (to) : soumettre
Subscription : cotisation, abonnement
Subsidiary : filiale
Subsidy : subvention
Sue (to) : poursuivre, intenter un procès
Suit (to) : convenir
Sum up (to) : résumer
Summarise (to) : résumer
Sun roof : toit ouvrant
Superior : supérieur hiérarchique
Supervisor : surveillant, chef d'équipe
Supplier : fournisseur
Supposed to : censé
Surcharge : supplément, surtaxe
Surplus : excédent
Survey : 1. étude ; 2. expertise
Systematic : rationnel, méthodique

T

Takeover bid : OPA, offre publique d'achat
Take down (to) : démonter
Take over (to) : 1. prendre en charge ; 2. prendre le contrôle de
Tape : cassette
Target (to) : viser (*un marché*)
Target : objectif, cible
Tariff : tarif douanier, taxe à l'importation
Tax dodging : évasion fiscale
Telephonist : standardiste
Tell (to) the time : dire l'heure
Temp (to) : travailler comme intérimaire
Temping agency : agence de société d'intérim
Tender : soumission *(finance)*
Term : trimestre scolaire
Terms : conditions
— of payment : conditions de paiement
Threefold : triple (to increase — : multiplier par trois)
Tied up : occupé, débordé (*quelqu'un)*
Time charge : tarification selon le temps d'utilisation
Time draft : effet à échéance
Time limit : délai
Time-wasting : qui fait perdre du temps
Tip : « tuyau »
Tip off (to) : donner un tuyau
Toll-free number : numéro vert
Tool up (to) : s'équiper

Tow (to) : tracter, remorquer
Tow-away zone : stationnement interdit sous peine de mise en fourrière
Tractor-trailer : semi-remorque (US)
Trademark : marque de fabrique
registered — : marque déposée
Trade union : syndicat
Trading account : compte d'exploitation
Trading year : exercice
Trainee : stagiaire
Training package : formation complète
Training period : stage
Transfer order : ordre de virement
Transhipment : transbordement
Transmit (to) : émettre, diffuser
Treble : triple
Treble (to) : tripler
Trend : tendance
Trial : à l'essai (a — order)
Triplicate : triple exemplaire
Truck : camion (US)
Trust company : société de gestion
Trustee : curateur, administrateur
— in bankrupcy : syndic de faillite
Turnoff : sortie *(d'autoroute)*
Turnover : chiffre d'affaires

U

Under separate cover : sous pli séparé
Undertaking : engagement
Underwrite (to) : souscrire
Unit price : prix unitaire
Unit trust : société de gestion de portefeuille, SICAV
Unload (to) : débarquer
Unpaid leave : congé sans solde
Update (to) : mettre à jour, moderniser
Upkeep : entretien, maintenance
Upset (to) : bouleverser
Upward trend : tendance au redressement
User-friendly : convivial
Utilization : exploitation

V

Vacant situations : offres d'emploi
Valid : valable, valide
Value added tax : TVA
Van : camionnette
VAT invoice : facture avec TVA
VDU : console (d'ordinateur)
Venture capital : capital-risque
Venue : lieu de réunion, d'une exposition
Versus (v.) : contre
Vest in (to) : confier à
Void : nul
Voucher : bon (*de réservation*)

W

Wages : salaire
Wage rounds : négociations salariales
Waive (to) : renoncer à
Wake-up call : réveil par téléphone
Walk-out : débrayage, grève
Warehouse : entrepôt
Warn (to) : informer, avertir
Warranty : garantie
Waste : gaspillage, perte
Wear and tear : usure
Weigh (to) : peser
Weld (to) : souder
Well-renowned : renommé
Well-tried : rôdé
Whenever : chaque fois que
White-collar staff : employés de bureau
Wholesale : de gros
Wind up (to) : liquider *(se prononce comme bind)*
Wonder (to) : s'étonner
Word of mouth (by —) : (de) bouche à oreille
Work out (to) : établir, calculer
Workforce : personnel, main d'œuvre
Working life : durée de vie (*d'un appareil*)
Workload : charge de travail
Worth (for 10 F —) : pour une valeur de 10 F.
Wrap (to) : envelopper
Wreck : épave
Write off (to) : 1. annuler, supprimer des créances douteuses
2. passer en pertes et profits
Wrong (to be in the —) : être en tort

Y

Yield : rendement

The 1 000 French words that will open many doors

These words often have other meanings as well. We give here the most usual meaning in the business world.

A

Abandonner : to relinquish
Abîmé : ruined
Abonnement : standing charge, subscription
Accéder à : to gain access to
Accélérer : to step up
Acceptation : acceptance
Accepter (*de payer un appel en PCV*) : to accept a call
Accomplir : to fulfil
Accord : agreement, assent
tomber d'— sur : to agree on, to settle on
Accroître : to boost
Accusé de réception : acknowledgement
Achat : purchase
Achever : to complete
Acompte : deposit, instalment, down payment
Acquiescement : assent
Acquitter (s') de : to pay up
Acte : deed
Actif(s) : assets
— immobilisé : fixed assets
Action (*Bourse*)
— ordinaire : ordinary share, equity share
— privilégiée : preference share
Actionnaire : shareholder, stockowner
Addition : bill (GB), check (US)
Adjoint : deputy
Affacturage: factoring
Affecter : to earmark
Affiche : poster (*petite*), billboard (*panneau*)
Affranchir : to frank
Agence d'intérim : temping agency
Agenda : diary
Agir
— en qualité de : to act as
— pour le compte de : to act for
Agrafe : staple
Ajourner : to adjourn, to defer
Alléger : to relieve
Allégué : alleged
Aller simple : single
Aller-retour : return
Allure : pace
Améliorer : to improve
Amende : fine
Amortissement : depreciation
Annuaire : directory
Annulation : cancellation
Annuler : to call off, to cancel, to write off
Appareil : device
Appareil (électrique) : (electrical) appliance
Appel
— d'offres : invitation to tender
faire — à : to call on
sans — : final
Appeler (*au téléphone*) : to ring up (GB), to call up (US)
Application (mettre en —) : to implement
Apprenti : apprentice
Apprentissage : apprenticeship
Approfondir : to broaden
Arranger (*quelque chose*) : to put right, to fix
Arrêt : hold-up
Arrhes : deposit
Arriéré : overdue, outstanding
Arrivage : consignment
Arriver : to occur
Article : item
—s de bureau : stationery
Assembler : to join
Assigner : to earmark
Assister à : to attend
Associé : associate (GB), partner (US)
Assurance : insurance
— tous risques : blanket insurance, comprehensive policy
— vieillesse : pension fund
Atout : asset
Atteindre : to reach

Atteint *(objectif)* : hit
Attente (en —) : 1. pending ; 2. on hold *(appel)*
Attestation (d'assurance) : (insurance) certificate
Attribution : allotment
Augmentation : rise
Avaliser : to back, to endorse
Avance : advance
Avant la date prévue : ahead of schedule
Avantage : benefit
—s en nature : perks
—s sociaux : fringe benefits
Avarie : damage, average
Avenant : rider, addendum
Avertir : to warn
Avis (à mon —) : in my opinion
Avisé : shrewd
Aviser : to notify
Avocat : lawyer, attorney (US), solicitor (GB)
Avoir (n. m.) : holding, credit note

B

Badge : badge
Baisse : drop
Bénéfices : profit, earnings
— non distribués : retained earnings
Bénéficiaire : payee
Besoin : requirement
avoir — de : to require
Bidon : can
Biens : goods
— d'équipement : capital goods
Biffer : to delete
Bilan : balance sheet
Bip sonore : beep
Blanc (en —) : blank
Bloc-notes : memo pad
Bondé : crowded
Bon
— de commande : order form
— de livraison : delivery note, delivery order
— de réservation : voucher
Bouche à oreille (de) : word of mouth (by)
Bouleverser : to upset
Bourse (des valeurs) : Stock Exchange
Brancher : to connect
Brevet : patent
Breveter : to patent
Brochure : pamphlet, brochure
Brouillée (*ligne téléphonique*) : crossed (line)
Brouillon : draft
Brut : gross

C

Cabine téléphonique : phonebox, booth
Cadran : dial
Cadre : frame
Caisse : crate
mettre en — : to box
Calculer : to reckon, to work out
Cambriolage : burglary
« Camembert » (*infographie*) : pie chart
Camion : lorry (GB), truck (US)
— plateforme : flat back
Camionnette : van
Cantine : canteen
Capital-risque : venture capital
Capital social : authorized capital
Caractéristique : feature
— technique : specification
Cargaison : cargo
Carnet de commandes : order book
Carrière : career
Cassettte : tape
Catégorie : grade
Censé : supposed to
Certification : certification
Chaîne de montage : assembly line
Chambre de compensation : clearing house
Chambre pour deux : double room
Chantier : site
Chapardage : pilferage
Charge
— de travail : workload
prendre en — : to take over
Chargement : cargo, load (GB), shipment (US)
Charger : to load, to ship
Chariot élévateur : forklift truck
Chef d'équipe : foreman, supervisor
Chef de produit : product manager
Chemise : folder
Chercher (*un numéro*) : to look up
Chiffre : figure
— d'affaires : turnover
— de ventes : sales figures
Cible : target
— publicitaire : prospect
Classe : grade
Classer : to classify, to file, to sort out
Clavier : keyboard
Code postal : area code (GB), ZIP code (US)
Colisage (liste de —) : packing list
Collection : series
Combien (de temps ?) : how long?
Combine : stunt
Combiné téléphonique : handset
Commande : order
passer une — : to place an order
Commander : to commission
Commercialiser : to market
Communiqué de presse : press release
Compensation : clearing
Compenser : to make up for, to offset
Compétences : abilities
Complet : comprehensive
Compléter : to make up, to fill in

Comporter : to entail, to involve
Composant : component
Composer (*un numéro*) : to dial
Comptabilité : accountancy, book-keeping
Comptable : accountant
Comptant (*argent* —) : cash
Compte (prendre en —) : to take sthg into account
Compte-rendu : minutes (to take the — of a meeting)
Compte d'exploitation : trading account
Conception : outlook
Conclusions : findings
Concurrence (faire — à) : to compete with
Concurrent : competitor, rival
Concurrentiel (prix) : competitive price
Condition (à — que) : provided that
Conditionnement : packaging
Conditions : terms
— de paiement : terms of payment, financial terms
Confidentialité : security
Confier à : to vest in
Conformer (se) à : to comply with
Congé : leave
— maladie : sick leave
être en — de maladie : to be off sick
Congédier : to dismiss
Congrès : convention
Connaissance : acquaintance
Connaissement : bill of lading
Conseil (d'administration) : board (of directors)
Conseiller : to advise
Consignataire : consignee
Consignes de sécurité : safety announcements
Console (d'ordinateur) : VDU

Consommation : consumption
Contacter (à nouveau) : to get back to
Conteneur : container
Contracter : to incur
Contrat : deed
— de vente : bill of sale
Contre : versus , v.
Contrebande (passer en —) : to smuggle
Contrecœur (à —) : reluctantly
Contrefaçon : forgery
Contremaître : formeman, middle-man
Contretemps : setback
Contre-valeur : equivalent
Contrôle (prendre le — de) : to take over
Convivial : user-friendly
Coordonnées (prendre les — de quelqu'un) : to take details of s.o.
Correspondre : to fit
Cotisation : contribution, fee, subscription
Couper : to cut off
Courant
mettre au — : to brief
se tenir au — : to keep up with
Courrier : post (GB), mail (US)
Cours : quotation
en — : in the pipeline
avoir — légal : to be legal tender
Courtier en assurances : broker
Couverture : cover
Créance : debt
— douteuse : bad debt
Crédit
achat à — : hire purchase
— documentaire : documentary credit
— renouvelable : revolving credit
Créer : to set up
Créneau : slot
Critère : criterion (*plur. criteria*)
Croissance : growth
Curriculum vitae : resume (US)

D

Date
— d'échéance : settlement date
— de livraison : delivery date
— limite : expiry date
Débarquer : 1. to land ; 2. to unload
Débarrasser (se) de : to get rid of
Débordé (*quelqu'un*) : tied up
Débouché : outlet
Débrayage : walk-out
Déchargement : discharge
Décider de : to settle
Déclaration de sinistre : claim
Découvert (n.m.) : overdraft
à — : overdrawn, OD
Décroché (*téléphone*) : off the hook
Décrocher (*récepteur*) : to pick up (the phone), to take the phone off the hook
Dédommagement : compensation
Dédommager : to compensate
Dédouanement : clearance
Dédouaner : to clear
Défaillance : fault
Défaillant : faulty
Déficit : gap
Définitif : final
Dégâts : damage
« Dégraissages » : redundancies
Délai : time limit
Délégué
— du personnel : staff representative
— syndical : shop steward (GB)
Délibérations : proceedings
Délivrer : to hand over
Demande : request
demande (*par rapport à l'offre*) : consumer demand
faire une — : to apply for
Demander (*des explications*) : to query (an invoice)
Démarchage par téléphone : cold calling

Démarrage : start-up
Démission : resignation
Démissionner : to resign
Démonstration : demo
Démonter : to take down
 — un stand : to strip down a stand
Denrées : commodities
Dépanneur : service engineer
Départ
 — entrepôt : ex-warehouse
 — usine : ex-works
Dépasser : 1. to outspace ; 2. (*légèrement*) to be just over
Dépense : expenditure, spending
Dépliant : folder, leaflet, pamphlet
Dépôt de bilan : liquidation
Dépression : slump
Dérangement (en —) : out of order
Dernier (*en date*) : latest
Dernière minute (de —) : last minute
Descendre : to get off
Destinataire : addressee, consignee, recipient
Désuétude (tomber en —) : to lapse
Détailler : to itemize
Déterminer avec précision : to clarify
Dette : debt
Devis : estimate, quote
Devise
 — étrangère : foreign currency
 — forte : hard currency
Diagramme : chart
Différé : delayed
Différer : to defer, to postpone
Diffuser : to transmit
Dimensions : dimensions
Diminuer : to decrease
Directeur
 — commercial : sales manager
 — général : managing director
Diriger : to manage, to run
Disponible : available, liquid (*argent*)
Dispositif : device
Dispute : row
Disque dur : hard disk
Disquette : floppy disk
Distancer : to outspace
Distractions : entertainment
Dividende : dividend
Documentation : literature
Domiciliation : bill payable at this office
Dommages : damage
Dommages-intérêts : damages
Dossier : file
 avoir dans ses — : to have on file
Douane : customs
 passer en — : to clear
Droit
 — d'entrée : fee
 qui a — à : entitled to
Durée : duration
 — de vie (*d'un appareil*) : working life
Durer : to last

E

Échantillon : sample
Échéance : due date, maturity
Échec : failure, setback
Échelon : grade
Écologique : eco-friendly
Économique : 1. economic (qui a trait à l'économie) ; 2. economical (bon marché)
Économiser : to save
Écouler (s') : to go by (*en parlant du temps*)
Écouter (*des messages*) : to play back
Écritures : paperwork
Effectuer : to carry out
Effet
 — à échéance : time draft
 — à payer : bill payable
 — à recevoir : bill receivable
 — à vue : demand draft, sight draft
 — libre : clean draft
Efficace : efficient
Effondrer (s') : to crumble down
Égarer (s') : to go astray
Élargir : to broaden
Emballage : packing
Emballer : to pack
Embaucher : to hire
Émettre : to issue, to transmit
 — un emprunt : to raise a loan
Empêchement : hold-up
Empiler : to stack
Emploi : post, position
Employé de bureau : clerk (GB), white-collar staff
Emporter (*un marché*) : to capture
Emprunt : loan
 — logement : mortgage
Encaissement : collection
Enchère : bid
Encombrant : bulky
Encombrement : congestion
Encore moins : let alone
Encouragement : inducement
Endommagé : spoiled
Endosser : to endorse
Engagement : undertaking
Engager : to appoint, to hire
Enlever (un marché) : to capture (a market)
Ensemble (vue d'—) : overview
En-tête : letterhead
Entraîner : to entail
Entreposage : storage
Entrepôt : warehouse
 — de douane : bonded warehouse
Entreprise (d'—) : corporate
Entrer en vigueur : to come into force
Entretenir : to maintain
Entretien : upkeep
Envelopper : to wrap
Envoi : consignment
Envoyer : to dispatch
Épave : wreck

Équipement : facility
Équiper (s') : to tool up
Escompte : discount
Espèces (*argent*) : cash
Espérance de vie : lifespan
Essai (à l'—) : 1. on appro, on approval ; 2. trial
Essentiels (points —) : essentials
Estimation : appraisal, assessment, estimate
Estimer : to deem
Établir : to work out
Étaler : to spread
Étape : stage
État : statement
État-civil : status
Étendre : to spread
Étiqueté : labelled
Étonner (s') : to wonder
Étude : study, survey
  à l'— : in the pipeline
Évasion fiscale : tax dodging
Événement : event
Éventail : range
Examiner : to review
Excédent : surplus
Exclusif : sole
  droit — : sole and exclusive right
Exemplaire (n. m.) : copy
Exemple (par —) : eg (*ne s'emploie qu'à l'écrit*)
Exercice (*annuel*) : financial year, trading year
Exiger : to demand
Expédier : to dispatch, to ship (US)
Expéditeur : consignor
Expédition : consignment
Expertise : survey
Expert comptable : chartered accountant
Exploitation : utilization
Exposant : exhibitor
Exposé (adj.) : on display
Exposition : exhibition
  matériel d'— : display material
Express (livraison —) : by courier
Extérieur (appel vers l'—) : outgoing call

F

Fabriquer : to manufacture
Facilités de crédit : credit terms
Facture : bill (US), invoice
Facturé : invoiced
Faillite : liquidation
  en — : bankrupt
  faire — : to go bankrupt
Faire (*un chèque*) : to make out
Faute professionnelle : negligence
Fente : slot
Fêter : to celebrate
Feu (à l'épreuve du —) : fire-resistant
Feuille d'expédition : consignment note
Fiabilité : reliability
Fiable : reliable
Fichier clients : consumer base
Fidèle (acheteur —) : long-time (buyer)
Fil (sans —) : cordless
Filiale : subsidiary
Final (utilisateur —) : end-user
Finaud : shrewd
Flamber (*prix*) : to skyrocket
Fois (chaque — que) : whenever
Fonction publique : civil service
Fonctionner (faire —) : to operate, to run
Force
  — de vente : sales force
  — majeure : force majeure
Forcé (être —) : to be forced
Formation complète : training package
Fouiller (*dans les affaires de quelqu'un*) : to rummage
Fournir : to provide
Fournisseur : supplier
Fourrière (mise en —) : tow-away
Frais
  à nos — : at our expense
  — de démarrage : start-up costs
  — de dossier : handling charge
  — généraux : overhead costs
Frauder : to cheat, to fiddle
Fret : freight
  service de — : freight department
  — de retour : return load
Fuite : leak
  — de gaz : gas leak
Fusion : merger
Fusionner : to merge
Fût : drum

G

Gâché : ruined, spoiled
Gage : pledge
Gains : earnings
Gamme : range
Garantie : cover, warranty
Garantir : to back up
Gaspillage : waste
Général : overall
Gérer : to run
Gestion
  — de portefeuille : unit trust
  — des stocks : stock control
  société de — : trust company
Global : all-in, overall
Gonfler : to inflate
Goulet d'étranglement : bottleneck
Gratuit : complimentary, free [of charge]
Grève : strike, walk-out
  se mettre en — : to go on strike
Gros : wholesale
  en — : in bulk
  prix de — : wholesale price
Gros compte : key account
Grossiste en Bourse : jobber
Groupe (*industriel ou financier*) : corporation

H

Habitant : resident
Hausse des prix : price increase
Heure
  dire l'— : to tell the time
  — limite (*d'enregistrement*) : check-in time
  —s supplémentaires : overtime
Homologue : counterpart
Honoraires : fees
Horaire variable : flexitime
Hors de soi : frantic
Hôte : host
Hôtesse d'accueil : receptionist
Hypothèque : mortgage

I

Immobilier (n. m.) : real estate
Impatient : eager
Impayé : in default, outstanding, overdue
Implantation : site
Impliquer : to entail
Important : major
Importation : imports
Impôt sur le revenu : income tax
Imprimés : printed matter
Inconvénient : drawback
Indéformable : crushproof
Indemniser : to compensate
Indemnité : compensation
Indépendant (travailleur —) : self-employed
Indicatif (*téléphonique*) : code, area code (US)
Indiscrétion : leak (*dans le sens de fuite*)
Information en retour : feed back
Informer : to warn
Infraction : offense
Infrastructure : facility
Insolvable : insolvent
Installation : facility
Installer : to install (*une machine*) ; to put up (*un stand*)
Intenter un procès : to sue
Intéressement : profit sharing
Intérêt (dans l'— de quelqu'un) : for someone's sake
Intérieur : domestic
Intérimaire (travailler comme —) : to temp
Interpréter (mal) : to misinterpret
Inventaire : inventory, stock control
Investissement : outlay
Investisseur : investor
Invitation : complimentary ticket, invitation
Invité : guest
Irremplaçable : irreplaceable
Isolé (*événement*) : one-off, one-shot

J

Jeu : set
Joindre : to connect
Jour (mettre à —) : to update

L

Laisser entendre : to imply
Laissez-passer : pass
Lancement : launch(ing)
Lancer : to launch
Larcin : pilferage
Lettre
  — d'accompagnement : cover letter (US), covering letter (GB)
  — de change : bill of exchange
  — de transport aérien : air way bill, air consignment note
Lever la séance : to adjourn
Liaison : link
  assurer la — : to liaise
Libeller : to make out
Libre échange : free trade
Licence (titulaire d'une —) : graduate
Licenciement : dismissal, redundancy
Licencier : to dismiss, to fire
Lieu (avoir —) : to occur
Lieu de réunion : venue
Lignes (donner les grandes —) : to outline
Limite (date) : deadline
Liquidation (*en magasin*) : clearance sales
Liquide (argent —) : cash
Liquider : to wind up
Litige : dispute
Livraison : delivery
  fractionnée : split delivery
Location de voiture : car rental
Long terme : long-range
Lot : batch
Loyer : rent
LTA : air way bill, air consignment note

M

Macaron : badge
Machines : machinery
Magasin (en —) : in stock
Magasinage : storage
Main-d'œuvre : labour, manpower, workforce
Maintenance : upkeep
Maîtrise : command
Majeur : major
Malentendu : misunderstanding
Malin : shrewd
Manif : demo
Manquant : missing
Manque : shortage
Manquement : default
Manquer : to lack
Manuel d'instructions : handbook
Manutention : handling
Marasme : slump
Marchander : to bargain
Marchandises : commodities, goods
Marché financier : stock market

Marge : margin
  bénéficiaire : profit margin
Marque
  — de fabrique : trademark
  — déposée : registered trademark
Matériel : equipment
Matières premières : raw materials
Mécénat : sponsorship
Messagerie électronique : electronic mail, E-mail
Méthodique : systematic
Milliard : billion (US)
Mineur : minor
Minimum (taxe —) : minimum fee
Mise en place : installation
Modèle : pattern
Modem : modem
Moderniser : to update
Modification : amendment
Monnaie : currency
Montant : proceeds, amount
Monter
  — en flèche : to jump
  — un stand : to put up a stand
Moyen (adj.) : average
Moyenne (n.) : average
Moyens
  avoir les — de : to afford
  — de production : capital goods

N

Nantissement : pledge
National : domestic
Navette : shuttle
Nécessaire (faire le — pour que) : to arrange for
Négligence : negligence
Négociations salariales : wage rounds
Noir
  au — : off the books
  travail au — : moonlighting
Nom (au — de) : on behalf of
Nommer : to appoint
Normalisé : standardised
Novateur : innovative
Nul : void
Numéro vert : toll-free number

O

Objectif : goal, target
Obligation : bond, debenture
Obligatoire : compulsory
Obligé de : bound to
Occasion (d'—) : second-hand
Occuper (s') de : to see to
Occupé : busy ; (*ligne*) : engaged ; (*quelqu'un*) : tied up
Œuvre (mettre en —) : to implement
Offres d'emploi : vacant situations
Offre publique d'achat : takeover bid
Omis : left out
OPA : takeover bid
OPE (*offre publique d'échange*) : exchange bid
Opérateur : operator
  appel par — : operator call
Ordinateur de bureau : desk-top computer
Ordre de virement : transfer order
Ordre du jour : agenda
Organigramme : flowchart
Organiser : to manage
Oubli : oversight

P

Paiement intégral : full payment
Pallettiser : to palletise
Panne : breakdown
Panneau d'affichage : bilboard
Paperasserie : paperwork, red-tape
Papeterie : stationery
Parasites : interference
Parler travail : to talk shop
Parrainage : sponsorship
Partage de poste : job-sharing
Partenaire : associate (GB), partner (US)
Participation aux bénéfices : profit sharing
Particularité : feature
Particulier : specific
Parvenir : to manage
Passible de : liable to
Passif : liabilities
Patente : license
Pellicule plastique : plastic film
Pendant : pending
Pénurie : shortage
Père de famille : family man
Perfectionné : (highly) sophisticated
Périmé (devenir —) : to become obsolete
Permettre : to make it possible, to allow
Personnel : staff, workforce
  — administratif : clerical staff
Perspective : outlook, prospect
Perspicacité : acumen
Perte : waste
  passer par —s et profits : to write off
Peser : to weigh
Pièce
  — de monnaie : coin
  — détachée : spare part
Plaire à : to appeal to
Plan : 1. map ; 2. scheme
Plancher (prix —) : floor price
Planning : schedule
Pli (sous — séparé) : under separate cover
PLV : point-of-sale advertising
Pointe (technologie de —) : leading edge technology
Pointer : to clock in/out
Point
  — fort : strength
  — de vente : outlet
  — de vue : outlook, point of view
Police (d'assurance) : (insurance) policy
Politique : policy
  — des prix : pricing policy

Pompiers : fire brigade
Port : carriage
 — payé : freight prepaid
Porte (mettre à la —) : to sack
Portée : range
Porteur : bearer
Posséder : to own
Possible : likely
Poste : position, post
 — restante : general delivery (US) ; poste restante (GB)
 — téléphonique : extension
Pourcentages (en —) : in percentage terms
Poursuivre (*en justice*) : to sue
Pour et contre : pros and cons
Pouvoir d'achat : spending capacity
Préavis : advance notice
Préjudice : damage
Prélèvement bancaire : standing order
Prélever sur : to levy on
Prendre (quelqu'un) en voiture : to pick s.o. up
Présentation
 en — : on display
 règlement à — des documents : C.A.D. (cash against documents)
Présenter
 — au public : to launch
 se — : to introduce oneself
 se — à un poste : to apply for
Président de séance : chairperson
Présider : to chair
Prestation : facility
Prétendu : alleged
Prétentions de salaire : salary requirements
Prêt : loan
Preuve : evidence
Prévaloir : to prevail
Prévision : forecast
Prévoir : to forecast, to foresee
Prévu : expected, projected, in the pipeline
 — par la loi : statutory
Prime : bonus
 — de départ : lump sum
Prise de courant : socket
Prix : quotation
 fixation du — : pricing
Problème : point
Processus : process
Procès : lawsuit
 — verbal : minutes
Procuration (par —) : by proxy
Production : output
Produit d'entretien : cleaning product
Profits et pertes (passer aux —) : to write off
Pro forma : pro forma
Projet (de contrat) : draft (contract)
Promouvoir : to promote
Propager (se) : to spread
Proposer (*un nom*) : to put forward
Proposition : proposal
Proprement dit : actual (adj.)
Propriété : estate
Prorogation : extension
Prospect : prospect
Provisoire(ment) : provisional(ly)
Publier : to issue

Q

Quai (se mettre à —) : to dock in
Question : point
Quinzaine : fortnight
Quittance : receipt

R

Raccrocher (*téléphone*) : to ring off (GB) ; to hang up (US)
Raison sociale : corporate name
Ralentissement : slowdown
Rappel : reminder
Rappeler (*au téléphone*) : to get back to, to call back
Rapport : report
 — annuel : annual report
Rationaliser : to streamline
Rationnel : systematic
Rattraper : to catch up with
Rayer : to delete
Rayon : shelf (*plur. shelves*)
 — d'action : range
 en — : in stock
Rebut (mettre au —) : to scrap
Récépissé : receipt
Récepteur : receiver
Réception : 1. receipt ; 2. (*soirée*) party
Réceptionnaire : recipient
Réceptionniste : receptionist
Récession : slump
Recherche : research
Réclamation : complaint
 adresser une — : to complain
Recommandé (*courrier*) : registered
Reconnaissant : grateful
Recouvrer : to recover, to collect
Reçu : receipt
Récupérer : to salvage
Rédiger : to compile
Redressement (tendance au —) : upward trend
Redresser (se) : to pick up
Réduction : cutback
Réduire : to cut down, to decrease
Réévaluer : to revalue
Référence : reference
 faire — à : to refer to
Référer (se) : to refer
Réflexion (à la —) : on balance
Règlement à : payable on
Réglementation : regulations
Régler : 1. to settle ; 2. to pay up
 (*la note*) : to settle for
 (*sa note d'hôtel*) : to check out
 (*une question*) : to sort out
Régulier : steady
 vol — : scheduled service
Réinvestir : to plough back
Réjouir (se — à l'idée de) : to look forward to

Relancer : to boost
Relevé
— bancaire : bank statement
— de compte : statement
Relier : to connect
Remarque (faire une —) : to make a point
Remboursement : refund, repayment
envoi contre — : cash on delivery, COD
Rembourser : to pay back
Remettre : to hand over
Remise : rebate, discount (to offer a —)
Remorquer : to tow
Remplacement (articles de —) : replacements
Remplir (*une mission)* : to fulfil
Rendement : efficiency, return, yield
Rendez-vous : appointment, meeting
Renommé : well-renowned, famous
Renoncer : to waive
Renseignements : information
demander des — sur : to enquire about
Renseigner (*mal*) : to misinform
Rentabilité : productivity
Rentable : profitable
Renvoyer (*des appels*) : to divert
Renvoyer : to sack, to fire
Répartition : balance, spread
— d'actions : allotment
Répondant : referee
Répondeur : answering machine
Reporter : to adjourn
Reprendre (intr.) : to recover, to pick up
Représentant (de commerce) : (sales) rep(resentative)
Représenter : to act for
Réseau : network
Réservation : booking
Réserve (sous — de) : subject to
Réserver : to book
Réserves : reserves
Responsabilité
— civile : public liability
— financière : liability
Restauration : catering
Restituer : to pay back
Résultat final : bottom line
Résultats : findings
Résumer : to summarise, to sum up
Retard : backlog, hold up
en — : overdue
Retardé : delayed
Retarder : to put back, to set back
Retenu (*dans un 1er temps avant décision finale*) : shortlisted
Retour du courrier (par —) : by return mail (US) ; by return post (GB)
Retrait en liquide : advance
Retraite : pension (*somme*)
caisse de — : pension scheme
prendre sa — : to retire
Rétroprojecteur : overhead projector, OHP
Réunion : meeting
Réveil par téléphone : wake-up call
Revenir (sur un point) : to come back (to a point)
Revenu : income
Rotation des stocks : stocks turnover
Routine : day-to-day
Rythme : pace

S

Saisir (*un mot*) : to catch
Salaire : wages
— plus avantages : salary package
Salle de conférences (*dans un hôtel*) : conference facility
Saturé : saturated
Scellé : sealed
Schéma : pattern
Sécurité : security
consignes de — : safety instructions
Selon : according to
Semestre : half year
Sens des affaires : acumen
Série : series
Services généraux : core departments
SICAV : unit trust
Siège social : head office
Signaler : to notify
Sinon : otherwise
Situation de famille : marital status
Société : company
— de gestion : trust company
— mère : parent company
Solde (n. m.) : balance
congé sans — : unpaid leave
Solder (*un compte*) : to settle
Soluble (café) : instant (coffee)
Sommet (atteindre un —) : to peak
Sortie (*d'autoroute*) : turnoff, exit
Souche : counterfoil, stub
Souder : to weld
Souffrance (en —) : outstanding
Soulever (*une question*) : to raise
Souligner : to highlight, to point out
Soumettre : to submit
Soumission (*finance*) : tender
Souple (d'emploi) : flexible
Souris : mouse
Sous-produit : by-product
Sous douane : bonded
Souscrire : to underwrite
Soutenir : to back up
Spectacle : show
Stage : 1. training period ; 2. (*en entreprise*) : internship (US)
Stand : stand
Standardiste : telephonist, operator
Stagiaire : trainee
Stationnaire : static
Statut : status
Stimulant : incentive

Stocks
- état des — : stock position
- gestion des — : stock control
- niveau des — : stock level
- rotation des — : stocks turnover

Stupéfait : amazed

Subvention : subsidy

Succursale : branch

Suivi : follow-up

Supérieur : premium (adj.)
- — hiérarchique : superior

Supplément : surcharge, additional charge

Supplémentaire : additional

Supposant (en — que) : assuming that

Supprimer : to delete

Surfacturer : to overcharge

Surgelés (produits —) : frozen food

Surtaxe : surcharge

Surveillant : supervisor

Susceptible de : liable to

Syndicat : trade union

Syndic : trustee
- — de faillite : trustee in bankrupcy

Système d'exploitation : operating system

T

Talon (*de chèque*) : counterfoil, stub

Tarifs : price list
- — douanier : tariff

Tarification (*selon le temps d'utilisation*) : time charge

Tas (sur le —) : hands-on

Taux
- — d'intérêt : interest rate
- — de change : exchange rate
- — préférentiel : prime rate

Taxe à l'importation : tariff

Technicien : engineer
- — réparateur : service engineer

Télécommande : remote control

Télévision en circuit fermé : closed-circuit TV

Temps
- — partiel : part-time (to work —)
- qui fait perdre du — : time-wasting

Tendance : trend

Tenir (s'en – à) : to keep to, to stick to

Terminer : to complete

Tête-à-tête : one-to-one

Tireur (*d'une traite*) : drawer

Tiré (*d'une traite*) : drawee

Titre : holding, security
- — de propriété : deeds

Toit ouvrant : sun roof

Tomber (*en chute libre*) : to plummet

Tort (être en —) : to be in the wrong

Touche : key

Toucher : to hit

Tous risques (assurance —) : all risks insurance, comprehensive insurance

Tracter : to tow

Traduction simultanée : simultaneous translation

Traite : bill of exchange, draft
- — bancaire : banker's draft
- — de cavalerie : kite

Trancher : to settle

Transbordement : transhipment

Tansférable : assignable

Transitaire : forwarding agent

Transporteur : carrier

Travaux publics : civil engineering

Traverser : to go through

Trésorerie : cash flow

Trier : to sort out

Trimestre : quarter ; (scolaire) : term

Trimestriel : quarterly

Triple : treble, threefold
- — exemplaire : triplicate

Tripler : to treble, to increase threefold

Troquer : to barter

Trou : gap
- — de mémoire : lapse of memory

Tuyau : tip
- donner un — : to tip off

TVA : VAT, value added tax
- facture avec — : VAT invoice

U

Unitaire (prix —) : unit price

Urgence : emergency

Usages : routine

Usine : plant, works

Usure : wear-and-tear

Utiliser (*une machine*) : to run

V

Valable : valid

Valeur : holding, security
- pour une — de 10 F : for 10 F worth

Valide : valid

Variable : flexible

Vendeur : salesman

Vendre la totalité du stock : to sell out

Vente
- chiffres de — : sales figures
- force de — : sales force
- lieu de — : point of sale

Vérifier : to audit, to check

Versement : remittance, down-payment

Vigueur (être en —) : to prevail

Virement bancaire : bank transfer

Viser (*un marché*) : to target

Visiter (faire — à quelqu'un) : to show s.o. around

Voiture de fonction : company car

Vol : burglary

Vrac (en —) : in bulk, loose

Vraisemblable : likely

Z

Zone industrielle : industrial estate, industrial park

Comment le dire en anglais
FORMAT :14,5 × 22
PAGES : 272
AUTEURS :
Guy de Dampierre, Pamela Drinnan

Lire la presse en anglais
FORMAT : 19 × 23
PAGES : 248
AUTEURS :
Roger Brown, Guy de Dampierre

Bien sûr, nous parlons anglais. Mais nous ne sommes pas fiers de nous pour autant, car nous offrons à nos interlocuteurs de l'à-peu-près et jamais l'expression qui tombe juste pour eux!

Dès que nous parlons anglais, adieu les nuances et notre proverbial esprit de répartie! Impossible de dire, comme en français : « Ce n'est pas demain la veille », « Ils n'en font qu'à leur tête », « Tu peux toujours courir »…!

Impossible? Allons donc! *« Comment le dire en anglais »* commence à traduire là où manuels et cours s'arrêtent. Retenez quelques tournures chaque jour, bientôt vous ne vous reconnaîtrez plus! Quant à vos partenaires anglais et américains, ils n'en reviendront pas! (*"They'll hardly believe their ears!"*)

We highly recommend this newly released wonder. Keep it on your desk or bedside and try a page or two a day…
Nous vous recommandons fortement cette petite merveille. Gardez-la sur votre bureau ou à côté de votre lit et essayez une page par jour... *(The American library in Angers Newsletter)*

« But alors, you are French... »
« Ils sont copains comme cochons... » *"They are as thick as thieves…"* On peut avoir appris l'anglais et ne pas savoir *Comment le dire en anglais…* Sous ce titre, un ouvrage propose deux mille expressions courantes et leur traduction en anglais. Un index permet de les retrouver avec plusieurs entrées et de se familiariser avec la langue telle que la pratiquent les *natives* (les gens du cru). *(Le Monde)*

Dès que nous ouvrons un journal anglais ou américain, les ennuis commencent *"Bail me out"... "America goes bust"…* Les titres des articles paraissent choisis pour mettre en valeur… notre incompétence! Plus longs, ils ne sont pas plus clairs: *"Bejing wins big and rubs it in"…* C'est décourageant!

Ce sont ensuite les articles qui jonglent avec l'argot, les raccourcis… Un vrai casse-tête!

Sortez de cette situation frustrante, puisque *Lire la presse en anglais* vous donne le passe-partout qui vous a toujours manqué!

• 545 titres d'articles, pris dans les journaux les plus connus, vous sont fournis avec leur équivalent en français. Les mots qui les composent, la façon de les combiner entre eux, reviennent sans cesse. Nous les décortiquons; vous les identifierez pour toujours.

• Et les articles? Les journalistes anglophones se régalent de 2000 expressions. Rien ne s'écrit sans cet arsenal de jeux de mots. Alistair vous en explique le « pourquoi » et le « comment » et vous indique leur sens.

Après ce régime, vous comprendrez la quasi-totalité des articles et 80 % des titres que vous lirez. *A deal?*

Un livre malin et efficace

Entre l'anglais que l'on apprend à l'école et celui qu'utilise la presse anglo-saxonne, il y a un monde! [...]

Voulez-vous faire un petit test? Comment auriez-vous compris *'Mummy runs the mob"*? « Maman conduit la mobylette »? Perdu! Il fallait lire : « Maman gère la mafia. » [...] Mais rassurez-vous, vos erreurs sont largement partagées. D'où l'intérêt de ce manuel. Vivant, drôle et bien conçu, il décrypte tous ces petits faits culturels couramment évoqués de manière allusive [...] déroutants pour les lecteurs français. De quoi dynamiser votre anglais. *(L'Entreprise)*

L'anglais du tourisme et de l'hôtellerie
FORMAT : 19 × 23
PAGES : 266
AUTEURS :
Pascal Lavergne, Victoria Mortimer,
Guy de Dampierre, Simon Lane

Travailler en espagnol
FORMAT : 19 × 23
PAGES : 264
AUTEURS :
Guy de Dampierre, Liliana Zuluaga,
Mónica Soto, Serge Santiveri,
Béatriz Enriquez-Job

Il n'y avait jusqu'ici aucun livre montrant la vie quotidienne d'une compagnie aérienne, d'un grand hôtel, de restaurants; aucun livre décrivant le travail dans le courant des années 2000 dans les agences de voyage.

C'est aujourd'hui chose faite.

Ce manuel met en scène trente personnes qui, de diverses grandes villes, partent pour New York. Sans le savoir, elles ont en commun de voyager par *WorldWide Airways* et de descendre au *Blue Flamingo Hotel*, un quatre-étoiles.

Durant leur périple, elles sont prises en charge par de nombreux professionnels du tourisme. Les voyageurs les assaillent de questions… ou de doléances! Les uns et les autres négocient ensemble, parfois avec vigueur, tout au long de 75 scènes bilingues anglais-français présentées face à face.

Des scènes plus vraies que nature! car, dans ce manuel d'entraînement au bilinguisme, vous retrouvez les multiple!s facettes du métier que vous exercez ou auquel vous vous formez.

Rien de mieux pour renouer d'une manière vraiment efficace avec l'anglais sans lequel un pro du tourisme ne peut plus prétendre travailler! Qu'on vous interroge sur le voyage d'un mineur ou sur les procédures de change, vous donnerez vite la réponse, en anglais comme en français!

**Des entretiens d'embauche au pot d'adieu,
votre vie professionnelle au quotidien
dans une entreprise de langue espagnole**

La France talonne l'Espagne dans la course aux investissements en Amérique latine.

C'est le moment de mettre à profit vos années d'espagnol et de latin. Car, être capable de travailler en espagnol, c'est donner **une autre dimension à votre vie professionnelle**… et personnelle.

Cet espagnol-là est à votre portée! En parlant **deux langues** étrangères, vous étendez votre influence et devenez la femme ou l'homme qu'on recherche!

« Travailler en espagnol » convertit vos « connaissances en espagnol » en une langue vivante, celle qui se parle dans les entreprises. **Partagez** dès aujourd'hui **la vie quotidienne** d'une entreprise de langue espagnole, en vous mesurant aux situations que vous rencontrerez dans tout milieu hispanophone.

Mode d'emploi : à droite, l'espagnol que vous entendrez. À gauche, l'équivalent en français joue le rôle du professeur. Sur les côtés, les « *claves del oficio* » – les ficelles du métier – sont des **commentaires nombreux, clairs, pleins d'humour.**

De scène en scène, vous progressez vite et vous sentez plus à l'aise. Dès la scène 20, vous êtes **opérationnel(le)** dans cette « *empresa* » devenue la vôtre.

Travailler en anglais
FORMAT : 19 × 23 - PAGES : 252
AUTEURS :
Guy de Dampierre, Victoria Mortimer et coll.

Dans la vie professionnelle, l'anglais est souvent la seule langue que nous ayons en commun avec nos partenaires. Il faut donc le parler aussi bien que le français ! Pour franchir cette étape dont dépend votre avenir, vous avez aujourd'hui un allié précieux, c'est : « Travailler en anglais ». Vous voilà immergé(e) dans une entreprise anglo-américaine, grâce à 48 scènes bilingues prises sur le vif, telles que :

- des entretiens d'embauche ;
- un voyage de prospection ;
- le lancement d'un produit nouveau ;
- le départ d'un collaborateur ;
- la présentation des résultats et des projets ;
- une demande d'augmentation, etc.

Des scènes vivantes, parce qu'authentiques : ici, tout est vrai !

« Travailler en anglais » vous met dans le bain ! Mais vous n'y êtes pas seul(e) : près de 330 « *tricks of the trade* » vous éclairent. Ce sont des commentaires sur le vocabulaire et les usages dans cette entreprise anglo-américaine. Désormais, avec votre anglais régénéré, vous y êtes chez vous !

Dans les manuels d'anglais, on apprend à dire « délit d'initié », mais pas à demander une augmentation. On trouve 14 mots différents pour dire « crédit », mais rien pour « il s'est fait virer ».

Guy de Dampierre est parti de cette constatation simple pour bâtir une collection de livres-outils destinés aux cadres. Objectif : transformer des connaissances en une langue opérationnelle pour les affaires.

Dans « *Travailler en anglais* », le lecteur se trouve placé dans toutes les situations typiques de la vie professionnelle : débattre du salaire, présenter des résultats, négocier un contrat de vente, etc. Le tout est présenté sous forme de petits tableaux de mœurs très réalistes, à mille lieues des manuels stéréotypés... *(Le Nouvel Économiste).*

Voici les 7 avantages dont les cassettes vous font bénéficier :

1. Vous vous frottez à des situations identiques à celles que vous rencontrerez dans un milieu de travail anglophone ; vous participez à la vie quotidienne d'une entreprise anglo-américaine sise à Paris, en découvrant ce que se disent ses collaborateurs.

2. Les 48 scènes sont tirées du livre. Vous pouvez désormais vous assurer que votre prononciation est à la hauteur de votre compréhension. Par exemple, vous saurez dire en anglais sans vous tromper :

« Ils coûtent donc 2 000 × 9 € × 2,5
soit 45 000 € HT »

3. Les comédiens qui jouent les 18 rôles sont des professionnels américains et britanniques. Leur accent surprend : américain de New York, de la Californie... ; britannique de Londres et d'ailleurs..., vous vous y ferez !

4. Les échanges ne sont pas artificiellement ralentis pour vous donner l'illusion que vous êtes dans le coup. Soyons clairs : dans le coup, vous n'y serez pas lors de vos premières séances de travail. Mais, en deux mois, si vous travaillez chaque jour, vous comprendrez et parlerez LEUR ANGLAIS.

5. Tout au long de ces 48 scènes, vous partagez les préoccupations de vos « collègues » que vous apprenez à connaître tout autant que la société.
D'emblée, vous êtes un des leurs, parce que les scènes suivent l'ordre chronologique et que les situations se nouent, évoluent, se dénouent en fonction des événements dont vous prenez connaissance en même temps qu'eux. Cela vous aide à saisir l'essentiel du dialogue.
N'est-ce pas la meilleure incitation à poursuivre votre immersion totale ?

6. De scène en scène, vous vous sentez plus à l'aise dans *cette entreprise devenue la vôtre.* Vous n'ignorez bientôt plus rien de ses collaborateurs : leurs fonctions, leur caractère, leurs idées... et *leur vocabulaire* !

7. Dans deux mois, vous ferez preuve d'une incroyable confiance en vous, celle du bilingue français/anglais que vous serez devenu(e). Bon courage !

Vos entretiens d'embauche en anglais
FORMAT :19 × 23
PAGES : 264
AUTEURS : Marianne Ravel,Guy de Dampierre, Victoria Mortimer, Pamela Drinnan, Nicolas Manset, Jean Rognetta

Écrire en anglais... c'est simple!
FORMAT :19 × 23
PAGES : 254
AUTEURS : Roger Brown, Guy de Dampierre

« ***Vos entretiens d'embauche en anglais*** »
Manuel d'entraînement

On n'échappe plus aux entretiens d'embauche en anglais, et ils ne sont pas une partie de plaisir, puisqu'ils sont éliminatoires.

Pourtant, la plupart des francophones se persuadent qu'ils passeront entre les mailles du filet et s'en sortiront toujours.

Ils vont tomber de haut! Car c'est sur la qualité de ses entretiens en anglais qu'un(e) candidat(e) à un poste de responsable se fait engager… ou étendre! Aujourd'hui, tous les professionnels du recrutement se plaignent de la pauvreté de l'anglais des francophones, qui constitue l'obstacle majeur à leur entrée dans une entreprise internationale.

« *Vos entretiens d'embauche en anglais* » est un manuel d'entraînement à suivre point par point pour ne rien laisser au hasard.

Un entraînement de commando pour devenir, en trois semaines, imbattable dans les points qui sont essentiels pour être retenu(e), choisi(e), engagé(e).

« ***Écrire en anglais… c'est simple!*** »
Manuel d'entraînement

À l'idée d'écrire en anglais vos e-mails ou vos rapports, la panique vous gagne.

C'est bien normal : cette langue, vous a trop souvent été présentée sous son aspect le plus obscur et le plus illogique, comme si elle n'était qu'un catalogue de particularismes et d'exceptions.

Or, écrire un anglais correct et nuancé n'est pas sorcier, car l'anglais et le français comportent de nombreux traits communs.

Alors, pourquoi insister sur ce qui est compliqué quand on peut s'appuyer sur ce qui rapproche les deux langues?

C'est ce que vous propose « *Écrire en anglais… c'est simple* », une méthode qui vous fait retrouver la confiance que vous avez perdue. Les explications y sont claires et les résultats si rapides que vous vous demanderez vite pourquoi on ne vous a jamais appris l'anglais de cette manière.

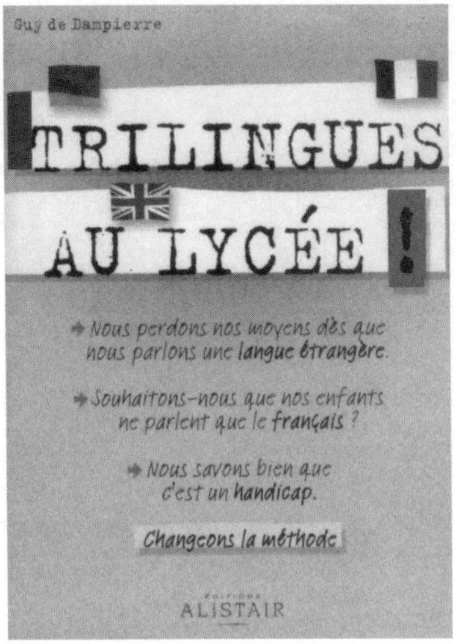

Trilingues au lycée!
FORMAT : 15 × 21 - PAGES : 160
AUTEUR : Guy de Dampierre

Notre enseignement public forme des élèves qui arrivent au bac désespérément monolingues, bien qu'ils aient « appris » deux langues pendant leur scolarité. Dans un monde désormais fondé sur les échanges, cette incapacité à parler une langue étrangère devient un handicap.

Or, il existe une méthode d'enseignement éprouvée, qui peut conduire les mêmes élèves à devenir véritablement trilingues pendant leur scolarité. Cette méthode a fait ses preuves dans quelques rares établissements publics et dans certains établissements privés, mais pourrait être appliquée à tout l'enseignement public.

Il s'agit d'assurer l'enseignement du primaire en deux langues avec deux instituteurs : l'un français, l'autre allemand ou espagnol ou italien; puis, dans le secondaire, d'enseigner plusieurs disciplines dans deux langues étrangères, celle apprise à l'école primaire et l'indispensable anglais.

La méthode est fondée sur la réciprocité : pendant qu'un professeur de biologie allemand enseigne en France, en allemand, son homologue français enseigne en Allemagne, en français. C'est un système d'échanges de professeurs.

L'aspect le plus original de *Trilingues au lycée!* est de montrer comment nous pouvons créer, progressivement – en vingt-cinq ans, avec l'aide des pays partenaires, un enseignement trilingue commençant au CP et se terminant par les épreuves du Bac passées en trois langues. Le livre explique comment s'y prendre sans bouleverser tout un pays.

Au moment où les professeurs de LV2 cherchent à lutter contre la perte d'influence de leur langue au profit de l'anglais, *Trilingues au lycée!* leur propose de nombreuses pistes de réflexion et d'action.

Dépôt légal : mai 2005 - IMPRIMÉ EN FRANCE
Achevé d'imprimer le 9 mai 2005 sur les presses de l'imprimerie «La Source d'Or» - 63200 Marsat - Imprimeur n° 12304